KB263867

주식투자로 수익내는 155가지 방법

왕초보탈출 2편

청개구리주식스쿨 대표강사 양순모 지음

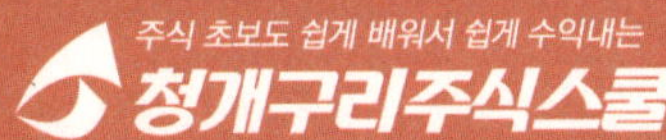

Contents | 목차 |

Ⅰ. 왕초보탈출 2편 – OT

1. 주식투자능력 TEST

주식을 처음 접하시거나, 주식을 오래하셨던 분이라도 주식공부에 앞서서 자기 자신에 대해서 알아봐야 합니다.
'지피지기면 백전불태(知彼知己百戰不殆)'라는 말처럼 치열한 주식시장에서 수익을 내며 살아남기 위해서는 주식에 대해 충분히 이해하고 있어야 합니다. 또한, 자기 자신의 수준이 어느 정도인지 확인하고 부족한 부분을 채워나가야 더 큰 승리를 맛볼 수 있습니다.

그래서 처음 청개구리주식스쿨 커리큘럼을 접하시는 분들께서 어느 강의를 들어야 할지, 나의 주식투자능력은 어떤 단계에 있는지를 스스로 체크하고, 자신에게 맞은 커리큘럼을 선택할 수 있도록 도와드리기 위한 레벨테스트를 준비하였습니다. 본격적인 주식 공부에 앞서 지금부터 나오는 15개의 주식 관련 질문에 스스로 답해보시기 바랍니다.

레벨 테스트

Q1. 나는 9시~15시 30분 정규 시장을 제외한 시간 외 거래시간이 언제인지 알고 있다.

Q2. 나는 코스피 시장, 코스닥 시장, K-OTC 시장을 구분 지어 설명할 수 있거나, 코스피 종합지수와 코스피200지수의 차이점을 알고 있다.

Q3. 나는 '일봉, 주봉, 월봉, 분봉, 틱 차트'의 용어 중 4개 이상의 용어 뜻을 알고 있다.

Q4. 나는 캔들을 통해 당일 시작한 가격과 마지막 가격을 파악할 수 있다.

Q5. 나는 봉 차트 외 16개 차트 중 3개 이상의 차트를 활용해 해석하는 방법을 알고 있다.

Q6. 투자자에게 제공되는 HTS를 통해 이동평균선 설정, 관심 종목창을 이용할 수 있다.

Q7. 나는 기업 분석 기초 자료를 수집하는 방법을 3가지 이상 말할 수 있다.

Q8. 나는 내가 보유한 주식 혹은 매수 예정인 종목을 개인, 기관, 외국인 중 누가 매수하고 있는지 파악할 수 있다.

Q9. 금액에 따라 자산 배분을 어떻게 해야 효율적인 포트폴리오를 구성하는지 알고 있다.

Q10. 나는 거래 중인 기업의 거래가에 대한 고/저가 판단 기준을 3가지 이상의 방법으로 말할 수 있다.

Q11. 나는 차트를 보고 작전주, 세력주 등 투자 패턴을 판단할 수 있다.

Q12. 나는 보통주와 우선주의 차이점에 대해 설명할 수 있다.

Q13. 상한가, 점상한가, 장대양봉 상한가 등의 특징을 보여주는 상한가의 장점과 단점을 파악하고 설명할 수 있다.

Q14. 실전 투자 시 매도해야 하는 자리와 매수해야 하는 자리를 판단할 수 있는 매매기법을 3가지 이상 알고 있다.

Q15. 나에게 정확히 들어맞는 투자 스타일을 확립하고 있으며, 분명하게 인지하고 있다.

질문에 대해 스스로 답하고 생각하면서 주식에 대한 인식과 본인의 수준을 다시 한 번 정립할 수 있는 시간이 되었길 바랍니다. 주식시장은 산수의 사칙연산처럼 답이 딱 나오는 것이 아닌 '관점'의 차이에 따라서 답이 달라질 수 있기 때문에 시장에 처음 접하시는 개인투자자분들은 주식 시장에 대한 선행 학습이 반드시 필요하다고 말씀드리고 싶습니다. 어렵고 험난한 곳이 주식시장이라지만 그만큼 방법을 알고 나만의 투자 스타일을 정립해 나간다면 수익을 올릴 수 있는 곳도 바로 주식 시장입니다.

청개구리주식스쿨에서 실전 투자에 필요한 방법을 기초부터! 실전까지! 공부하시고, 꼭 성공투자하시길 기원하겠습니다.

2. 투자를 배워야 하는 이유

〈 목돈 마련의 꿈 〉

누구에게나 목돈 마련에 대한 꿈이 있다. 목돈을 만들기 위해서 안전하고 확실한 수단은 무엇일까? 많은 사람들이 사업, 창업을 통해 목돈 마련을 원하고 있는데, 과연 몇 명이나 성공할 수 있을까? 창업으로 가장 많이 생각하는 프랜차이즈를 포함하여 2015년 기준 폐업한 자영업자의 수는 8만 9,000명으로 5년 만에 최고치를 경신했다는 통계청의 조사가 있다. 개인사업자수는 560만 명에 육박하지만 이들 전체가 성공하지 않는 것을 보면 사업, 창업으로 목돈을 만들기에는 이제 한계가 왔다는 것을 확인할 수 있다.

그럼 목돈을 마련할 수 있는 다른 방안은 무엇이 있는가? 은행 예 · 적금으로 목돈을 굴리기에도 한계가 있다. 국내 기준금리는 단군 이래 최저 수준을 찍고 있고, 이는 초저금리 시대가 도래했음을 의미한다. 그렇다면 우리의 선택은 무엇이 남았을까? 아직 저평가되어 있다고 평가받는 주식시장이 가장 좋은 선택지 중 하나가 될 수 있다. 주식시장은 대처하기에 따라 사업, 창업보다 더 큰 목돈을 만질 수 있는 기회를 제공해준다.

1) 투자의 목적

주식시장에 참여하는 모두가 투자를 통해 얻고자 하는 목적은 각자 다를 것이다.

1. **자산증식**(무위험 자산 + 공격)

2. **자산보존**(인플레이션에서 자산을 보호)

3. **대박추구**(적은 돈으로 큰 돈을 꿈꾸는...)

4. **원금복구**(최적화 매매)

① 자산증식(무위험 자산 + 공격)

대부분의 투자자들은 자신의 자산을 더 불리기 위해 투자를 한다. 투자자의 성향에 따라 수익률이 높지만 위험이 큰 위험 자산에 공격적으로 투자하기도 하고, 위험이 낮은 무위험 자산(ex. 국채)에 투자해 낮은 수익만 추구하기도 한다.

② 자산보존(인플레이션에서 자산을 보호)

매년 물가가 상승하는 인플레이션으로부터 자신의 자산을 보존하기 위해 주식시장에 투자하기도 한다. 보통 막대한 자산이나 부를 축적한 사람이 자기의 자산을 지키기 위해서 주식시장을 찾는데, 천정부지로 치솟는 물가상승률에 대처하지 못하면 지금 가진 자산(화폐)의 가치가 미래에 줄어들게 되는 까닭이다. 물가상승률에 버금가는, 또는 그 이상의 수익을 주식시장에서 얻어감으로써 가지고 있는 자산의 가치를 계속해서 보존할 수 있다.

③ 대박추구(적은 돈으로 큰 돈을 꿈꾸는...) & ④ 원금복구

대부분의 소액투자가들은 적은 돈으로 소위 말하는 대박을 치기 위해 주식시장을 찾는다. 자신이 가진 종자돈을 크게 불리기 위해, 또는 사업이나 투자의 실패를 빠른 시간에 복구하기 위해 주식 시장에 투자하게 된다.

많은 사람들이 수익을 위해 주식시장에 참여하지만 대부분이 놓치고 있는 사실이 있다. 우리나라 물가는 계속해서 상승해왔다. 그만큼 시간이 지남에 따라 화폐의 가치는 줄어들고 있었다는 것이다. 하지만 다른 한편으로 우리 주식시장 또한 크게 성장하고 있다. 100Point로 시작한 KOSPI는 현재 2,000Point를 넘어서고 있다. 물가가 오르고 화폐의 가치가 떨어지게 됨에 따라 자금이 주식시장으로 몰리게 된 결과이다. 지금의 주가지수는 앞으로 더 올라갈 것이고, 화폐의 가치는 더 떨어지게 될 것이다. 그렇기 때문에 우리는 앞으로 내 돈을 지키기 위해, 주식시장에 투자해야 한다.

2) 주식투자를 해야 하는 근본적인 이유?

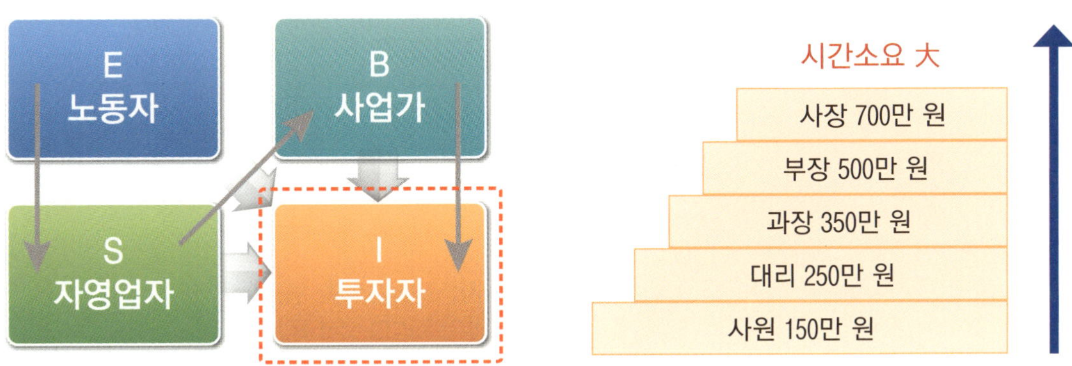

로버트 기요사키는 '부자 아빠 가난한 아빠'에서 4종류의 계층을 만들어냈다. 일반 직장인으로 불리는 노동자는 사업을 하는 자영업자로 가고 싶어 하고, 자영업자는 규모가 큰 기업의 사업가로 성장하고 싶어 한다. 또한, 막대한 자산의 사업가는 투자를 통해 부를 불리는 투자자가 되길 원한다. 최종 목적지에는 투자자가 있고, 사실 어느 단계에 속해도 투자자로 가고 싶어 하는 갈망은 모두 가지고 있다.

대부분 직장인인 여러분들이 높은 직급으로 승진하기 위해서는 시간이 굉장히 많이 소요된다. 하지만 그에 비해 월급 인상률은 물가상승률 수준밖에 되지 않는다. 제자리걸음 수준인 자산으로는 목돈 마련이 결코 불가능하며, 이는 목돈 마련을 위해 투자자 계급인 'I'로 여러분들이 가야만 하는 이유이다.

3) 국가가 망하지 않는다면 종합주가지수는 오른다.

우리나라 주식시장은 계속해서 상승해왔다. 100Point로 시작한 KOSPI는 현재 2,000Point를 넘어가고 있다. 하지만 우리나라 주식시장은 아직 저평가 되어있다. 우리와 비슷한 경제 수준을 보이는 홍콩의 지수는 10,000Point를 넘어가고 있다. 우리와 경제 수준이 비슷한 홍콩과 비교해보면 우리의 주가가 얼마나 저평가되어 있고, 상승할 가능성이 무궁무진한지 알 수 있다.

4) 주가가 오르는 진짜 이유

① 화폐환상 – 양적완화의 두 가지 부작용 : 저금리, 고물가

국가가 경기 침체에 빠지면 경기를 살리기 위해 양적완화라는 정책을 사용한다. 시중에 돈을 푸는 조치인 양적완화는 경기를 살릴 수 있는 장점이 있지만, 화폐가치가 하락한다는 치명적인 문제점을 가지고 있다. 시장에 돈이 많으면 낮은 이자로 돈을 빌릴 수 있고, 금리가 낮아져 돈을 누구라도 빌려서 쓰게 되면 너무 많은 돈이 시장에 돌아다닌다. 이는 당연히 돈의 가치를 떨어트리고, 상대적으로 물가가 높아지는 현상으로 나타난다. 이를 인플레이션이라한다. 목돈을 마련하고 싶어도 이미 금리는 낮기 때문에 수익이 큰 주식시장으로 사람들이 몰리게 되고, 주가는 상승할 수밖에 없다.

② 베이비붐 세대의 은퇴

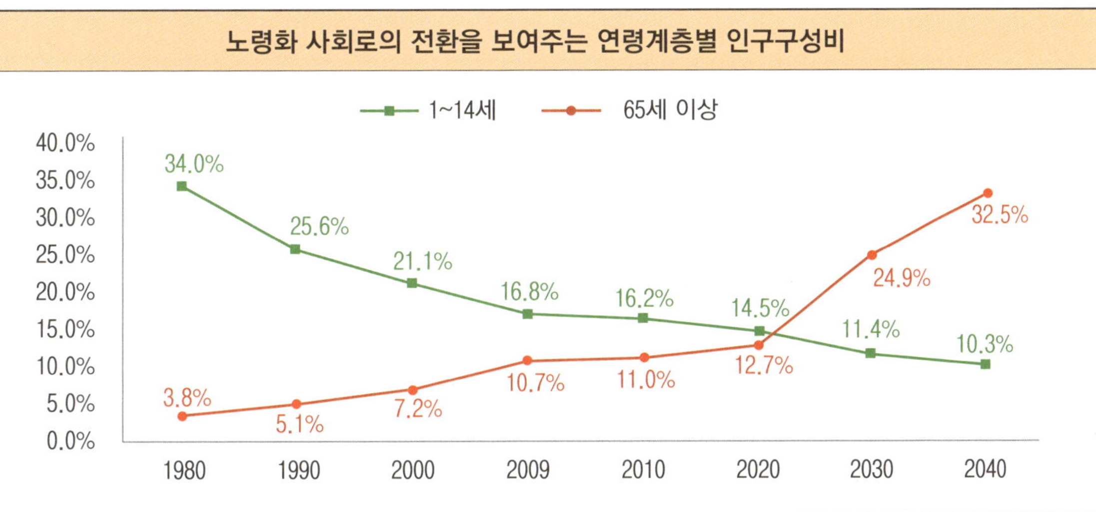

베이비붐 세대의 은퇴시기가 다가오면서 우리 사회는 고령화사회로 진입했다. 고령화사회는 경제 활동 인구가 부양해야 할 노년층의 인구가 늘어나게 된다는 것을 의미하고, 이는 국가 경제의 침체를 가져오게 된다. 은퇴를 맞이한 베이비붐 세대는 평균 수명의 증가로 필요한 연금의 규모는 더 증가하게 된다. 막대한 연금을 지급하기 위해 국가는 돈을 찍어낼 수밖에 없고, 이는 양적완화와 똑같은 효과를 가져오게 된다. 갈수록 수령할 연금은 줄어들고, 화폐의 가치는 줄어들기 때문에 목돈 마련을 위해 주식시장으로 자금이 몰릴 수밖에 없다.

5) 여러분은 지금 노후준비를 하고 있습니까?

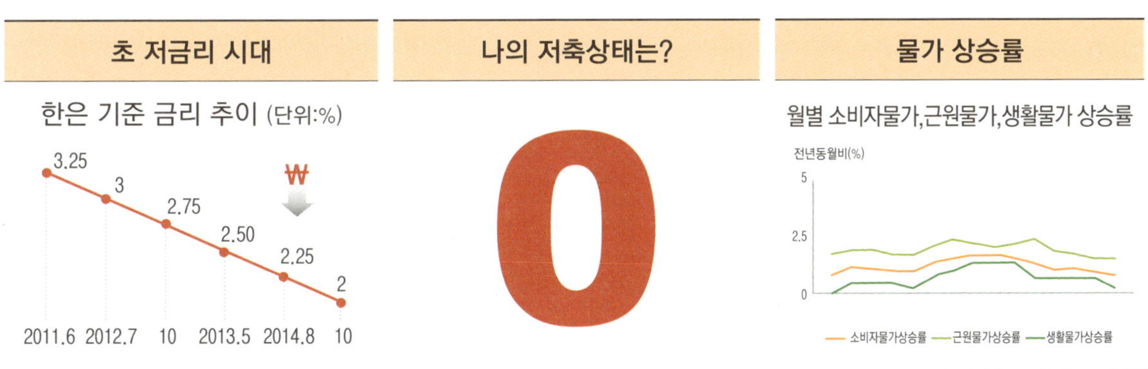

금리는 계속해서 하락하고 있고 물가상승률이 금리보다 높아지고 있다. 지금은 과거처럼 은행 이자로 목돈을 마련하기에는 한계가 도래한 상황이다.

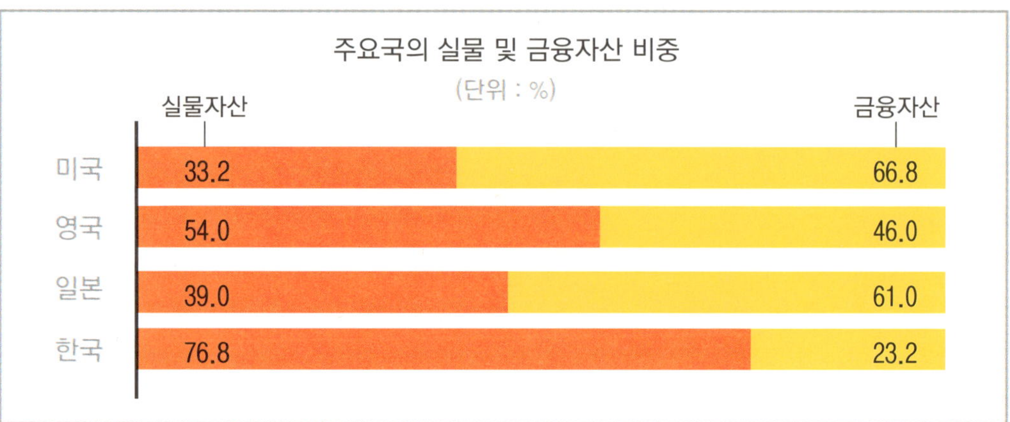

우리보다 고령화 사회가 빨리 다가오고, 화폐가치의 하락을 먼저 맞이한 선진국가 사람들은 금융시장, 즉, 주식시장에 투자함으로써 목돈을 마련하고 있다. 하지만 우리나라 사람들은 아직도 예적금, 부동산 등의 실물자산으로 재테크를 하고 있고, 이는 한계를 맞이할 것이다.

우리나라도 이제 목돈 마련을 위해서는 주식시장으로 투자해야 하고, 주가는 계속해서 상승할 것이다. 주식 투자로 목돈마련, 노후준비를 할 시기는 바로 지금이다!

3. 주식투자가 어렵다고 느껴지는 이유

주식투자를 잘한다는 사람들을 보면 흔히들 자기만의 기법을 사용하고, 차트의 시세를 찾는 자신만의 방법으로 큰 수익을 올렸다고 말한다. 주식을 잘하는 전문가들도 자신만의 기법을 통해 매매를 하고 수익을 얻곤 한다. 그러나 단순히 기술적으로 차트만 활용해 주식매매를 하는 기법만으로 수익을 올릴 수 있을까?

대부분의 기법, 타법들은 차트와 보조지표만을 활용한 투자 전략이다. 기법에만 치중한 채 주식시장이 가진 환경을 무시하고, 각 기업마다 가지고 있는 고유의 기업 환경, 경영 구조를 이해하지 않은 채 주식투자를 하는 행동은 개인투자자에게 무척이나 위험한 일이다. 남들이 말하는 기법은 조건에만 만족하는 고정적인 트레이딩 전략에 불과하다. 좀 더 현명한 주식투자를 하기 위해서는 차트와 보조지표를 해석하는 능력도 필요하지만 시장 환경, 기업 환경을 이해하는 안목을 길러 주식투자를 하는 시야를 넓히는 것이 더 중요하다.

1) 주식투자는 기술적으로만 분석하기에는 한계가 있다.

① 주식시장의 기업들의 규모는 모두 다르다.

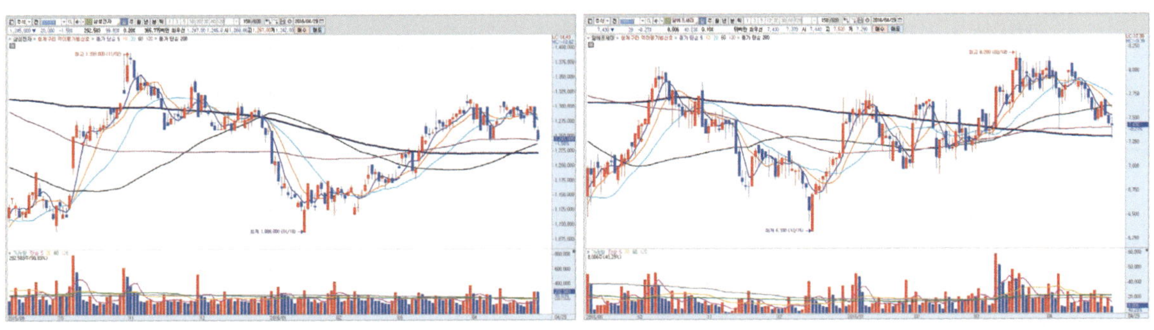

지금 보이는 그림은 삼성전자와 알에프세미라는 기업의 차트이다.
두 기업 모두 동일한 업종에 속한 기업이고, 특히, 스마트폰 사업을 주력으로 하는 기업이다. 두 기업의 차트의 흐름을 보면 동일하진 않지만 비슷한 움직임을 보이고 있음을 확인할 수 있다. 그렇다면 두 종목은 똑같은 기업처럼 움직인다고 볼 수 있을까?

투자정보	호가10단계
시가총액	**1,779,968억 원**
시가총액순위	코스피 1위
상장주식수	142,969,337
액면가 ┃ 매매단위	5,000원 ┃ 1주
외국인한도주식수(A)	142,969,337
외국인보유주식수(B)	72,067,625
외국인소진율(B/A)	**50.41%**
투자의견 ┃ 목표주가	3.96매수 ┃ 1,558,400
52주최고 ┃ 최저	1,423,000 ┃ 1,033,000
PER ┃ EPS(WISEfn)	11.33배 ┃ 109,883원
PER ┃ EPS(KRX)	9.86배 ┃ 126,305원
추정PER ┃ EPS	10.04배 ┃ 123,984원
PBR ┃ BPS(WISEfn)	1.05배 ┃ 1,185,738원
부채비율	35.25%
동일업종 PER	**9.21배**
동일업종 등락률	-0.14%

〈삼성전자〉

투자정보	호가10단계
시가총액	**600억원**
시가총액순위	코스닥 791위
상장주식수	8,120,970
액면가 ┃ 매매단위	500원 ┃ 1주
외국인한도주식수(A)	8,120,970
외국인보유주식수(B)	162,555
외국인소진율(B/A)	**2.00%**
투자의견 ┃ 목표주가	N/A ┃ N/A
52주최고 ┃ 최저	9,130 ┃ 5,880
PER ┃ EPS(WISEfn)	27.07배 ┃ 273원
PER ┃ EPS(KRX)	27.07배 ┃ 273원
추정PER ┃ EPS	N/A ┃ N/A
PBR ┃ BPS(WISEfn)	1.12배 ┃ 6,623원
부채비율	66.28%
동일업종 PER	**92.65배**
동일업종 등락률	-1.15%

〈알에프세미〉

삼성전자와 알에프세미를 조금 더 자세히 들여다보면 기업의 규모 차이를 확연히 느낄 수 있다. 삼성전자는 시가총액이 178조 원에 육박하고 알에프세미는 600억 원에 불과하다. 또한, 삼성전자는 코스피 시장에서 차지하는 비중이 1위이고, 알에프세미는 코스닥시장에서 800위 정도의 비중밖에 차지하지 못한다. 비록 같은 산업군에 속하고 주가의 흐름도 좋지만 시장에서 차지하는 비중과 규모의 차이로 인해 동일한 차트 분석과 기법으로 주가 흐름을 예측하기에는 무리가 있다.

② **예시** : 시가총액의 차이가 나는 두 기업이 있다. A기업의 시가총액은 100억 원이고, B기업의 시가총액은 1,000억 원이다.

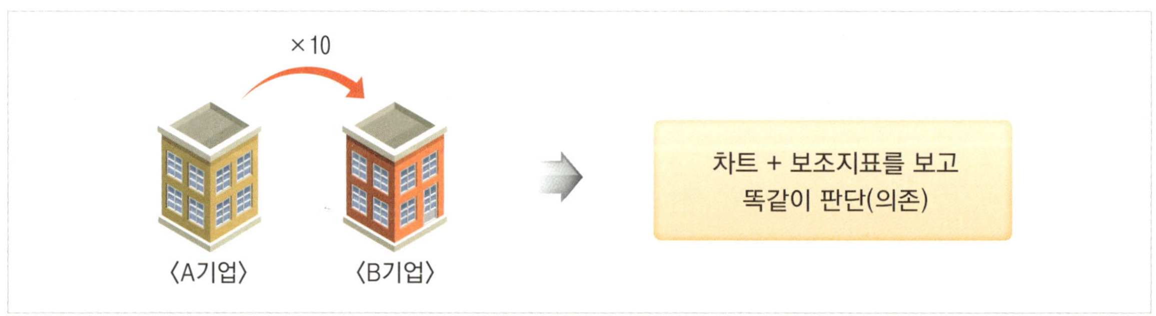

A기업과 B기업에는 분명한 덩치차이가 존재한다. 주가를 끌어올려, 시세 차익을 얻기 위해 세력들이 진입한다면, 물량을 매집하기에는 시가총액이 더 작은 A기업이 훨씬 수월할 것이다. 기업의 규모, 기업만의 특수한 환경에 따라 세력들도 진입하는 의도와 수단, 목적이 다르기 때문에 차트만 보고서 똑같이 판단하고 투자를 한다면 실패할 가능성이 크다. 기업이 가진 특성에 따라 세력이 접근하는 의도와 방식의 차이를 깨닫기 위해서는 차트 외적인 부분도 분석이 필요하지만 차트에만 의존하고 세력의 의도를 파악하고자 하기 때문에 주식투자가 어렵다고 느끼는 것이다!

차트를 보고 기법을 사용하는 투자는 보통 시가총액이 낮은 종목들을 공략한다. 대형주는 움직이기 힘들고, 기법에 의한 투자는 어느 정도 위험을 감수해야 하기 때문에 규모가 작은 종목들을 통해 위험한 투자로 수익을 극대화한다.

주식투자는 기술적으로만 분석하기에는 반드시 한계가 존재한다!

2) 66%의 확률로 수익을 제공해주는 시장 상황을 공략하라.

> **상한가를 만들어 내는 '끼'**
> 상한가를 기록한 종목은 '세력'이라는 특정주체에 의해 급등을 만들 준비를 해왔고, 추가로 긍정적 이슈와 상승 모멘텀이 합쳐져 상한가라는 목표에 도달하게 된다.

① 개인들이 수익을 만들 수 있는 시장 상황

시장 상황은 크게 세 가지로 나눌 수 있다. 활황을 띄는 상승장, 제자리 걸음을 하는 횡보장, 침체를 겪는 하락장으로 나뉜다. 대부분의 개인투자자들은 상승장의 흐름에 따라 수익을 추구하곤 한다. 그렇다면 개인투자자들은 상승장이 일어날 확률인 33%에서만 수익을 추구해야 한다. 하지만 우리가 수익을 낼 수 있는 기회를 횡보장에서도 찾아낼 수 있다면 어떨까? 수익을 얻을 수 있는 확률은 66%로 늘어나게 된다. 다시 말해 하락장에서 손실을 내지 않는 대비가 되어 있다면 우리는 최소한 66%의 확률로 시장에서 성공을 거둘 수 있다는 뜻이 된다.
하락장에 대비하기 위해서는 하락장을 반기는 기업과 세력의 의도를 파악해야 한다. 생각보다 주가가 하락하면 이득을 보는 세력들은 많이 존재한다.

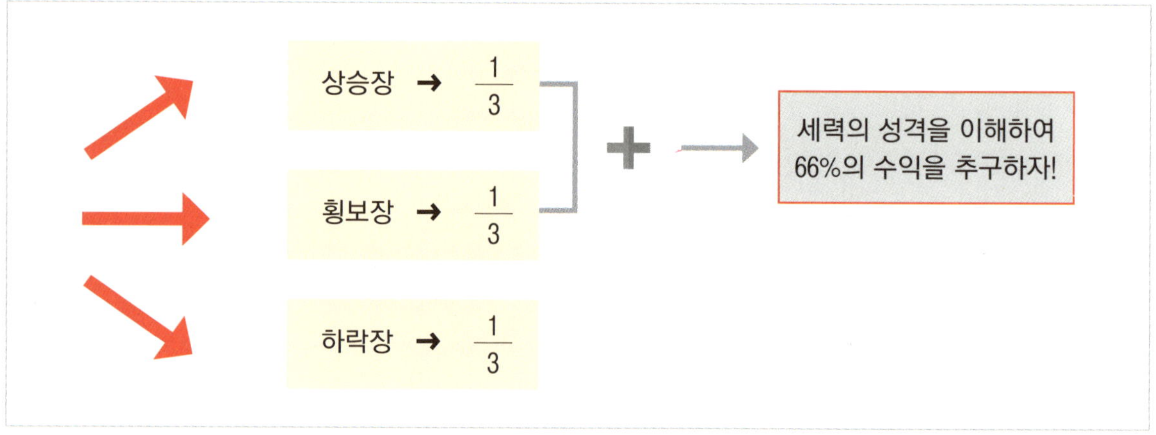

② 하락장에서 이익을 얻는 세력들

하락을 통해 이익을 얻는 세력들이라고 하면 흔히 '공매도'를 생각하기 쉽다. 물론 공매도 구조상 주가가 하락하면 수익을 얻을 수 있지만 공매도의 의도는 쉽게 알아차릴 수 있다.

〈예시〉

A기업의 대주주인 김 씨는 경영을 승계할 목적으로 기업을 상속할 계획을 갖고 있다. 상속을 위해서는 대주주지분을 자식에게 넘겨주어야 하는데, 그 과정에서 엄청난 상속세가 예상된다. 김 씨는 최대한 적은 비용으로 상속세를 납부하고 대주주지분을 넘겨주기 위해 주가를 건드리기 시작한다.

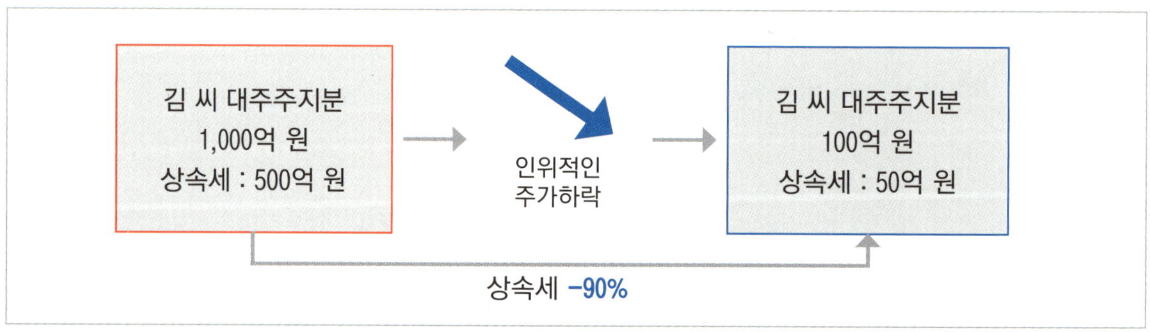

- 먼저 김 씨의 대주주지분은 1,000억 원이고 이를 그대로 자식에게 양도시 상속세가 500억 원이 나온다.
- 김 씨는 상속세를 줄이기 위해 인위적으로 주가를 떨어뜨리는 작업을 실시한다.
- 대주주지분이 100억 원까지 떨어지면 상속세로 납부하는 금액은 50억 원에 불과해진다.
- 김 씨는 대폭 줄어든 비용으로 지분을 양도하고 경영 승계를 마친 뒤 다시 주가를 끌어올려 지분가치를 1,000억 원으로 되돌려 놓는다.

결국, 올바른 주식투자를 하기 위해서는 차트를 읽어내는 기법보다는 상황에 맞는 투자 전략을 구축하는 것이 먼저 이루어져야 한다. 기업마다 다른 규모와 구조를 이해하고, 세력과 기업들이 가진 의도를 파악하여 환경이 가진 대외변수에 대응하는 방법을 익혀야 주식투자에서 현명한 판단을 할 수 있다. 주식투자에 필요한 기본 원리를 익히고, 원리를 통한 원칙 투자를 하고, 그 과정 속에서 깨닫게 되는 상식과 패턴을 이해만 한다면 주식투자는 결코 어려운 것이 아니다.

4. 주식투자로 왜 돈을 잃을까?

주식을 통해서 수익을 낼 수 있을까? 경제에 대한 해박한 지식을 가지고 있고 이를 이용해 세계 경제 흐름을 이해하고, 예측을 정확하게 할 수 있어야만 주식 투자에 성공할 수 있을까? 실제로 저명한 경제학자들이 주식을 통해 백만장자가 되지 못했던 것을 생각해보면 주식 투자를 할 때, 반드시 해박한 경제 이론이 필요하지는 않다. 단순히 주식시장에서 돈의 흐름을 읽어내고, '돈을 잃지 않는 방법'만 알면 된다. 개인투자자들은 외국인 투자자나 기관 투자자만큼 막대한 정보와 자금을 가지고 있지 못하다. 우리 개인투자자가 이들을 이길 수 없기 때문에 우리보다 정보가 많고 돈이 많은 세력을 이용해 주식 투자를 한다면 좀 더 현명한 투자가 이루어지지 않을까 생각한다. 외국인과 기관이 엄청난 정보를 바탕으로 막대한 자금을 투입한다면 그만한 이유가 있을 것이고, 그 의도를 파악한다면 우리도 함께 따라가며 수익을 이끌어 낼 수 있다.

→ 결국, 돈을 잃지 않는다는 말은 이런 외국인 투자자와 기관 투자자를 이용할 줄 안다는 말로 표현할 수 있다. 이들의 의도에 속지 않고, 과도한 욕심을 꾀하지 않는 것이 주식 투자에서 가장 중요한 덕목이라고 할 수 있다. 이 과정에서 주식 투자에서 범하는 오류, 놓쳤던 부분들을 알고 고쳐야 돈을 잃지 않을 수 있다.

1) 투자자들이 모르는 비밀

계좌를 지키기 위해 내가 알아야 한다!

① **예시1** : 원금 1천만 원으로 상한가와 하한가를 연속 경험했을 때의 잔액 변화

먼저, 수익률이 보여주는 오류를 고쳐야 한다. 다음 예시에서 원금 1천만 원으로 주식 투자를 한다고 가정할 때, 투자한 종목이 상한가(30%)를 맞게 되면 1천 삼백만 원으로 잔액이 증가한다. 이후 바로 하한가(-30%)를 맞는다면 원금으로 돌아갈까? 불행하게도 원금 1천만 원보다 적은 금액이 여러분들의 계좌로 돌아온다.

② **예시2** : 원금 1천만 원으로 하한가와 상한가를 연속 경험했을 때의 잔액 변화

반대로 하한가를 맞고, 곧바로 상한가를 경험하면 잔액은 얼마가 될까?
앞의 예시와 똑같이 수익률은 0%이고, 원금에도 못 미치게 된다.

③ 예시3

$$10,000,000 \longrightarrow 20,000,000 = \text{+100\%}$$

$$20,000,000 \longrightarrow 10,000,000 = \text{-50\%}$$

극단적으로 원금 1천만 원이 100%의 수익을 얻게 되면, 2천만 원이 된다. 이후 50%의 하락을 경험하면 원금인 1천만 원이 된다. 산술적으로 +50%가 사라진 상태이다. 여러분들이 모르고 있었던 수익률의 비밀이 계좌를 깎아먹고 있었고, 수익은 나지만 손실을 보는 상황이 자주 발생하는 것이다.

2) 사회에서 성공했던 사람이 주식에서 실패하는 이유

① 예시1

A주식	B주식
10,000원	10,000원
+30%	+50%

다음으로 주식 투자를 하는 사람들의 습관과 고정관념을 고쳐야 한다. 다음 예시에서 A주식, B주식이 있다고 가정해보자. 두 주식 모두 10,000원에 샀고, A주식은 30%의 수익, B주식은 50%의 수익이 발생하고 있다. 여러분들은 과연 A주식, B주식 중 어떤 것을 팔 것인가? 사실 A주식, B주식 상관없이 무엇을 팔지는 행복한 고민이다. 하지만 대부분의 사람들이 수익이 많은 B주식을 팔 것이고, 사실 A주식을 팔아도 큰 상관은 없다. 둘 다 큰 수익을 제공해주고 있기 때문이다.

② 예시2

A주식	B주식
10,000원	10,000원
−10%	−30%

그렇다면 다음 예시를 들어보자. 이번에도 A주식, B주식이 있고, 모두 10,000원을 주고 샀다. 하지만 A주식은 10% 손실이 나고 있고, B주식은 30%의 손실이 발생하고 있다. 여러분이라면 어느 주식을 팔 것인가? 손실이 나기 시작하면 주식을 파는 결정이 쉽지 않다. 대부분의 사람들이 손실을 입는 것을 수익을 얻는 것보다 싫어하기 때문이다.

③ 예시3

A주식	B주식
10,000원	10,000원
+50%	−50%

이번에는 각 주식이 50% 상승했고, 50% 하락했다고 가정해보자. 어떤 주식을 팔 것인가라고 물어본다면 대부분의 사람들은 수익이 발생한 A주식을 팔고, B주식은 그대로 들고 있게 된다. 손실을 싫어하고, 인정하기 싫기 때문이다. 손실이 난 주식은 빨리 팔고 수익이 나고 있는 종목에 올라타 수익을 극대화시켜야 함에도 불구하고, 아쉬움과 미련, 그리고 손실을 인정하고 싶지 않은 마음에 손실이 나는 종목을 그대로 들고 있게 된다. 귤 상자에 썩은 귤이 멀쩡한 귤마저 썩게 만드는 것처럼 아무리 다른 주식들이 수익을 내고 있어도 손실이 나고 있는 주식을 들고 있게 되면 계좌는 절대 커지지 않는다. 썩은 귤은 바로 골라내야 하는 것처럼 자신의 손실, 실패를 인정하고 과감하게 손실 종목을 팔 수 있는 결단력이 필요하다.

3) 우리의 주적은 외국인 or 기관투자자인가?

개미투자자의 대부분은 외국인과 기관투자자, 소위 '세력'들에게 당했기 때문에 주식시장에서 손해를 본다고 생각한다. 세력들만 없으면 주식 투자로 수익을 얻을 것 같고, 세력들을 적으로 삼고 전투에 임한다. 하지만 시장에서 외국인투자자, 기관투자자가 정말로 여러분들의 공공의 적일까? 주식시장을 움직이기 위해서는 이런 외국인투자자와 기관투자자의 존재가 굉장히 중요하다. 이들이 가지고 있는 막대한 자금이 시장에서 돌고 돌아야지 주식시장의 규모가 커지고 유동성이 생겨 시장이 성장하게 된다. 이들로 인해 코스피, 코스닥 지수가 올라가고, 자신이 가지고 있는 주식 또한 올라갈 수 있는 것이다. 주식시장에서 여러분들의 적은 외국인과 기관이 아닌 잘못된 투자 습관과 마음가짐을 갖고 있는 바로 '본인'이다.

4) 나는 어떤 투자자인가?

공격은 방어가 완벽해졌을 때!

주식 투자를 시작하기에 앞서 자신의 상황을 제대로 이해하고 있어야 한다. 자신이 어떠한 성향의 투자자인지를 확인하는지에 따라 투자 전략은 180도 바뀌게 된다. 자신이 어느 정도 손실을 감내할 수 있는 성격인지, 모험을 즐길 수 있는 성격인지 자신의 성향도 살펴 보아야 하고, 자신의 경제적인 제약도 따져 보아야 한다. 예를 들어, 한 달 뒤 전세금을 줘야 하는 상황이 발생한다면, 여유롭게 투자하고 긴 기간을 살펴보아야 성공하는 주식시장에서 하루하루 불안해하며 올바른 투자를 하기가 쉽지 않다. 반드시 주식 투자를 시작하기에 앞서 자신이 가진 투자 성향, 경제적 여건 등을 정확히 판단해야 한다.

5) 반복적으로 상기하고, 생각하자.

투자 성향, 문제점으로 발견한 자신의 부족한 점을 계속해서 상기하고, 생각해야 한다. 이를 극복하기 위해 자신이 해야 할 행동에 대해서 끊임없이 고민하는 과정이 필요하다. 주식투자를 통해 공격적인 투자로 성공적인 수익률을 내기 위해서는 자신의 문제점과 잘못된 주식 투자 습관을 고쳤을 때 가능하다.

6) 일반인에게 투자는 마이너스 게임이다.

① 예시1

구분	수익이 발생하는 선택		
	당첨 금액	확률	기대수익
복권1	10억 원	확정	10억 원
복권2	25억 원	동전 던지기	12.5억 원

다음 예시를 보면 각각의 복권이 있다. 복권1은 아무런 변수 없이 당첨 금액이 10억 원으로 확정되어 있고, 복권2는 동전던지기를 하여 앞면이 나오면 25억 원, 뒷면이 나오면 0의 이익을 얻는 변수를 가지고 있다. 여러분들이라면 대부분 10억 원을 확정지어주는 복권1을 선택할 확률이 크다. 복권2로 인해 얻을 수 있는 기대수익이 훨씬 큼에도 불구하고 안정적인 10억 원의 수익을 주저 없이 선택해 버린다.

주식시장으로 달리 말하면, 복권1은 작은 수익이 보장된 주식, 복권2는 변동성이 크지만 상승여력이 굉장히 큰 주식이라고 볼 수 있다. 주식투자로 성공한 사람들은 큰 수익이 발생할 수 있는 가능성에 모험을 한다.

② 예시2

구분	손실이 발생하는 선택		
	손실금액	확률	기대손실
복권1	−10억 원	확정	−10억 원
복권2	−25억 원	동전 던지기	−12.5억 원

정반대의 예시를 들어보자. 예시1과 같은 조건에서 금액만 수익에서 손실로 바꿔보았다. 복권1은 동전의 앞, 뒤와 상관없이 10억 원의 손실, 복권2는 동전 앞면이 나오면 25억 원 손실, 뒷면이 나오면 본전의 조건을 걸었다. 여러분들이라면 어떤 선택을 하겠는가? 대부분의 사람들이 복권2를 선택할 것이다. 복권2에는 본전이 될 수 있는 가능성이 있기 때문이다. 하지만 기대수익을 따져보면 복권1은 10억 원의 손실이 확정적이지만, 복권2는 12.5억 원의 평균 손실이 발생한다. 더 위험한 조건이 복권2임에도 불구하고 대부분이 사람들은 본전의 가능성만을 믿고 선택하는 불상사가 일어난다.
하지만 주식시장이라고 생각한다면 복권1은 손실을 적은 비용으로 확정지을 수 있기 때문에 입는 피해가 제한적이다. 하지만 복권2의 경우 본전이 될 수도 있지만 손실을 입을 경우 받을 피해가 너무 크다. 복권1을 선택한 투자자는 소위말해 '손절매'를 잘한 투자자라고 할 수 있다.

주식으로 큰 성공을 거둔 투자자들은 더 큰 수익이 발생할 수 있는 가능성에 모험을 한다. 비록 그만큼 수익을 내지 못한다 하더라도 기꺼이 도전을 통해 큰 수익을 추구하며, 자신이 받아야 할 손실에 대해서는 냉철하게 받아들이며 최대한 적은 손실로 잘라낼 수 있는 손절매에 적극적이다. 여러분이 마이너스 게임에서 벗어나기 위해서는 모험을 즐기고, 손실을 감내할 수 있는 자세가 필요하다.

※ 금융인들이 이야기하는 이솝우화

날지 못하는 작은 병아리가 강을 건너 반대편 목적지로 가려면 하늘을 자유롭게 날아다니는 황새를 따라가서도, 자유롭게 강을 헤엄치는 오리를 따라가는 것도 옳지 않다. 황새처럼 날지 못할뿐더러, 오리처럼 헤엄을 칠 수도 없기 때문이다. 병아리의 선택은 멀지만 강을 따라 목적지를 향해 조금씩 앞으로 걸어가는 수밖에 없다.
주식 시장에 뛰어든 개인투자자들은 병아리와 같다. 외국인투자자처럼 날아서 쉽게 목적지에 도착할 수도, 기관투자자처럼 강으로 유유자적 헤엄쳐 빠르게 도착할 수도 없다. 큰 자금과 정보력을 가진 이들처럼 개인투자자가 쉽게 수익을 낼 수 있다고 생각했다간 실패를 보기 십상이다. 개인투자자는 조금 느리지만 천천히 자신의 목표를 향해 조금씩 나아가는 현명한 지혜가 필요하다.

뉴스를 과신 말고 기사는 행간을 읽어라.

대부분의 투자자들은 뉴스를 과신하는 경향이 크다. 그러나 뉴스는 맹목적으로 신뢰할만한 것이 아니다. 신문의 기사나 방송의 뉴스는 같은 내용의 사실을 두고 신문사나 방송국에 따라 다른 각도로 보도하며, 오보나 각색기사가 있을 수도 있기 때문이다. 따라서 뉴스에서 통찰력과 선견력을 기대한다거나 과신해서는 안 되며, 스스로 뉴스를 판별할 수 있는 능력을 갖추어야 한다.

특히 신문기사를 읽을 때는 곧이곧대로 읽지 말고 행간에 숨겨진 또 다른 의미를 해석하는 안목을 길러야 한다. 뉴스 하나에 목을 매는 숱한 이해관계자들이 있으며, 반어적인 내용도 있고 정부에 정책을 촉구하는 내용도 있고 개인적으로 기자들의 불만이 들어있는 내용도 있으므로 이것을 순진하게 받아들여서는 안 된다는 것이다.

그렇다면 뉴스를 활용하는 방법은 무엇이 있을까. 어느 회사가 바닥권에서 대규모 수주 계약, M&A, 실적호전 등의 뉴스가 나왔다면 매수해야 한다. 그렇다면 그 회사가 바닥권인지 어떻게 알 수 있을까. 방법은 다른 게 아니다. 매일 주가를 점검하고 이 회사에 대해서 관심을 가지는 것이다. 바닥권인지 아닌지 조차도 구분하지 못하는 상황에서 좋은 뉴스가 나온다고 해서 덜컥 사서는 안 된다.

결국 뉴스라는 것도 내가 잘 아는 회사에 국한해서 판별이 가능할 때 매매에 나서야 한다. 좋은 뉴스가 나오면 주가가 어느 정도 위치에 있는지 판단하고 매매하는 것이 정답이다.

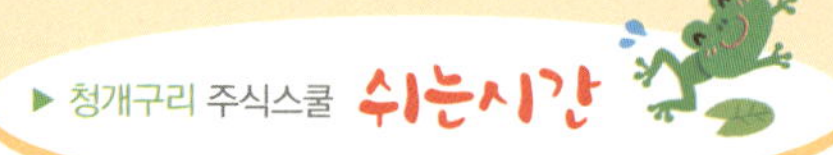
▶ 청개구리 주식스쿨 쉬는시간

만화로 보는 투자격언

이 기사 봤어? 주가가 바닥권인 A사가 B사와 M&A를 할 거래. 난 돈 다 털어서 매수했지! 너도 얼른 사!
아~, 그러셔?

응? 뭐야? 그 반응은.
뉴스를 과신 말고 기사는 행간을 읽어라.

뉴스는 사실만 전하는 게 아냐. 같은 사건에도 방송과 신문사에 따라 다르게 쓰이기도 하지.
A사 전망 밝아
A사 아직은 미지수…

뉴스엔 각종 집단의 이해와 압력 등이 녹아 있다고 보는 게 좋아. 그러니까 있는 그대로 보지 말고 행간에 숨어 있는 뜻까지 읽을 줄 알아야 해.
News
행간
각종 단체

A사는 바닥권도 아니고 M&A도 설에 불과해. 뉴스는 내가 잘 아는 것을 바탕으로 판단할 때 참고하는 게 좋다고.
News
내가 공부한 정보

떨어지기 전에 얼른 팔아야겠다.
그게 아니고! 투자하려는 종목을 먼저 살펴보란 말야!

II. 기초입문교육

1. 주문과 매매유형

● 점상한가, 따라잡을 수 없었을까?

거래량을 보면 분명 거래가 이루어졌음이 보인다. 이는 '누군가 매수를 했다'는 의미이다.

● 연속 하한가, 빠져나올 수 없었을까?

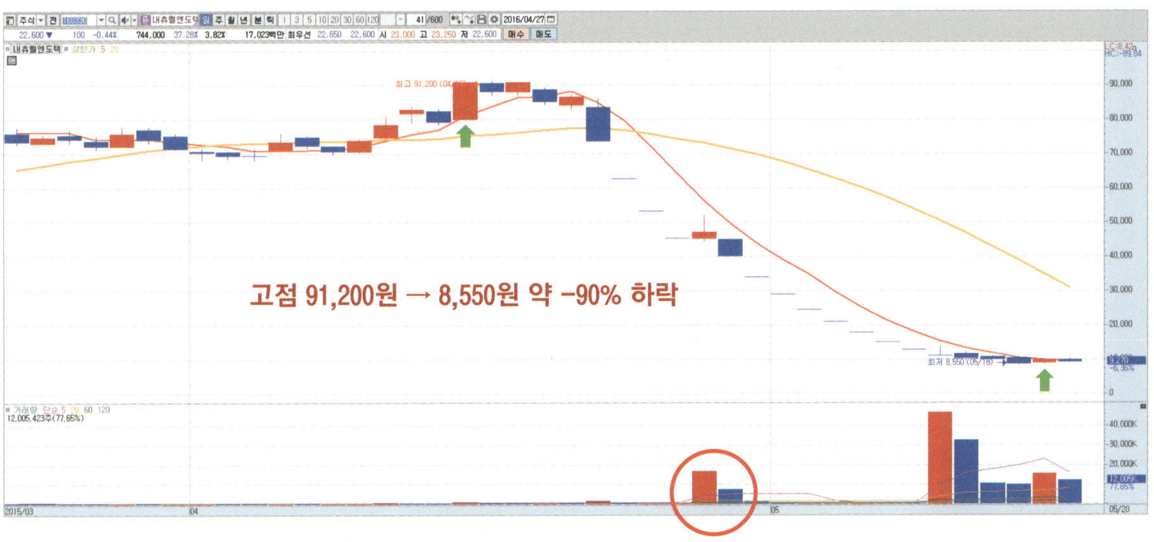

하한가의 차트에서도 하한가 중에 거래가 이루어졌다. 이는 '누군가는 도중에 빠져 나왔다'는 의미이다.

왜 내 차례는 안 올까? 왜 내 물량은 체결이 안 될까?
내가 사지는 못하더라도 방법과 이론을 안다면, 그 이전보다 조금 더 확률이 높은 베팅을 하는데 도움이 될 것이다.

1) 매매체결의 순서

1순위 : 가격우선 체결의 원칙	매수주문은 높은 가격일수록, 매도주문은 낮은 가격일수록 우선 체결
2순위 : 시간우선 체결의 원칙	같은 가격이라면 먼저 주문한 사람이 체결
3순위 : 수량우선 체결의 원칙	같은 시간과 가격의 주문이 접수된다면 많은 수량이 우선
4순위 : 위탁매매우선 체결의 원칙	증권회사의 주문보다 고객의 주문이 우선한다는 원칙

※ 일반적으로 정규거래시간에서는 1순위, 2순위에서 대부분 결정된다.

2) 매매주문방식 종류

① 지정가주문

a. 매수/매도자가 원하는 종목의 수량과 가격을 지정해서 내는 주문이다.
b. 현재의 시세와 호가가 다르면 정정주문을 이용해야 한다.

② 시장가주문

a. 가격은 미정하고 수량만 정하는 주문으로 현재 시장에서 형성되는 가격으로 내는 주문이다.
   (바로 체결 가능한 가격에 내는 주문)
b. 체결과 체결가격은 둘 다 중요한 부분이지만, 체결가격보다 체결의 중요성이 높은 경우 활용한다(=확실히 체결해야 할 때).
c. 매수와 매도의 호가 공백이 클 때는 원하는 가격보다 불리하게 체결되는 단점이 있다.

③ 장후시간외주문

정규시장이 마감된 후 주문을 받아서 당일 종가로 매매가 가능하다.

④ 조건부지정가주문

장중에 지정한 지정가주문으로 처리되고 미체결 수량은 동시호가 시간(15:20~15:30)에 시장가로 주문처리 된다.

⑤ 최유리지정가주문

a. 가격은 미정하고 수량만 정하는 주문
b. 매수주문은 최우선 매도호가가격으로 지정되는 주문
c. 매도주문은 최우선 매수호가가격으로 지정되는 주문

⑥ 최우선지정가주문

a. 주문의 접수시점에서 자기 주문 방향의 최우선호가 가격으로 주문
b. 매수주문은 최우선 매수호가가격으로 지정되는 주문
c. 매도주문은 최우선 매도호가가격으로 지정되는 주문

⑦ 매매 조건주문

a. IOC(Immediate – Or – Cancel Order)
　주문즉시 체결 그리고 잔량 자동취소

b. FOK(Fill – Or – Kill Order)
　주문즉시 전부 체결 또는 전부 자동취소
　cf) 주문조건은 거래소, 코스닥 모두 지정이 가능하며 지정가, 시장가, 최유리지정가에 한해서만 주문 조건 부여가 가능

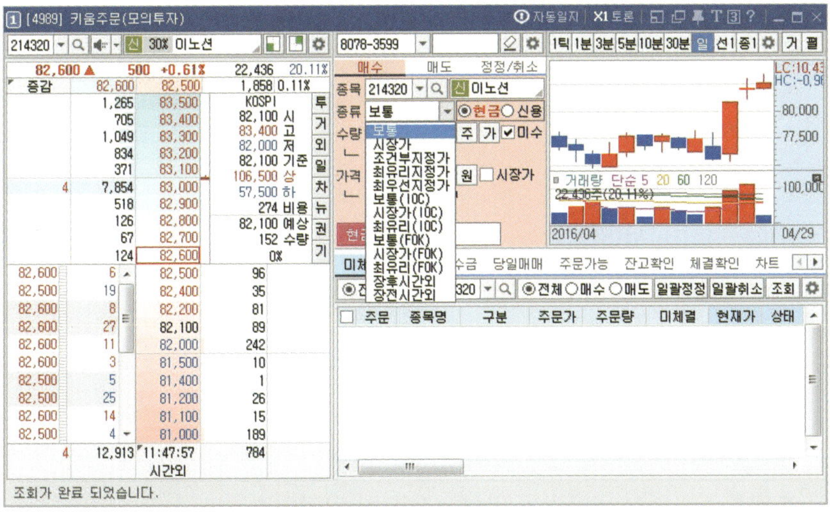

주문종류위치에서 주문유형을 선택할 수 있다.

3) 매매단위

투자자가 주문을 제출할 수 있는 최소단위의 수량은 거래소(2014년 6월 2일 개정), 코스닥 모두 1주이다.
(다만, 호가건수 과다 시 상향 가능)

4) 매매시간

① 국내시장

정규 거래시간	09:00 ~ 15:30 cf) 동시호가 08:00 ~ 09:00(오전), 15:20 ~ 15:30(오후)
시간외 종가	07:30 ~ 08:30(전일 종가로 거래), 15:40 ~ 16:00(당일 종가로 거래)
시간외 단일가	16:00 ~ 18:00(10분단위로 체결, 당일 종가대비 상하 10% 가격으로 거래)

> **TIP!** 만약 내 주식이 처음 소개되었던 하한가 차트처럼 하한가를 기록하고 장을 마감했다. 어떻게 팔아야 할까?
>
> 시간외 종가를 이용해 매도를 시도하는 것이 다음날 장이 열릴 때 거래하는 것보다 빠를 것이다. 시간외 종가에서도 기계는 사람보다 신속하기 때문에 '예약주문' + '시장가'로 주문을 넣어야 한다. 체결이 되지 않는다면, 동시호가 시간에 주문을 넣고 매매를 시도해야 한다.

② 해외시장 : 외국증시 거래시간(한국시간)

  a. 미국 : 23:30 ~ 06:00(서머타임 적용 시 1시간 당겨짐)
  b. 일본 : 09:00 ~ 11:30, 12:30 ~ 15:00
  c. 중국 : 10:30 ~ 12:30, 14:00 ~ 16:00
  d. 홍콩 : 10:30 ~ 13:00, 14:00 ~ 17:00
  e. 영국, 독일 : 17:00 ~ 01:30(서머타임 적용 시 1시간 당겨짐)

5) 개별종목 가격 제한폭

① 전일종가대비 30%(2015년 6월 15일 개편)범위까지만 장중에서 변동할 수 있다.
② 일시적인 수급의 편중으로 인한 급등락을 완화하기 위한 목적이다.
③ 가격제한폭 확대에 따른 변동성완화장치(VI)

가격제한폭이 갑자기 증가하여 시장에서 발생하는 부작용들을 제거하기 위해 가격제한폭 확대와 함께 도입된 시장 안정화 장치로서 동적VI와 정적VI가 있다. 시장 전체에 적용되는 서킷브레이커와 달리 종목별로 적용하는 변동성 완화 장치이다.

> a. 동적 변동성완화장치 – 직전 체결가의 2~3%를 벗어날 경우, 2분간 단일매매가격으로 거래
> b. 정적 변동성완화장치 – 전 거래일 10% 이상 변동, 10분간 단일매매가격 매매

6) 동시호가

주식시장 시작 전과 장 마감 직전에 동시호가 주문을 받아 9시와 15시 30분에 단일가로 일괄 체결시키는 것을 동시호가라고 한다.

① 시장을 시작하거나 마감할 때 일정시간 주문의 단일가격
② 동시호가는 보통 시가, 종가를 결정
③ 거래가 되지 않는 시간동안 주가가 왜곡될 수 있으므로 이를 최소한으로 방지하려는 목적

장 시작 전	하루의 거래가 마감되고 다음 날 장 시작까지 매매가 정지된 시간 동안 있었던 가격변동을 합리적인 시초가로 결정하기 위해
장 마감 직전	다음날 장 시작까지 시간동안 발생하는 시세차익을 얻기 위해 대량매수, 대량매도로 인한 가격 왜곡을 최소화하기 위해

④ 동시호가는 시간의 전후가 분명치 않아 가격, 수량 우선원칙만 적용(호가가 우선인 주문을 체결한 후, 수량이 많은 거래를 체결)
⑤ 동시호가 시간대엔 주문만 내고, 오전 9시와 오후 3시 30분에 일괄 체결

※장전에 내놓은 동시호가주문은 정규장과 구분되지 않고 이어지기 때문에, 체결이 되지 않으면 취소주문을 넣어야 한다.
※거래가 중단되었다가 다시 시작하거나 지수가 급락해 서킷브레이크가 발동되는 경우, 개별종목이 10% 이상 급락하는 경우 실시한다.

> ▶ **동시호가 가격결정과 수량분배?**
> ① 동시호가는 시간을 고려하지 않기 때문에 모두가 동시에 주문을 낸 것으로 본다.
> ② 모두 동시에 주문을 낸 것으로 고려하여 수량 우선원칙만 적용한다.
> ③ 매수주문과 매도주문을 고려하여 하나의 단일가가 만들어진다.
> ④ 예를 들어 3번의 과정을 통하여 하나의 단일가 10,000원이 정해졌다면, 10,000원의 가격에 매도해도 괜찮은 사람들의 주식들을 10,000원에 사도 좋은 사람들에게 나눠준다.

⑤ 주식은 가격우선의 원칙과 수량우선의 원칙으로 나눠준다.
⑥ 우선 가격우선 원칙을 적용하여 10,000원보다 높은 호가를 부른 사람들부터 수량을 분배한다.
⑦ 그 다음 수량우선의 원칙에 따라 10,000원의 호가를 부른 사람들에게 남은 주식을 분배한다.

▶ 수량우선의 배분규칙(1차 배분 후 남으면 2차 ... 6차 배분순으로 분배)

1차 배분 : 100주씩 분배
2차 배분 : 500주씩 분배
3차 배분 : 1,000주씩 분배

4차 배분 : 2,000주씩 분배
5차 배분 : 잔량의 1/2을 분배
6차 배분 : 잔량 순으로 분배

7) 시간외 단일가

① 시간외 종가 매매 이후 16시부터 18시까지 매매체결이 이루어지는 방식(상대적으로 거래량이 적다)
② 10분 단위로 체결(하루에 총 12회)
③ 정규시장의 가격제한폭 범위 내에서 당일종가의 ±10% 범위
④ 거래단위는 한 주
※ 체결우선순위 : 가격/시간 우선

▶ 동시호가와 시간외 단일가가 왜 중요한 것일까?

① 동시호가의 결과에 따라 최종적인 일봉의 몸통이 변한다(몸통은 시가와 종가로 구성).
② 가격의 급변동을 줄여준다.
③ 투자활성화와 투자자 매매편익을 도모한다.
④ 장 종료 후에도 계속해서 적정가격을 찾을 수 있고 거래를 할 수 있다는 장점이 있다.

〈동시호가는 일봉의 몸통을 구성〉

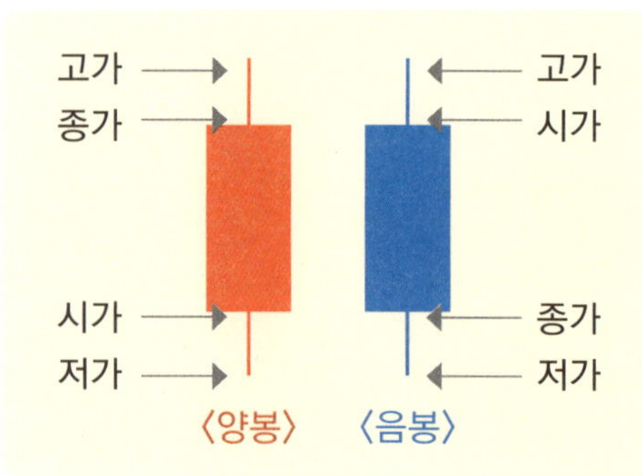

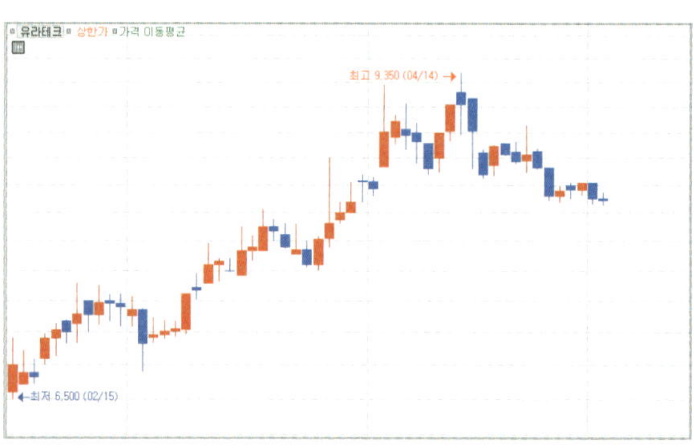

〈일봉 주식차트〉

> ▶ **동시호가와 시간외 단일가 활용**

① 동시호가, 시간외 단일가 거래량 분석 : 거래량이 상대적으로 크다면 일정 가격으로 대량의 매집이나 매도를 염두해야 한다.
② 시간외 단일가는 장종료 후 시장정보 반영 : 장종료 후 시장변화나 중국, 유럽 등 글로벌 증시정보가 가격에 반영된다.

복습 Quiz 1

Q. 해당 주문이 형성하는 가격의 짝을 연결해보세요.

가. 장전동시호가 ●	● A. 정규시장에 미반영
	● B. 시가
나. 시간외 단일가 ●	● C. 고가

정답 : 가 → B, 나 → A

복습 Quiz 2

Q. 청개구리 씨는 B주식이 10,000원이 되면 매도하려고 한다. 10,000원이 되지 않더라도 나머지 물량을 금일 내로 청산하고자 할 때 사용하는 주문은 무엇일까?

① 시장가 매도
② 조건부 지정가 매도
③ 지정가 매도

정답 : ② 조건부 지정가 매도

2. 주식시장의 3대 주체

1) 3대 주체의 특징

시장의 수급을 이루는 대표적인 주체는 개인, 기관, 외국인이다. 그 중에서도 외국인과 기관의 동향을 살펴보는 것은 시장방향을 예측하는 데 중요하다. 왜냐하면 외국인과 기관은 개인투자자들에 비해 자금 규모도 크고 응집력이 높기 때문이다.

① 개인투자자

전업투자자 및 직장인 투자자가 대표적이며 주로 운용수익을 현금화하는 데 목표를 가지고 있고 외국인과 기관투자자의 투자포지션 변화와 각종 이슈에 민감하게 반응한다.
- 투자형태 : 중, 소형주에 관심도가 높고 공격적인 투자성향
- 기본적/기술적 분석 등 다양한 방법을 통해 매매에 접근하는 형태

② 기관투자자

주식투자를 주 목적으로 하는 집단으로 외국인 다음으로 일반적으로 수익률이 높고 시장 상황에 따라 기술적 분석에 의한 단기투자도 하지만 비중은 크지 않다.
- 투자형태 : 저평가된 주식과 꾸준한 배당수익을 낼 수 있는 기업, 성장 가능성이 있는 성장성 종목에 관심을 가지는 성향
- 투자자 종류 : 금융투자업자, 은행, 보험, 투자신탁, 연기금

③ 외국인 투자자

IMF 외국인 투자한도 제한 폐지 이후 투자 비중이 높아지고 있고 주식시장 매매동향을 살피는 것이 필수사항이 될만큼 중요한 주체이다.
- 투자형태 : 저평가된 종목을 선정하여 적정한 시기에 매도하는 투자
- 높은 배당을 받을 수 있는 기업에 관심을 가지고 유동성이 좋지 않은 기업은 투자관심이 낮다.
- 글로벌 이벤트들에 대해 민감하게 반응하는 성향을 보인다.

2) 개인투자자들은 왜 수익률이 낮을까?

'개인투자자의 반복된 실패와 교훈'이라는 리포트는 매년마다 한 번씩 똑같은 제목으로 내놓는 보고서다. 검색포탈을 이용해 '매수 상위 10종목의 평균 수익률'이라는 검색어를 입력하면 개인투자자의 그릇된 투자 행태 보고서와 올해 개인투자자들의 실적수준관련 보고서, 뉴스 등을 쉽게 찾아 볼 수 있다.

위 내용에서 알 수 있다시피 매년 반복된 실패로 이어지다보니 매년 같은 주제로 증권사리포트나 뉴스의 단골 레퍼토리가 되고 있다. 개인투자자는 왜 번번이 주식시장에서 패배의 쓴 잔을 마셔야 하는 걸까?

사진은 2015년의 투자자별 순매수 상위 10종목 수익률 기록이다. 2015년 이전의 결과는 달랐을까?

코스피가 21.9% 상승한 2010년도 국내 증시에서 외국인은 51.7%, 기관은 60.1%의 높은 수익률을 기록했다. 이에 비해 개인은 9.7%라는 초라한 성적을 거두는 데 그쳤다. 코스피가 11% 하락한 2011년에도 외국인은 −0.7%의 수익률로 선방했으며, 기관 투자자는 오히려 12.5%의 수익률을 기록했는데 개인투자자는 −34.3%, 말 그대로 '쪽박'을 기록했다.

코스피가 9.4% 성장세로 돌아선 지난해 외국인은 5.6%, 기관은 16.7%의 수익률을 기록했지만 개미 투자군단만은 −28.4%로 2년 연속 마이너스를 기록했다. 대체적으로 투자성적이 '기관 〉 외국인 〉 개인' 순인데 유독 개인 투자자 성적이 크게 뒤처지고 있는 것이다.

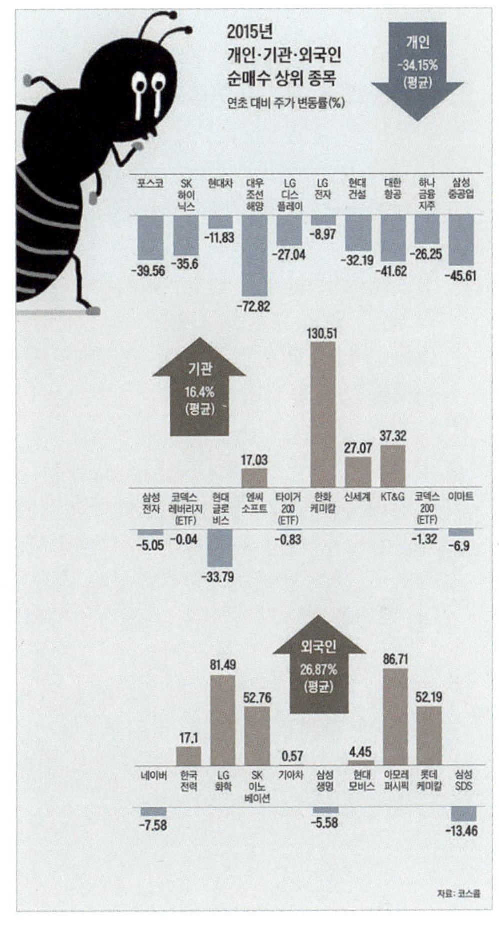

① 개인투자자가 실패하는 이유

ⓐ 저가주선호 : 최근 6년간 외국인, 기관 주식평균 매수 단가는 개인투자자의 5배 이상
ⓑ 종목관리 실패 : 수익은 짧게, 손실은 길게 가져가는 패턴
ⓒ 포트폴리오 실패 : 성급한 차익 실현, 손실 종목 물타기, '몰빵' 아니면 '백화점'식 투자
ⓓ 잦은 트레이딩 : 투자손실을 만회하기 위해 단타에 집중
ⓔ 투기성 투자 : 투기성 테마주는 고점대비 63% 급락

ⓐ 저가주 선호 : 개인은 고가주보다 저가주를 절대적으로 선호한다는 것이 증권가 정설이다. 2007년 이후 기관·외국인·개인의 주식 평균 매수단가 통계를 비교하면 개인투자자는 약 9,260원으로 1만 원을 밑돈다. 기관·외국인의 평균 매수단가는 약 4만5,100원으로 개인투자자에 비해 4~5배 비싼 주식을 샀다.

저가주는 여러 면에서 부족한 점이 많을 가능성이 큰데도 저가주에 집착하는 경향이 있다. 실제로 2004년 이후 상장폐지 된 종목 369개에서 액면가 이하로 거래된 저가주는 307종으로 대다수를 차지하고 있다.

ⓑ 종목관리 실패 : 개인투자자의 또 다른 문제는 잘못된 투자종목 관리다. 보유 종목에서 이익이 나면 진득하게 갖고 있지 않고 '이게 웬 떡이냐' 며 팔아치운다. 정작 빨리 손절매해야 할 손실 발생 종목은 미련을 못 버리고 반등을 기다리며 끝까지 들고 있거나 추가 매입으로 '물타기' 하는 경우가 많다. 통닭집을 여러 곳 운영하면서 잘되는 통닭집은 팔아버리고 안 되는 통닭집은 2층으로 확장하는 격이다.

ⓒ 포트폴리오 실패 : '몰빵' 아니면 '백화점' 도 개인투자자의 잘못된 투자종목 관리행태다. 삼성증권 고객 66만 명의 보유종목수를 분석하면 약 40%가 단 1개 종목에만 투자하고 있다고 한다. 반대로 보유 종목이 11개 이상인 고객은 13%에 달하며 4~10종 보유도 19%나 된다. '모 아니면 도' 식의 투자나 종합백화점식 투자나 올바르지 못한 건 마찬가지다.

ⓓ 잦은 트레이딩 : 홈트레이딩시스템(HTS)에 이어 스마트폰(MTS)에서도 주식 거래가 가능해지면서 외국인과 기관에 비해 더 잦은 매매형태를 보이는 개인투자자들의 손실도 커지고 있다.
개인투자자 연간 회전율은 유가증권시장 전체 상장주식을 사고도 남을 정도다. 최근 3년간 개인투자자의 시가총액 대비 연간 회전율 평균은 150%를 기록했다. 기관이나 외국인은 50~60%대에 불과하다. 개인투자자가 투자손실을 만회하려고 단타에 집중하면서 벌어진 일이다.

ⓔ 투기성 투자 : 잦은 테마주의 침몰 역시 개인투자자의 그릇된 투기성 거래로 인한 문제다. 2009년 이후 대선 관련주, 나로호 관련주, 평창올림픽 관련주, 4대강 관련주 등 다양한 투기성 테마주가 계속 시장에 파고를 일으켰으나. 통계상 이런 테마주의 대장주는 고점대비 평균 63% 급락하며 개인투자자들의 손실을 더 크게 만든다.

② 행동경제학 관점 설명

● 손실 회피(Loss Aversion)
'손실 회피(Loss Aversion)' 성향은 심리학에서 출발해, 현대 경제학의 핫 트렌드인 '행동경제학' 의 대표주자로 자리매김한 이론이다. 여기에는 누구나 시도할 수 있는 아주 유명한 실험이 포함되어 있다.
자, 누군가가 당신에게 돈 1만 원을 쥐어주며 다음과 같은 게임을 하자고 청한다고 치자. 그 조건은 다음과 같다. 동전 하나를 던져서 앞면이 나오면 받았던 1만 원을 돌려줘야 하고, 뒷면이 나오면 2만 원을 추가로 받는다. 당신이라면 이 게임에 응하겠는가?
산술적으로만 보자면, 이익이 손해의 두 배나 된다. 부담감은 있지만 높은 수익률의 유혹도 만만찮다는 소리다. 하지만 실험 참가자들 가운데 이 게임을 받아들인 사람은 고작 10%에 불과했다고 한다. 여기서 손실의 고통이 이익의 쾌감에 비해 2 ~ 2.5배 크다는 실증 연구가 뒤따르기도 했다. 이 실험의 파장은 컸다. '인간은 이익을 좇아 합리적으로 행동한다' 는 전통적인 경제학 가설에 대한 회의감이 급속도로 확산됐다. 실험 결과를 발표한 대니얼 카너먼 교수는, 경제학자가 아닌 심리학자의 신분으로 2002년 노벨경제학상을 수상하며 전 세계적으로 '행동경제학' 붐을 일으켰다.

- **대표성 함정(Representativeness Bias)**

  인간의 두뇌는 복잡한 분석과정을 통해 의사결정을 내리기보다는 방대한 정보를 직관적이고 간편한 방법을 통해 신속하게 결정하는 것을 선호한다.

  새로운 정보를 인식하였을 때 우리는 이미 자신에게 친숙한 과거의 정보에서 유사한 분류를 찾아서 그에 대한 판단을 내리게 되는 경우가 많이 있다. 또한 어떤 현상의 일면이 전체적인 모습을 대표하는 것으로 착각하는 경우가 자주 있으며, 특히 그 결론이 확률적으로 무의미한 경우에 있어서조차 이미 자신이 가지고 있는 생각이 옳다는 확신을 갖는 경향이 있는데 이를 대표성의 함정이라고 한다.

- **후회 회피(regret aversion)**

  대부분의 사람은 아주 좋은 투자기회가 지나간 다음 후회를 한다. 그 후회가 클수록 지금이 과거 못지 않은 좋은 투자 시기라도 아무런 행동을 취하지 못하게 된다. 기회를 놓친 데 대한 후회는 앞으로 발생하게 되는 후회에 더욱 민감하게 적용한다.

  후회 회피는 더 이상 후회하는 일이 없도록 하겠다는 마음가짐이 투자를 지나치게 보수적으로 이끄는 상태를 의미하며, 후회를 피하기 위해 자신이 감당할 수 있는 위험보다 더 큰 위험 선택을 하게 만든다.

3) 개인의 투자행태 흐름을 현물지수 흐름과 비교해보자.

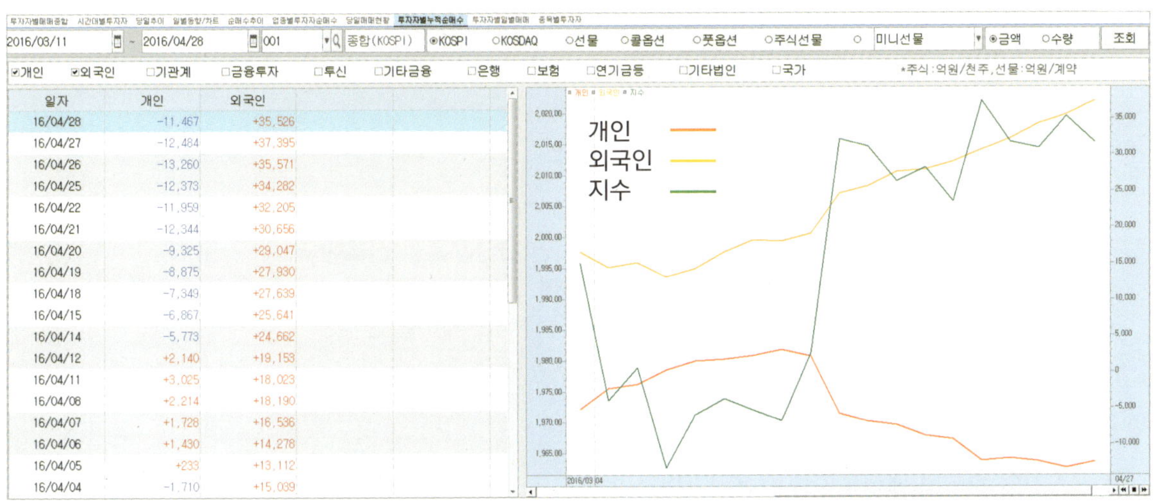

일자	개인	외국인
16/04/28	-11,467	+35,526
16/04/27	-12,484	+37,395
16/04/26	-13,260	+35,571
16/04/25	-12,373	+34,282
16/04/22	-11,959	+32,205
16/04/21	-12,344	+30,656
16/04/20	-9,325	+29,047
16/04/19	-8,875	+27,930
16/04/18	-7,349	+27,639
16/04/15	-6,867	+25,641
16/04/14	-5,773	+24,662
16/04/12	+2,140	+19,153
16/04/11	+3,025	+18,023
16/04/06	+2,214	+18,190
16/04/07	+1,728	+16,536
16/04/06	+1,430	+14,278
16/04/05	+233	+13,112
16/04/04	-1,710	+15,039

2016년 4월 종합주가지수는 2,000포인트를 지지하고 있다.

[0789] 투자자별 누적순매수 동향을 이용하여 상승 중인 종합주가 지수에서 외국인과 개인의 순매수동향을 읽을 수 있다. 매년 증권사리포트의 주제가 되는 이유를 HTS를 통해 충분히 알 수 있다.

4) 외국인/기관 투자 따라하기

① 외국인투자자의 4가지 투자 형태

a. 가치투자
- 기업의 내재가치에 비해 저평가된 종목을 사서 주가가 올라갈 때까지 기다리는 투자를 말한다.
- 업종 대표주와 시장점유율이 높은 기업(ex. POSCO, SK텔레콤, KB금융 등)에 투자한다.

b. 성장성투자
- 미래를 주도할 산업을 찾고, 산업 내에서 매출액 증가율과 이익증가율이 높은 기업에 투자한다.
- 단순 재무제표로 분석하기보다는 직접 기업을 방문하여 분석한다.
- 현재 성장성이 높다고 판단해 투자한 업종은 IT, 바이오, 로봇, 게임 산업 등이다.

c. 배당수익투자
- 글로벌 금융위기 이후 세계적인 저금리 시대에 안정적인 배당투자에 관심이 증가했다.
- 주가 상승분에 대한 이익도 추가로 얻을 수 있다는 장점이 있다.

d. 단기투자
- 외국의 헤지펀드나 공격적 성향의 펀드에서 단기이익추구를 위해 투자하는 것을 말한다.
- 빠른 정보와 막대한 자금으로 공격적이고 신속한 의사결정을 내린다.
- 거시경제의 이벤트(환율, 금리, 전쟁) 등을 통해 차익을 얻는다.
- 일반적으로 파생상품투자와 연계해 투자한다.

② 기관투자자의 투자형태와 외국인투자자와 차이점

- 기관투자자는 연기금과 펀드자금을 운용하는 투자자라고 할 수 있다.
- 외국인투자자에 비해 기관투자자는 조금 더 안정적인 자금운용을 선호한다.
- 펀드자금은 투자자의 환매가 있으면 매도를 해야 하므로 개인투자자와 비슷한 투자 형태를 갖는다.
- 외국인투자자는 선물, 옵션과 공매도를 활용하여 공격적인 매매를 한다.

③ 어떻게 외국인 및 기관 매매를 참고해야 하는가?

a. 투자자별 업종별 매매동향을 체크할 필요가 있다.
단순하게 투자주체별 매매동향을 통해서 분석하면 정확하고 명확하게 매매시점을 파악하기 어렵다.
기관/외국인이 최근 꾸준히 매수하는 업종이 있다면 그 업종 내에서 종목을 선정하는 것이 성공확률이 높다.

b. 선물/옵션시장의 매매동향을 반드시 체크해야 한다.
기관/외국인의 투자흐름이 현물에서는 매수 또는 보합의 흐름을 보이더라도 선물에서 강하게 매도를 하고 있다면 향후 주가의 흐름은 나쁘게 될 것이다. 따라서 기관/외국인의 선물과 현물을 복합적으로 판단해야 한다.

c. 현재의 시장을 주도하는 주체를 판단해야 한다.

기관과 외국인 투자주체 중에서 어떤 주체가 시장을 이끌어 가는지 판단하는 것이 중요하다.

이때는 HTS '[0789] 투자자별 누적순매수 동향'에서 투자주체와 주가를 차트를 통해서 비교 분석해보면 보다 쉽게 주도 흐름을 판단할 수 있다.

3. 52주 신고가와 52주 신저가

1) 52주 신고가? 52주 신저가?

1년 365일 = 거래일 250일 = **거래일 52주** = 1년 365일

- 52주 신고가 : 최근 52주간의 거래와 비교하여 일일 거래에서 가장 높은 가격을 형성한 주식을 말한다.
- 52주 신저가 : 최근 52주간의 거래와 비교하여 일일 거래에서 가장 낮은 가격을 형성한 주식을 말한다.

기술적 분석가들은 주식의 새로운 최고가와 최저가를 주식시장의 추세를 반영하는 중요한 지표로 여긴다.

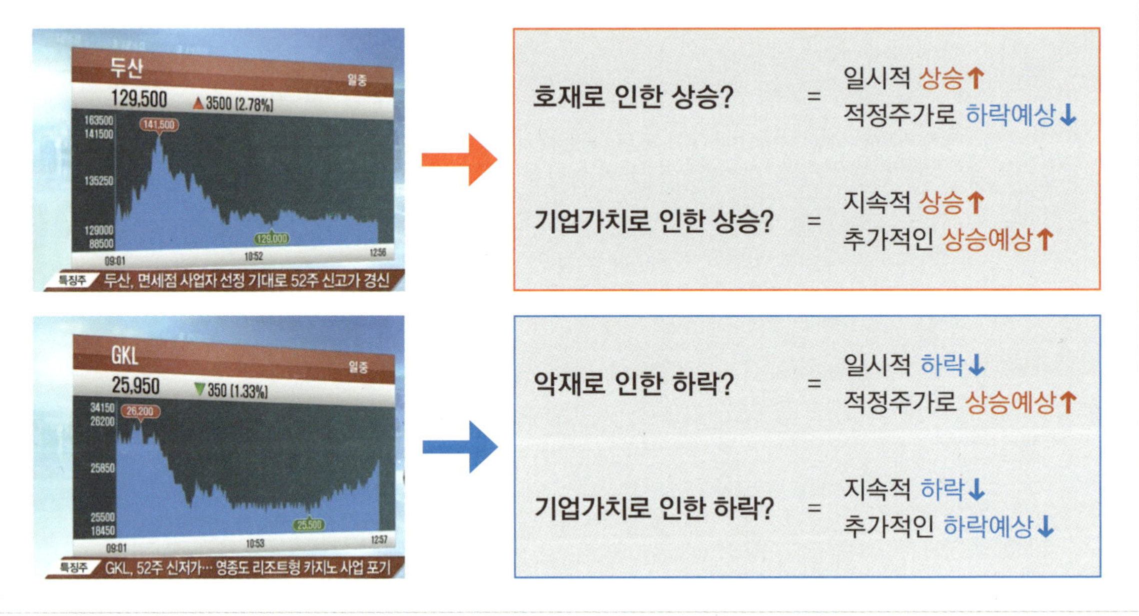

① 52주 신고가 - 영업이익 증가로 인한 신고가(S-Oil)

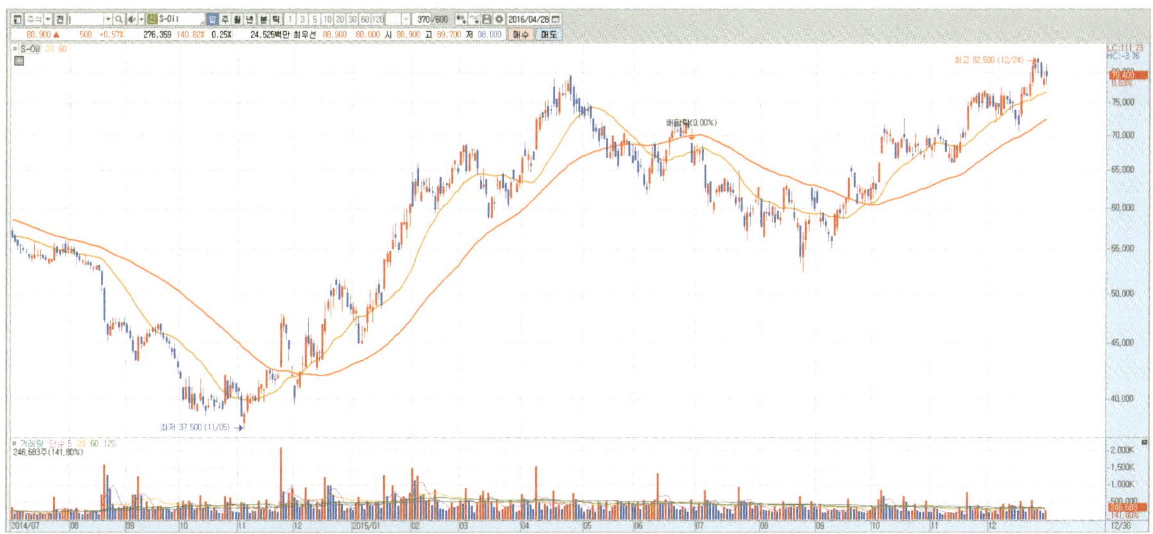

S-Oil이 저유가시대 수혜주로서 영업이익이 지속적으로 증가 중에 있다. 정제마진이 좋아져 업황개선 효과와 사업영역확장에 대한 기대감이 더해졌다. 주가는 2015년 12월 52주 신고가 갱신 이후 계속 상승 추세다.

② 52주 신고가 - 호재로 인한 신고가(안랩)

안철수 관련 정치테마주로서 탈당 이후 신당 창설을 공식선언 하면서 주가는 52주 신고가 행진을 하고 있다. 주가는 1월 4일 52주 신고가를 갱신한 이후 2016년 1월 4일부터 계속 하락 추세다.

③ 52주 신저가 - 영업이익 하락으로 인한 신저가(한진해운)

해운업계 투 탑인 현대상선과 한진해운은 컨테이너선 업황 부진의 장기화로 인해 영업이익이 악화되고, 신용등급이 하락했다. 경영 정상화에 주력하고 있지만 안정적인 수익을 낼 수 있는 벌크 전용선, LNG 전용선 등을 매각하면서 향후 업황이 회복되더라도 글로벌 선사에 비해 경쟁력이 크게 떨어질 것이란 우려로 2015년 말 52주 신저가 이후 현재까지도 크게 하락 중이다.

④ 52주 신저가 - 악재로 인한 신저가(AK홀딩스)

12월초부터 발생한 거래처와 거래중단 뉴스, AK플라자 지점폐쇄, 토지매각 등 이슈로 투자불안감이 가중되면서 52주 신저가 갱신 후 2016년 2월까지 4만 원 초반대 가격까지 하락했지만, 이후 주가는 6만 원대를 넘어 계속 상승 중이다.

2) 52주 신고가/신저가 찾아보기 – [0150] 조건검색

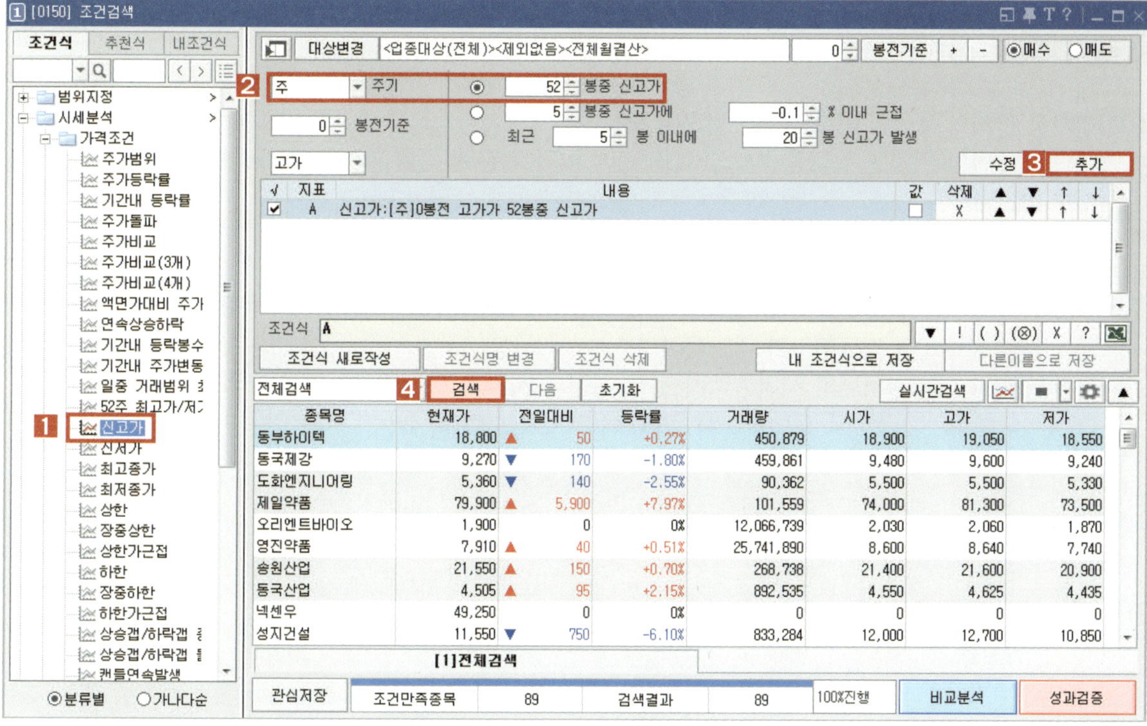

① 조건식에서 '시세분석' → '가격조건' → '신고가'

② 주기를 '일' → '주'로 신고가를 '52봉 중 신고가'로 설정

③ 추가버튼을 누르면 조건식이 저장된다.

④ 저장된 조건식 검색버튼을 클릭하면 52주 신고가를 갱신한 종목을 찾을 수 있다.

4. 지수(INDEX)

1) 주가지수(INDEX)

① 주식시장 전체의 움직임을 파악하기 위하여 작성하는 지수
② 한국의 대표적인 기업은 유가증권시장(KOSPI)에 많기 때문에 종합주가지수라고 하면 코스피종합주가
　지수를 말한다.
③ 일반적으로 주가지수는 실제 경기보다 4개월 정도 앞선 것을 반영한다고 본다.
④ 주가지수는 주가평균식 주가지수와 시가총액식 주가지수로 구분된다.
　a. 주가 평균식 : 대상 종목의 주가 합계를 종목수로 나누어 산출하는 방식으로 미국의 다우존스 산업평
　　균과 일본의 닛케이 평균주가가 대표적이다.
　b. 시가 총액식 : 일정 시점의 시가총액과 현재 시점의 시가총액을 비교하여 현재의 주가수준을 판단하
　　는 방식으로 영국의 FTSE100, 독일의 DAX, 홍콩의 항생(恒生) 등이 대표적이다.
※ 우리나라는 모두 시가총액방식! 미국 다우지수의 경우는 대표 30개의 우량주들만의 지수!

2) 우리나라 대표 3대 지수

① KOSPI

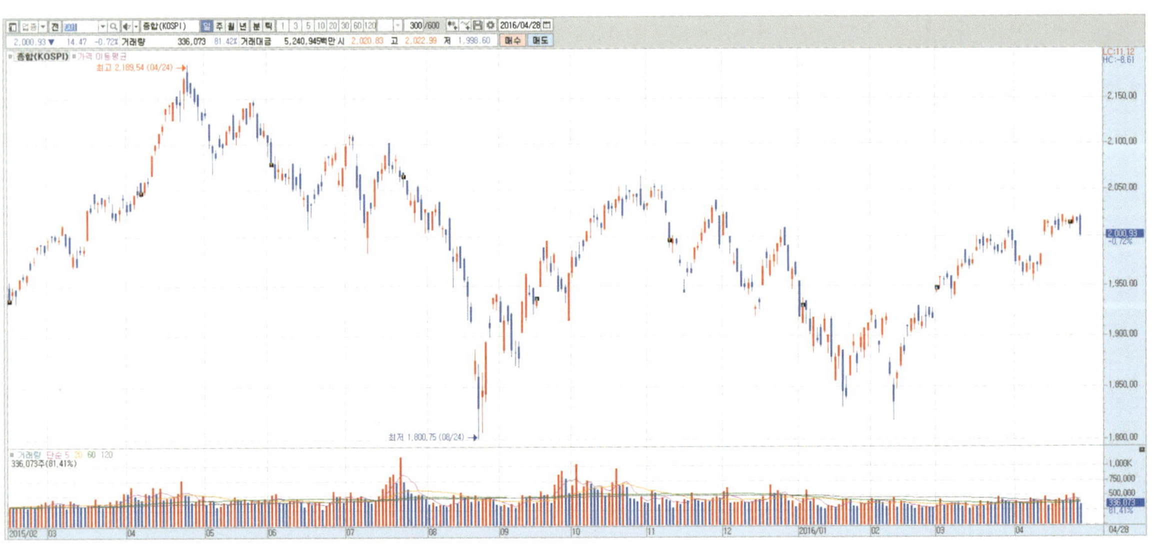

주가지수를 말할 때 보통 코스피를 말한다. 코스피란 유가증권시장에 상장된 모든 종목의 시가총액을 기
준일[1]의 시가총액과 비교하여 산출한 것으로 대부분의 업종대표주가 코스피에 상장되어 있기 때문에 경
기선행지표의 구성지표로 이용된다.

---

1 기준일 : 1980년 1월 4일의 시가총액을 주가지수 100으로 본다.

② KOSDAQ

한국증권업협회가 미국의 나스닥시장을 벤치마킹하여 개설한 시장으로 코스닥시장에 등록된 모든 종목의 시가총액을 기준일의 시가총액으로 비교하여 산출한 것이다. 코스닥시장에 상장된 종목은 이 주가지수의 영향을 많이 받는다. 코스닥시장은 설립 초기의 기업이나 벤처기업 등이 많아 거래소시장에 비하여 성장 잠재력이 높은 반면 투자위험도 큰 고위험의 시장이었으나, 지속적인 투자자보호 정책으로 인해 진입장벽이 높아졌다. 설립초기의 기업이 등록되지 못하고 평균 10년 정도의 건실한 기업요건이 충족되어야 하기 때문에 과거보다 고위험·고수익의 의미가 쇠퇴했다. 1996년 7월 1일 기준지수를 100으로 였으나, 2003년 금융위기, 카드대란 등으로 지수가 37까지 떨어지면서 기준값을 100에서 1,000으로 변경하였다.

③ KOSPI200

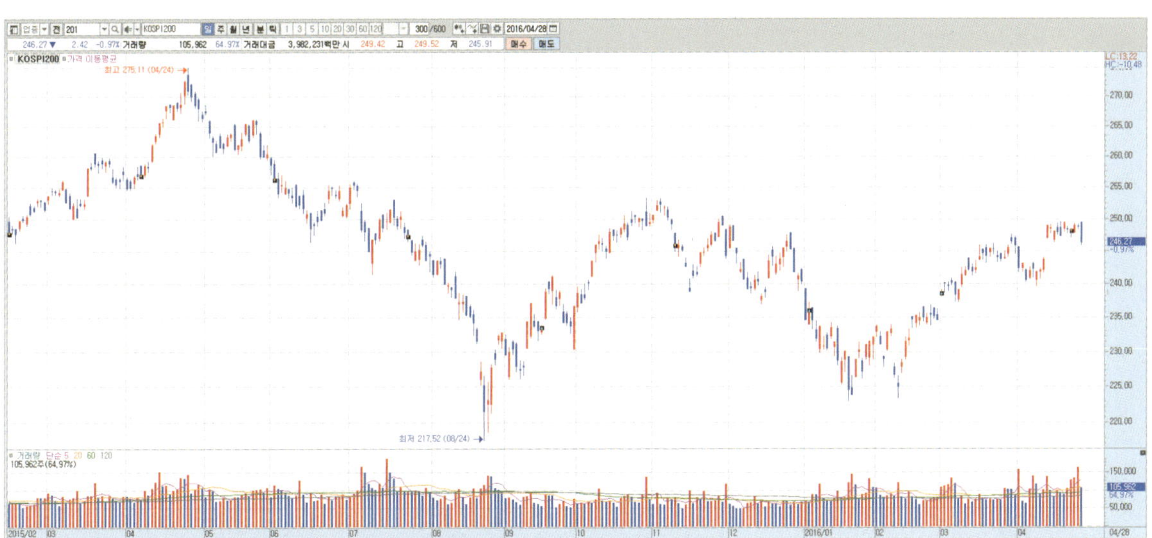

 – 기준일 : 1990년 1월 3일의 시가총액을 주가지수 100으로 본다.

유가증권시장에 상장된 종목 중에 시장 대표, 업종 대표, 거래량 등을 고려하여 상위 200종목을 고른 것으로 200개의 종목의 시가총액이 코스피 전체 상장 종목의 시가총액 80% 이상을 차지한다. 즉, 종합주가지수와 거의 같은 움직임을 보인다.

파생시장인 선물, 옵션, ELW의 기준(기초자산)이 되는 지수이다.

3) 지수 이해하기

① 시가총액 방식의 우리나라 종합주가지수 산출이해

a. KOSPI
  – 유가증권시장에 상장되어 있는 모든 종목의 시가총액을 더한다.
  – 기준일의 시가총액으로 나눈 후 100으로 곱한다.

KOSPI(코스피)의 경우 1980년 1월 4일이 기준일

$$= \frac{\text{산출하고자 하는 일자의 시가총액의 합}}{\text{1980년 1월 4일(기준일)의 시가총액의 합}} \times 100$$

- 종합주가지수가 1,409.78라면 1980년 1월 4일 대비 시가총액이 약 14배인 상태
- 종합주가지수가 2,074.45라면 1980년 1월 4일보다 시가총액이 약 20배인 상태를 의미한다.

※ 우선주의 가치는 시가총액산출에 계산되지 않는다.
※ 우선주 : 보통주와 달리 의결권이 없는 주식으로써 배당 수익이 보통주에 비해 높다. 가격은 보통주의 약 70% 정도이다.

---

② 종합주가지수가 시가총액의 합이라면, 새로운 상장기업이 등장하면 종합지수는 그냥 오른다?
답은 '그렇지 않다!' 이다.

어제 KOSPI의 시가총액이 200억 원 + 그런데 오늘 아침 A라는 회사(시가총액 5억 원)가 상장을 한다면,
= 오늘 시가총액은 205억 원!?

신규상장으로 인해 5억만큼 지수가 그냥 상승한다면? 지수가 신뢰성이 없어지기 때문에 주가지수 산출에 조정이 필요하다.

200억이었던 것이 2.5%가 추가됨으로 기준일의 시가총액(10억)도 동일하게 2.5%를 올려준다.

어제 $\dfrac{200억}{10억(\text{기준일의 시가총액})} \times 100 = 2,000$ 이라면,

---

오늘은 $\dfrac{200억 \times 1.025}{10억 \times 1.025} \times 100 = 2,000$ 으로 조정되어 계산된다.

※ 종합주가지수는 HTS나 뉴스 등을 통해 쉽게 알 수 있기 때문에 계산방법을 몰라도 주식투자를 함에 있어 전혀 영향이 없지만, 종합주가지수가 어떤 방식으로 이루어지는지의 이해가 있어야 종합지수 변화 이유를 이해하는데 도움이 된다.

5. ETF의 이해와 구조

1) ETF(Exchange Traded Funds) – 상장지수펀드

- KOSPI200, KOSPI50과 같은 특정지수의 수익률을 얻을 수 있도록 설계된 지수연동형 펀드(Index Fund)
- 인덱스 펀드와 뮤추얼 펀드의 특성을 결합한 상품
- 투자 전략을 구사하거나 자산배분을 하는 데 매우 유용한 수단

2) ETF 현황

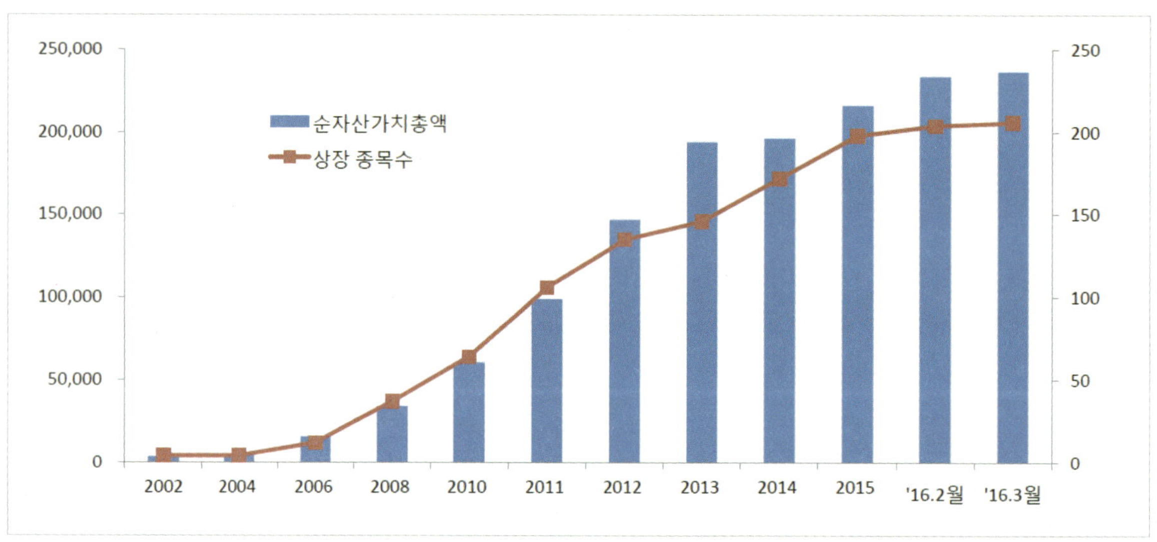

〈출저 : 한국거래소〉

ETF시장의 개황상태표이다. ETF상장 종목수는 2015년 이후 200여개를 넘어섰다. 일평균 거래대금은 7천억 원을 넘어섰으며 순자산가치총액도 꾸준히 증가하고 있다.

3) ETF의 역사

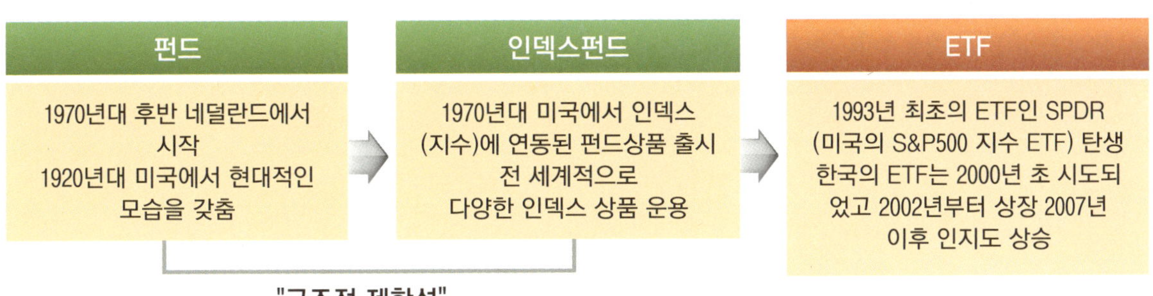

4) ETF의 장점

① ETF는 금액에 상관없이 소액으로도 우량주에 투자할 수 있다.
② 일반 주식처럼 증시에서 쉽게 사고 팔 수 있다.
③ 여러 종목에 나눠서 투자할 수 있다.
④ 펀드 매매의 번거로움이 없다.
⑤ 거래 비용이 싸다(0.5% 안팎).
⑥ 상품의 종류가 다양하다.
⑦ 하나의 종목에 투자하는 것이 아니라 업계 전체에 투자할 수 있다.

5) ETF의 단점

① 거래량이 적은 펀드의 경우 현재의 적정가치로 현금화시키기 어려울 수 있다.
② 잦은 거래로 수수료 부담이 커질 수 있다.
③ 상품에 따라서 수익률 차이가 클 수 있다.
④ 장기 투자가 쉽지 않다.
⑤ 직접 투자하고 관리해야 한다.

6) ETF 종류

● 운용사별 ETF 종목수 및 순자산 규모(단위 : 억 원, 개)

구분	순자산	국내지수 종목수	해외지수 종목수	합계
미래	4조 9,028	47	22	69
삼성	10조 2,775	28	15	43
한국	1조 1,979	13	7	20
한화	1조 1,119	13	5	18
키움	8,593	15	1	16
KB	1조 3,078	12	3	15

① [0278] ETF전체시세

추적지수 전체 　 NAV대비 전체 　 운용사 전체 　 유형 전체 　 보유기간과세 전체 　 유의사항 조회 다음

＊ 비과세 해외계좌만 '해외주식투자전용ETF' 종목 거래시, 세제혜택을 받을 수 있습니다.

종목명	종가	대비	대비(%)	거래량	NAV	추적오차율	괴리율	과표기준	배당전기준	전일배당금	추적지수명	배수	추적지수
KOSEF 100	18,330 ▼	70	-0.38	85	18,328.24			19,674.68	0	0	KOSPI100	1.0x	1,821.05
KODEX 200	24,450 ▼	80	-0.33	3,264,972	24,523.31	0.01	0.01	7,805.11	0	0	KOSPI200	1.0x	245.20
KOSEF 200	24,535 ▼	120	-0.49	222,845	24,616.44	0.01	0.39	7,801.35	0	0	KOSPI200	1.0x	245.20
KODEX 반도체	16,665 ▼	5	-0.03	97	16,651.40		-0.45	8,547.64	0	0	KRX 반도체	1.0x	1,672.62
KODEX 은행	6,235 ▼	40	-0.64	16,781	6,226.74		-1.83	9,511.84	0	0	KRX 은행	1.0x	634.27
KODEX 자동차	17,745 ▼	105	-0.59	258	17,733.22		-1.84	7,270.25	0	0	KRX 자동차	1.0x	1,806.64
TIGER KRX100	39,410 ▼	205	-0.52	0	39,373.35	0.01	0.03	25,738.58	0	0	KRX 100	1.0x	3,935.96
TIGER 은행	6,295 ▼	95	-1.49	162	6,335.34		-0.12	9,449.14	0	0	KRX 은행	1.0x	634.27
TIGER 반도체	16,700 ▼	30	-0.18	1	16,695.95		-0.18	8,529.89	0	0	KRX 반도체	1.0x	1,672.62
TREX 중소형가치	8,160 ▲	70	+0.87	121	8,142.48			7,941.17	0	0	MKF 중소형	1.0x	
TIGER 미디어통신	9,275 ▼	25	-0.27	117	9,269.10		0.42	10,252.87	0	0	KRX 미디어통	1.0x	923.07
KODEX China H	15,765 ▲	5	+0.03	21,984	15,563.26			21,584.90	0	0	HSCEI (Hang	1.0x	
KOSEF KRX100	3,975 ▼	15	-0.38	51	3,958.73	0.01	0.58	3,298.54	0	0	KRX 100	1.0x	3,935.96
KODEX Japan	10,300 ▲	205	+2.03	2,319	10,230.70			13,252.79	0	0	TOPIX100	1.0x	
TIGER 200	24,480 ▼	90	-0.37	1,825,071	24,540.27		0.08	22,376.25	0	0	KOSPI200	1.0x	245.20
KODEX 삼성그룹	4,960 ▼	35	-0.70	72,207	4,965.63			4,876.69	0	0	MKF 삼성그룹	1.0x	
KODEX 조선	6,210 ▲	140	+2.31	19,850	6,217.05	0.01	-1.90	28,938.09	0	0	KRX 조선	1.0x	633.77
KODEX 증권	6,010 ▲	25	+0.42	98,629	6,003.72	0.01	0.60	11,007.09	0	0	KRX 증권	1.0x	596.79
KOSEF 블루칩	7,330 ▼	15	-0.20	2,190	7,323.87			4,417.81	0	0	MKF 블루칩	1.0x	
KOSEF 고배당	7,675	0	0	4,354	7,660.47			7,038.78	0	0	MKF 헬스 고	1.0x	
TIGER 라틴	3,050 ▲	5	+0.16	1,081	3,045.98	0.64		2,824.90	0	0	BNY Latin Am	1.0x	
KINDEX 200	24,490 ▼	130	-0.53	525,983	24,558.10		0.16	18,857.15	0	0	KOSPI200	1.0x	245.20

- ETF는 KODEX(삼성자산운용), KOSEF(우리자산운용), TIGER(미래에셋자산운용), KINDEX(한국투자신탁운용) 등 운용회사 이름이 붙는다.
- 이름 뒤에는 기초자산명이 붙는다. '예를 들어, KODEX 삼성그룹은 삼성자산운용에서 운용하는 삼성그룹주 ETF다.'

① 지수 관련 ETF

- 시장 전체 전반적인 시황을 반영하는 지수를 이용하여 만들어진 ETF
- 종류 : KODEX 200, TIGER 200, TIGER 코스닥150, KINDEX 차이나 A300 등

② 섹터 관련 ETF

- 특정산업군의 주가흐름을 반영하는 지수를 이용하여 만들어진 ETF
- 종류 : TIGER 반도체, KODEX 증권, TIGER 헬스케어, KODEX 은행, KODEX 자동차 등

③ 기타 ETF

- ETF는 통화, 채권, 원자재 등 다양한 상품으로 구성할 수 있다.
- 종류 : KBSTAR 채권혼합, KODEX 국고채, KODEX 은선물(H), KODEX 미국에너지(합성), KOSEF 달러선물 등

④ 테마 ETF

- 특별한 조합 특징을 가지는 종목을 묶어서 ETF를 구성할 수 있다.
- 종류 : KODEX 삼성그룹, TIGER 경기방어, KODEX 배당성장, TIGER 모멘텀, TIGER 여행레저 등

⑤ 파생 ETF

- 선물 옵션을 기초자산으로 하거나 현물과 조합하여 ETF를 구성할 수 있다.
- 종류 : KODEX 레버리지, KODEX 인버스, 마이다스 커버드콜 등

6. MARKET/해외증시참고

1) 국내산업 MARKET의 시가총액 비중

[업종별 시가총액 KOSPI]　　　　　　　　　**[업종별 시가총액 KOSDAQ]**

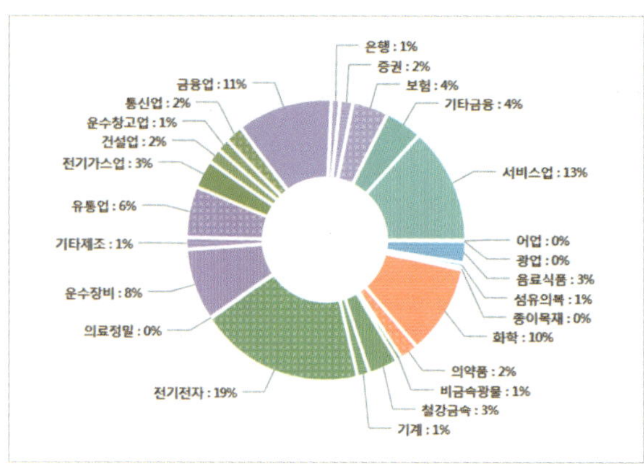
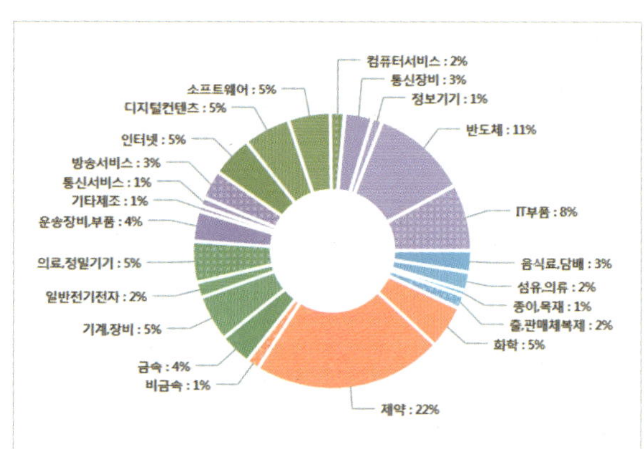

〈한국거래소 업종별 시가총액 통계〉

한국거래소 마켓데이터 페이지를 통해 국내시장의 산업통계를 살펴볼 수 있다.

코스피는 전기전자업종이 가장 많은 비중(19%)을 차지하고 서비스업(13%), 금융업(11%)순으로 높다. 화학(10%)과 운수장비(8%) 등 상위 5개 산업이 시가총액비중 60% 이상을 차지하기 때문에 위 산업의 특징이 곧 코스피시장의 특징이 될 수 있다.

코스닥은 제약업종이 가장 많은 비중(22%)을 차지하고 반도체(11%), IT부품(8%) 순으로 높다. 가장 큰 비중을 차지하는 제약업종(22%)과 IT관련산업(약 30%)이 코스닥시장을 움직이는 특징이 될 수 있다.

– 예를 들어 섬유, 의복업종의 호황은 지수의 상승을 이끌기 어려우나, 서비스업의 호황은 시장지수의 상승을 이끌 수 있다.
– HTS [0219] 기간별 업종 시세와 수급창을 이용하면 더 효과적으로 업종의 총액비중을 이용할 수 있다.

2) PER[1], PBR[2]

시가총액 순위	종목명	PER		PBR	
		2014년(4/30)	2015년(4/29)	2014년(4/30)	2015년(4/20)
1위	삼성전자	6.8	9.1	1.58	1.45
2위	현대차	7.3	6.3	1.26	0.85
3위	SK하이닉스	9.9	8.0	2.18	1.89
4위	한국전력	–	11.1	0.50	0.57
5위	현대모비스	8.2	6.7	1.43	1.01
6위	SK텔레콤	9.2	11.5	1.28	1.61
7위	아모레퍼시픽	34.4	70.7	3.61	9.38
8위	제일모직	–	38.9	–	4.25
9위	POSCO	17.7	34.5	0.64	0.54
10위	NAVER	14.7	44.4	16.53	12.46
평균		13.5	24.1	3.22	3.40

*한국전력의 경우 EPS가 96원, PER 411.5로 다른 종목과 비교가 곤란하여 제외 출처 : 한국거래소
*제일모직의 경우 2014년 신규상장

PER과 PBR을 살펴보면 산업의 흐름을 보는데 도움이 되고, 업종 내 종목을 비교분석하여 투자에도 도움이 될 수 있다.

3) 업종별 주가수익비율 [Price Earning Ratio]

● 코스피 1월 14일 기준 KRX업종별 PER

코스피	코스피 200	제조업	음식 료품	섬유 의복	화학	의약품	비금속 광물	철강 금속	기계	전기 전자
14.59	13.94	12.77	42.53	27.40	39.14	74.16	7.59	14.30	44.26	7.99

---

1 PER : 주가를 주당순이익으로 나눈 비율
2 PBR : 주가를 주당순자산으로 나눈 비율

의료 정밀	운수 장비	유통업	전기 가스업	운수 창고업	통신업	금융업	은행	증권	보험	서비스 업
69.40	9.80	40.93	11.05	6.60	24.98	9.26	6.41	16.03	13.71	31.95

출처 : 한국거래소

Q. 다른 업종에 속한 종목을 비교할 때 PER의 비율을 통해서 비교할 수 있을까?

예시 : 삼성전자, 포스코, SK텔레콤, 국민은행 등 다른 업종의 기업의 PER(주가수익비율)을 비교하는 경우

A. NO! 같은 PER이라도 시장 내에서 업종별 특징이 있다!
예를 들어서 성장주(벤처주 혹은 IT주)의 경우, 대부분 PER(주가수익비율)이 높다.

현 시점에서의 기업 수익은 낮지만 성장성을 가치로 보기 때문에 주가는 높다.
따라서 현재의 이익은 아직 높지 않겠지만, 미래의 성장성으로 인하여 주가가 높다면 당연히
PER(주가수익비율)가 높다. 업종 구조로 인하여 성장성이 다를 수 있기 때문에 PER(주가수익비
율)로 단순 비교한다는 것은 무리가 있다!

4) 한국 산업 생태계

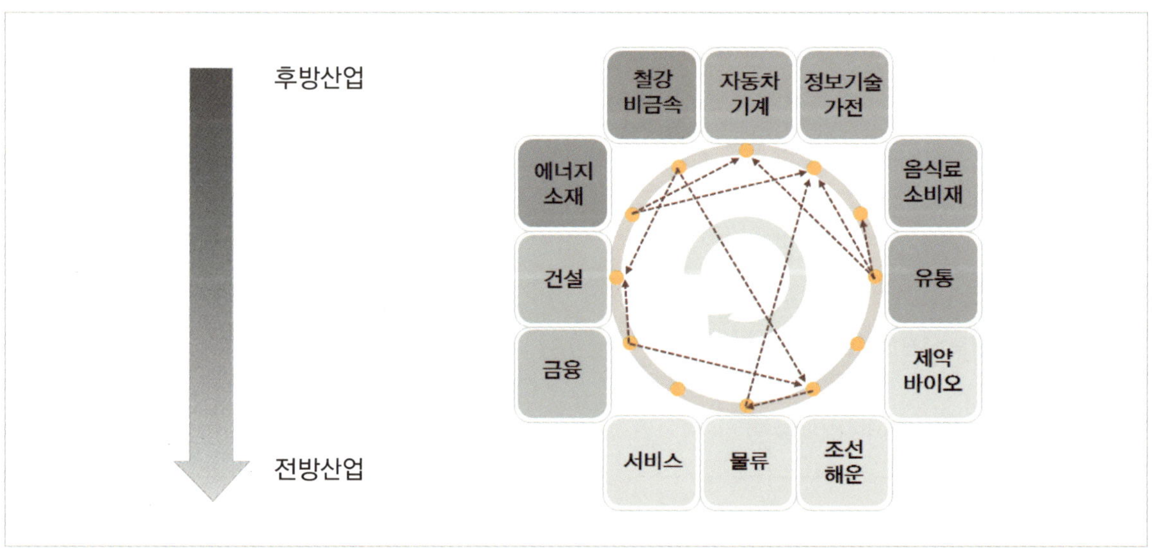

한국산업의 흐름을 표시한 생태계표다.
짙은 회색일수록 후방산업을 의미하고 옅은 회색은 전방산업을 의미하며 화살표는 산업호황이 다른 산업
에게 영향이 옮겨가는 것을 표시한 것이다.

5) 해외 주식시장

① 신흥시장(Emerging Market)

금융시장과 자본시장에서 빠르게 성장하고 있는 국가들의 신흥시장으로, 일반적으로 개발도상국 중에서 경제성장률과 산업화가 빠르게 진행되고 있는 국가의 시장을 말한다.

빠르게 경제성장이 진행 중인 중국이나 말레이시아, 싱가포르, 홍콩, 대만 등의 자본시장이 이머징마켓으로 주목 받고 있다.

a. 중국 시장

01년 증권업 선진화 기치 아래 지속적 양적 팽창으로 시가총액기준 세계 3위 시장으로 성장했다.

인민은행은 이에 대한 대책으로 기준금리와 지급준비율을 동시에 내렸고, 증감위 역시 마진거래 룰 완화, 증권 수수료 인하, 기업공개(IPO)물량 조절 등 2,200억 위안 규모의 시장 안정화기금을 설립하기로 했다.

b. 말레이시아 시장

증권 계좌수는 약 4백만 개 내외로(인구比 14% 수준) 상당히 성숙되어 있으나 성장은 정체 중에 있다. 현지 대형 증권사의 주 수익원은 brokerage가 아닌 IB사업 분야이나 중소형 증권사는 brokerage에 의존 중이며, 이중 절반은 적자 상태이다.

c. 싱가포르 시장

싱가포르 증시 시가총액은 $9,591억에 불과한 수준으로, 자본시장 부문은 상대적으로 취약하다(2014년). 싱가포르 정부는 다양한 외국기업의 상장을 유치하여 싱가포르 주식시장을 아시아 금융센터 및 중국 기업의 자금조달시장으로 특성화하기 위해 노력하고 있다.

d. 홍콩 시장

홍콩거래소 시가총액 규모는 세계 5위, 아시아 3위로 특히 신규 상장(IPO)이 활발하다. 1,780개의 회사가 SEHK시장에 상장되어 있으며, 그 중 896개사는 중국본토 기업 2014년 11월 홍콩-상해 주식 교차매매가 허용되어 금융시장 전체에 긍정적 영향을 주고 있다.

e. 대만 시장

대만의 증권거래소는 대기업이 상장되어 있는 TWSE와 중소기업이 상장되어 있는 GTSM로 구분된다. TWSE와 GTSM에 상장된 기업은 각각 862개, 697개(2015년 6월기준)이며, 2008년 외국계 기업에 대한 규제 완화 이후 47개의 말레이시아, 태국, 싱가포르, 중국 기업이 상장되어 있으며, 다른 국가의 기업들도 상장을 준비하고 있다.

f. 브라질 시장

브라질 증권 거래소에 상장된 회사는 총 363개, 시가 총액은 약 US$ 8,445억의 규모를 가지고 있다. 일 평균 거래금액은 약 US$ 34.6억으로 거래의 대부분이 외국인투자자(54%, 2015년)와 기관투자자에 의해 이루어지며, 개인투자자가 차지하는 거래 비중은 10% 내외로 매우 낮은 수준이다. 외국인투자자의 거래 비중이 높아 현지에 진출한 외국계 증권사를 통한 거래 비중이 높은 편이다.

② 선진시장(Developed Market)

대부분의 경제 및 자본 시장의 관점에서 개발된 나라이다. 선진시장은 안정적인 수익, 외국인에 대한 시장개방, 자본 이동의 용이성 및 시장 제도의 효율성 등으로 표현될 수 있다. 대표적으로 미국, 일본, 독일 등 자본시장이 선진시장에 해당한다.

a. 미국 시장

100년이 넘는 역사의 다우지수, 신경제의 대변자 나스닥지수, 국제적으로 명성이 있는 미국의 민간 신용평가회사인 Standard & Poor's가 발표하는 종합주가지수 S&P500지수가 있는 거대 시장으로 세계 금융의 중심지이자 국제유가, 기준금리 등 금융이슈의 발원지이다. 세계 금융을 선도하는 시장이라고 할 수 있다.

b. 일본 시장

아베노믹스의 영향으로 일본증시는 2013년 이후 본격적인 활황세로 전환하였고, 이에 증권업계 실적은 큰 폭으로 개선되었다. 니케이225 지수는 2012년 말 10,395pt → 2013년 16,291pt → 2014년 17,450pt을 기록하였으며, 거래대금도 2012년 323조 엔에서 2014년 643조 엔으로 크게 증가하였다.

▶ 다우존스 산업평균지수(Dow Jones Industrial Average)

미국 최대 경제신문인 월스트리트저널의 공동 창업자이자 편집장이었던 찰스 다우와 출판인 에드워드 존스가 1896년 고안해냈다. 두 사람의 이름을 따 다우 존스(Dow Jones)산업평균지수가 됐다. 당시는 개별 종목의 주가조차 제대로 발표되지 않을 때였다. 당연히 시장 전체의 흐름을 보여주는 주가지수라는 개념조차 없었다. 누군가 "오늘 주식시장은 어땠어?"라고 물었을 때 한마디로 딱 부러지게 말하기 힘든 상황이었다.

찰스 다우와 에드워드 존스는 이 점에 착안해 당대의 우량기업 12개를 골라 다우지수를 만들었다. 이후 다우지수 편입종목은 1916년 20개, 1928년 30개로 늘어났으며 오늘날 미국을 대표하는 주가지수로 성장했다.

다우지수의 기준시점은 편입종목이 처음 30개로 늘어난 1928년 10월 1일이며 당시 주가는 240.01이었다. 현재(12월12일 기준) 다우지수가 10,767.77이므로 77년 만에 45배 정도 오른 셈이다.

다우지수의 사상 최저점은 1896년 8월 8일 기록한 28.48이다. 또 사상 최고점은 2000년 1월 14일의 11,722.98이다.

일부에선 다우지수 편입종목이 너무 적어 시장의 흐름을 제대로 반영하는 데 한계가 있다는 지적도 나온다. 실제 뉴욕증시 상장기업은 2,293개에 달한다. 이 같은 이유로 미국 증권사들은 S&P500지수를 대표지수로 사용하는 경우도 많다. 이 지수는 세계적 신용평가 회사인 S&P가 대기업 500개를 뽑아 만든 지수다.

▶ 나스닥(NASDAQ : National Association of Securities Dealers Automated Quotation)

나스닥지수는 나스닥시장을 대표하는 지수로서 미국 증권업협회가 1971년 벤처기업과 중소기업의 주식 거래를 위해 나스닥시장을 개설하면서 상장 종목 전체를 대상으로 한 지수를 만든 게 나스닥지수의 시작 이다. 지수의 기준일은 1971년 2월 5일이며 기준지수는 100이다. 현재(12일 기준) 나스닥지수는 2260.95로 34년간 22배 가량 오른 상태다.

다우지수가 오랜 전통을 자랑하는 것과 달리 나스닥지수는 특별히 내세울 만한 역사는 없다. 하지만 나스 닥지수는 IT 등 신경제(New Economy)의 대변자로 전 세계 주요 증시에 막강한 영향력을 행사하고 있다. 나스닥시장이 세계 최대의 벤처시장으로 자리를 굳혔기 때문이다.

현재 나스닥시장에는 마이크로소프트, 인텔, 애플 등 한때 벤처기업으로 출발해 지금은 정상에 오른 쟁쟁 한 IT기업들이 대거 포진해 있다. 또 '제2의 마이크로소프트'와 '제2의 인텔'을 노리는 창업 초기의 벤처기업 들이 끊임없이 나스닥의 문을 두드리고 있다. 그 결과 나스닥 상장 기업 수는 작년 말 현재 3,229개로 뉴욕 증시는 물론 런던증시(2,837개), 도쿄증시(2,306개) 등 다른 선진국에 비해서도 훨씬 많다.

자산증식과 노후대책, '주식투자'가 해답

정년퇴직을 눈앞에 두고 있는 55세 A씨 이야기

「그 흔한 이직 한번 안 하고, 내 사업 욕심 한번 안 내고, 첫 직장에서 30년 동안 한눈 팔지 않고 묵묵히 일만 해왔다. 그런 그에게도 이제 가정에서 편안하게 노후를 즐길 때가 왔다. 하지만 A씨의 현실은 노후를 즐길 형편이 아니다. 앞으로 여생을 어떻게 먹고 살아야 할지 걱정이 태산이다. 30년 직장 생활 끝에 A씨의 수중에 남은 것은 달랑 집 한 채와 3억 원이 채 안 되는 현금이 전부다. 자식들 결혼도 시키고 노후대책도 세우기에는 결코 넉넉한 규모가 아니다.

IMF 위기 때처럼 은행에 돈을 맡겨두면 20%대의 높은 이자를 받을 수 있는 것도 아니고, 그나마 조금 기대를 걸었던 국민연금도 막상 생활에 큰 보탬은 되지 않을 듯하다. 고민 끝에 A씨는 장사를 해보기로 마음먹었다. 2억 원 넘는 돈이면 크게는 아니어도 자그마한 가게 하나는 차릴 수 있을 것이다. 하지만 30년 동안 사무실 책상 앞에서 서류 작업만 해온 A씨에게는 '내 사업'이라는 말 자체가 부담스럽고 막연하기만 하다. 오늘도 A씨의 시름은 깊어만 간다.」

A씨의 사례는 대한민국의 직장인이라면 누구나 한 번쯤은 생각해봤음직한 암울한 미래상이다. A씨의 사례가 더 안타까운 사실은 이 사례가 한 증권사에서 우리나라 평균 봉급생활자의 가계자산 구조를 모의 산출한 값으로 구성한 현실적인 사례이기 때문이다.

예전에는 지금보다 금리가 높았고 집값 장만에 등골이 휘지도 않았으며 사교육비가 엄청나지도 않았다. 무엇보다 은퇴 시기가 지금보다 늦었고 평균수명은 짧았으니 퇴직 후 길지는 않지만 '휴식'이라고 생각할 시간을 가질 수 있었다.

요즘 월급에서 얼마씩 떼는 국민연금과 은행 예금으로 노후가 보장되리라고 믿는 직장인은 아무도 없다. 요즘은 갓 입사한 20대 후반 직장인들 두 명만 모여도 재테크 이야기로 꽃을 피운다. 우리 국민 모두가 돈에 눈이 벌게져서가 아니라 어떻게든 돈을 굴리지 않고서는 가계를 꾸려나가기 힘들어졌기 때문이다.

한 조사 결과에 따르면 우리나라 가구의 소유 자산 가운데 84%는 '집'이다. 즉, 보유자산이 10억 원이라면 현재 살고 있는 집값이 8억 4,000만 원에 달한다는 얘기이다. 더불어 그 밖의 부동산 등이 5% 가량이고 예금, 적금, 보험 등이 10% 선이다. 주식이나 채권 등의 직·간접 투자 비율은 0.9%로 극히 미미한 수준에 그친다고 한다. 실제 수익을 올릴 수 있는 자산은 거의 없는 것이 한국 가계 구조의 가장 큰 특징이자 현실이다.

A씨의 고민은 바로 당장 우리 집에도 닥칠 수 있는 문제가 될 수 있기에, 반드시 이에 대한 준비를 해야 한다.

Ⅲ. HTS 교육

1. HTS 가격이동평균선의 세팅

1) 가격이동평균선 적용하기

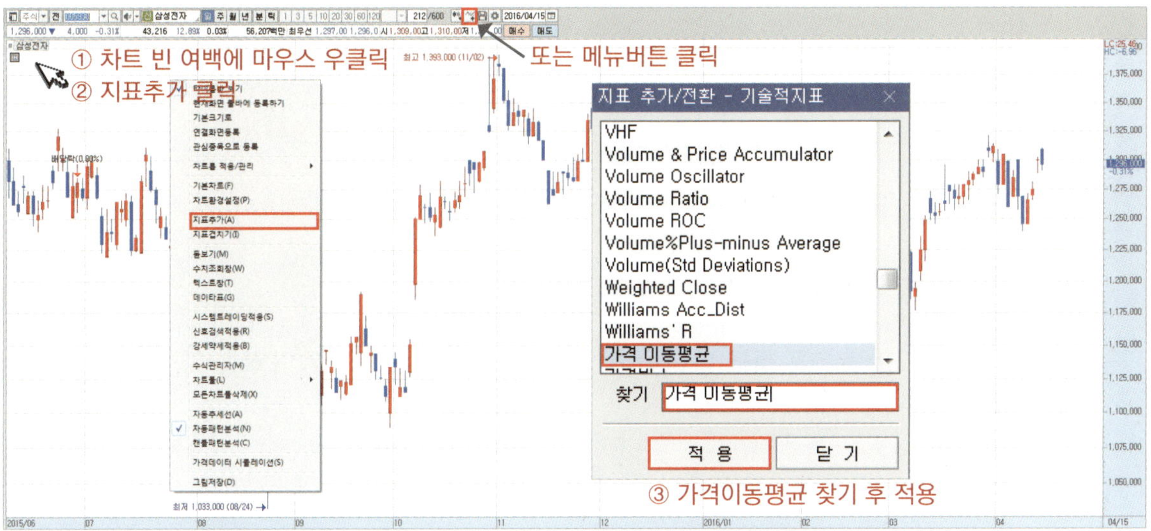

차트 빈 여백에 마우스 우클릭을 하면 차트에 관한 메뉴창이 나온다. '지표추가(A)'를 누르면 차트에 추가할 보조지표를 선택할 수 있는데 가장 많이 쓰는 보조지표인 '가격이동평균'을 찾아서 적용시키면 된다.

2) 가격이동평균선의 세팅 – 지표조건 설정

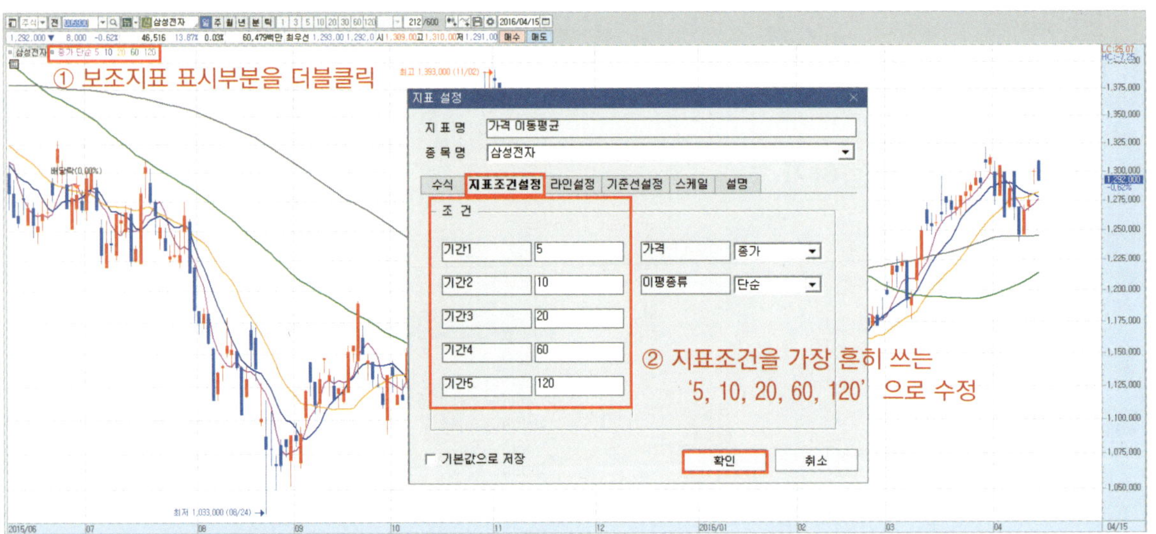

왼쪽 상단에 보조지표 표시부분을 더블클릭하면 지표설정이 가능하다. 가장 많이 쓰는 가격이동평균선 기간인 5, 10, 20, 60, 120값을 이용해보자.

3) 가격이동평균선의 세팅 – 라인 설정

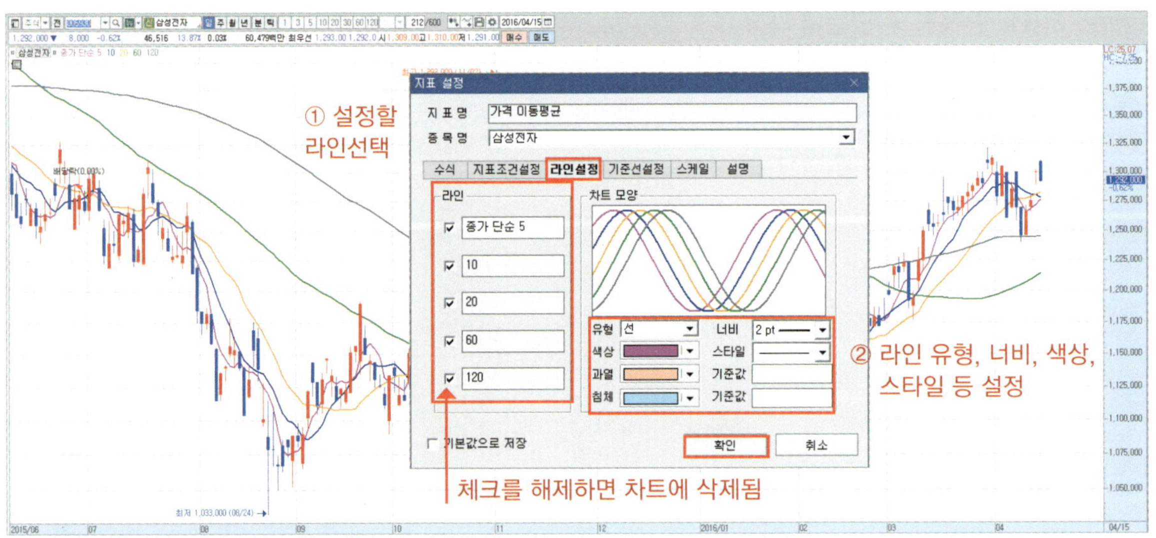

라인설정을 통해 라인의 굵기를 조절하여 가장 중요한 심리선인 20일 가격이동평균선을 경기선보다 굵게 하여 중요도를 다르게 할 수 있다.

4) 가격이동평균선의 세팅 – 이동평균선 추가하기

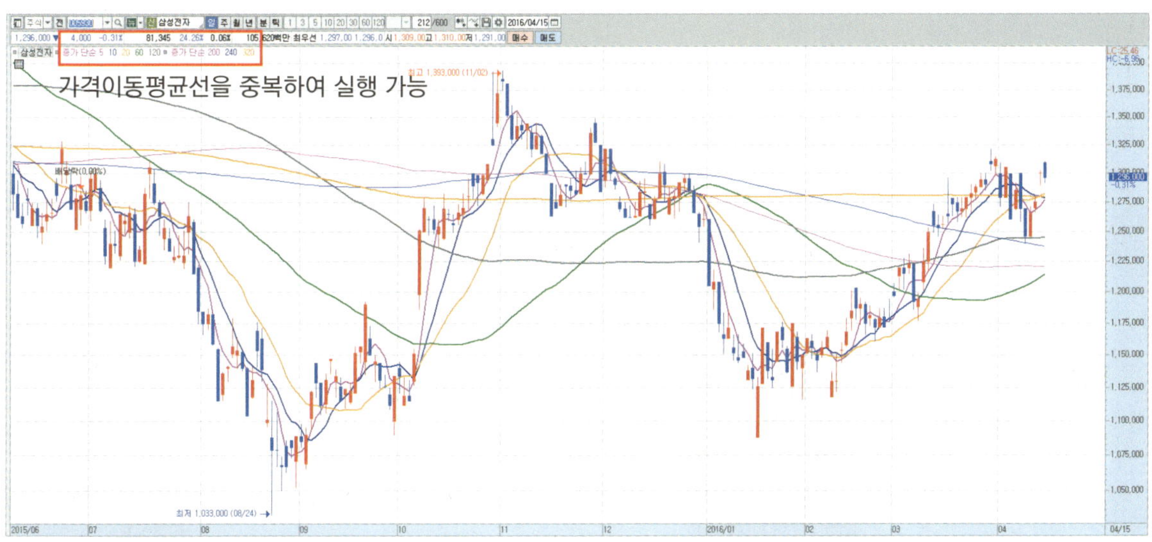

가격이동평균선은 최대 5개까지 표기 가능하고, 가격이동평균선을 더 추가하고 싶다면 '지표추가' 메뉴에서 '가격이동평균'을 추가로 실행하면 된다.

TIP! 가격이동평균선이 캔들에 가려 잘 안보인다면?

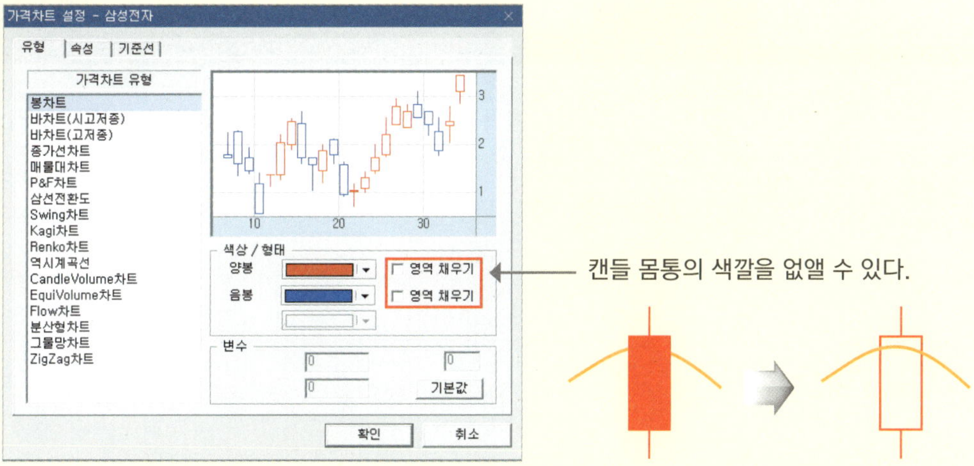

캔들을 더블클릭하면 캔들형태를 수정할 수 있다. 영역 채우기 부분을 체크해제하면 캔들 몸통의 색깔을 없앨 수 있기 때문에 캔들몸통에 가려져 보이지 않는 가격이동평균선을 보기 수월해진다(양봉과 음봉의 색깔도 다른 색으로 바꿀 수 있다).

2. 관심종목창 세팅

1) 관심종목창 사용하기

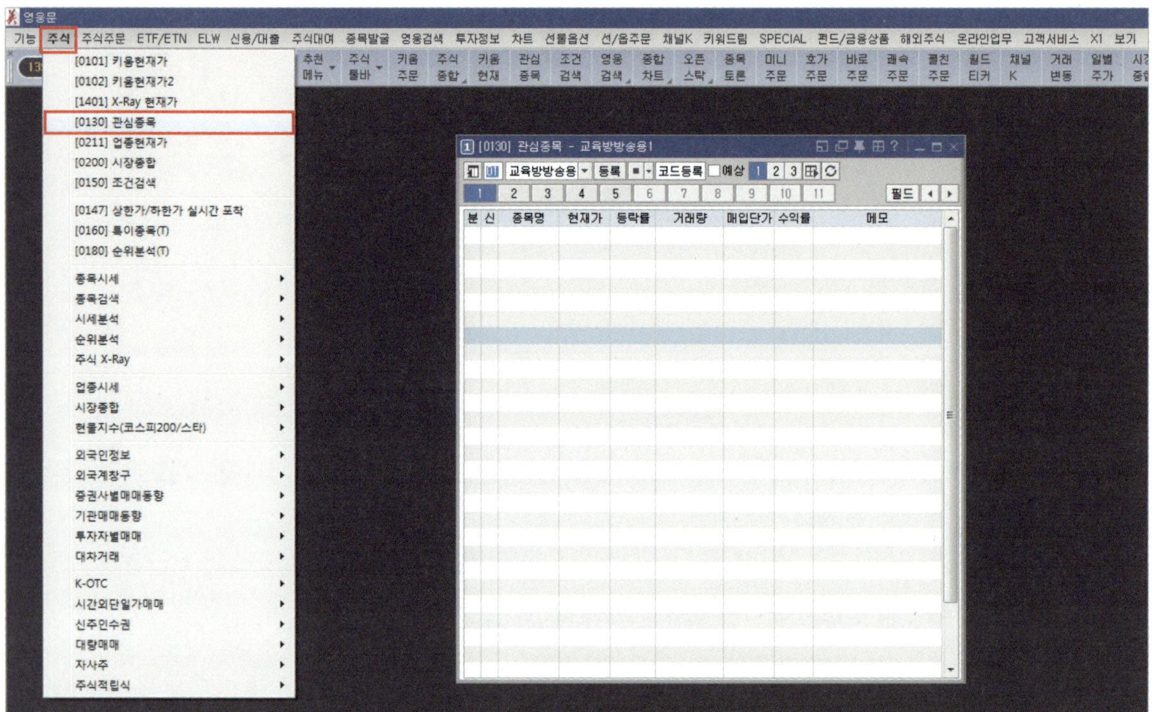

- 영웅문 상단 메뉴에서 ① '주식' → ② '관심종목'을 클릭하면 조금 더 효율적으로 포트폴리오 관리를 할 수 있다.
- 단축번호[0130] '관심종목'

2) 관심종목창에 새로운 그룹 등록하기

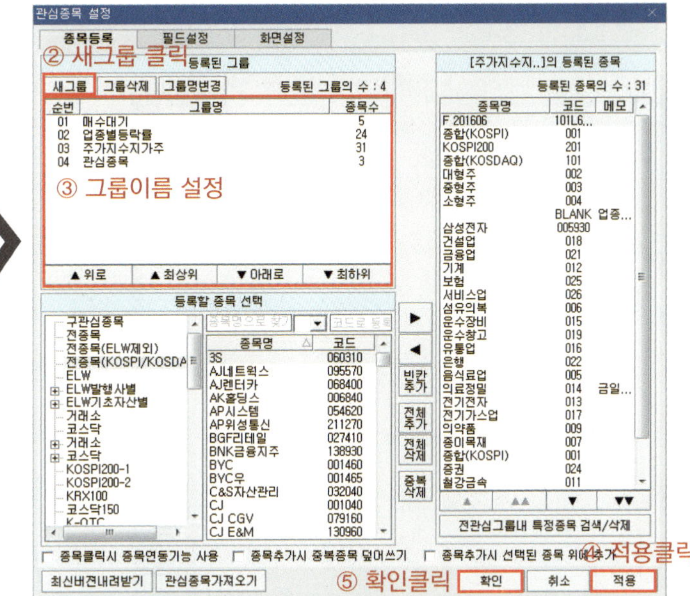

● '관심종목' 창에서 ① '등록' 버튼을 누르면 '관심종목 설정' 설정창에 들어갈 수 있다. ② '새그룹'을 클릭하면 관심종목 그룹을 추가로 생성할 수 있다. 생성 후에는 ④ '적용'과 ⑤ '확인'을 클릭해야 된다.

〈적용 예시〉

ⓐ 수익 중인 종목을 따로 분류해 목표수익률을 고려할 수 있다.
ⓑ 매수가에 도달하지 않은 종목을 따로 정리하여 매수시점을 놓치지 않을 수 있다.

3) 관심종목 등록하기

① 종목입력 등록

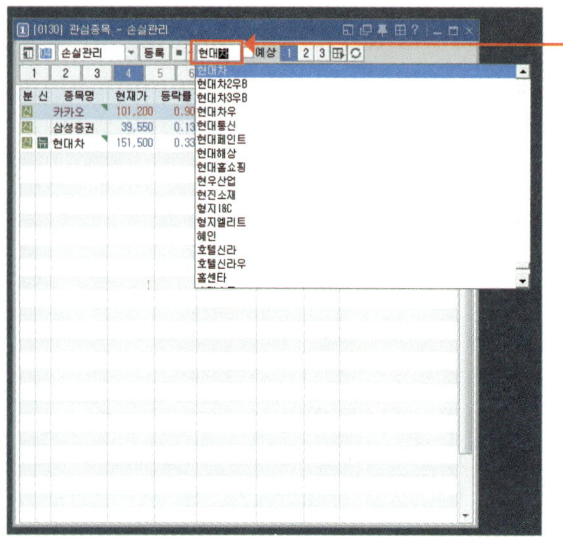

코드등록창에 종목명이나 종목고유번호를 검색해서 바로 추가 가능하다.

② 차트에서 관심종목으로 편입

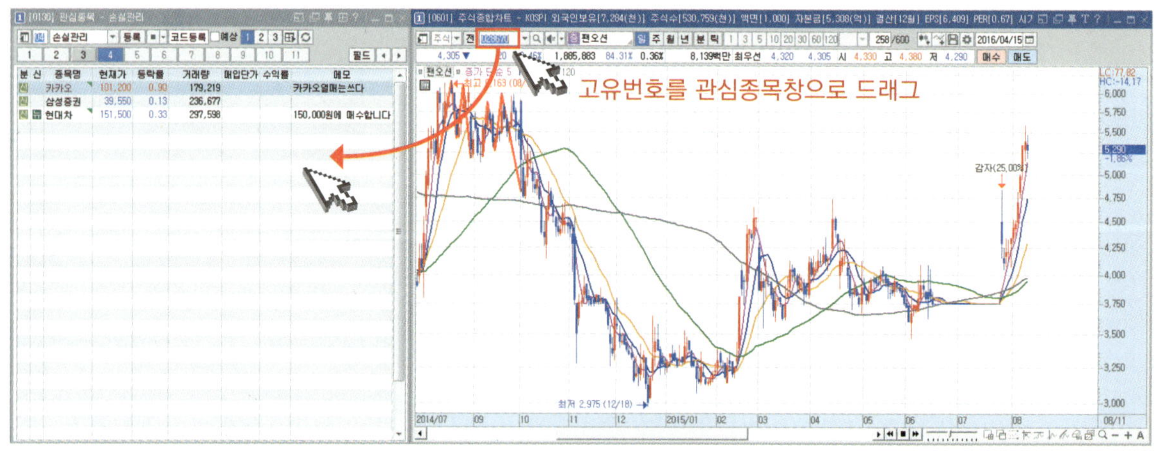

관심종목의 차트를 보고 있었다면, 차트를 관심종목창으로 드래그하면 바로 추가 가능하다.

③ 관심종목 설정창에서 등록하기

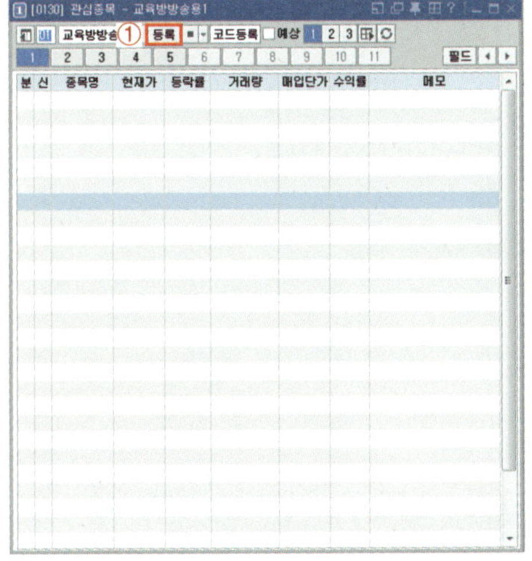

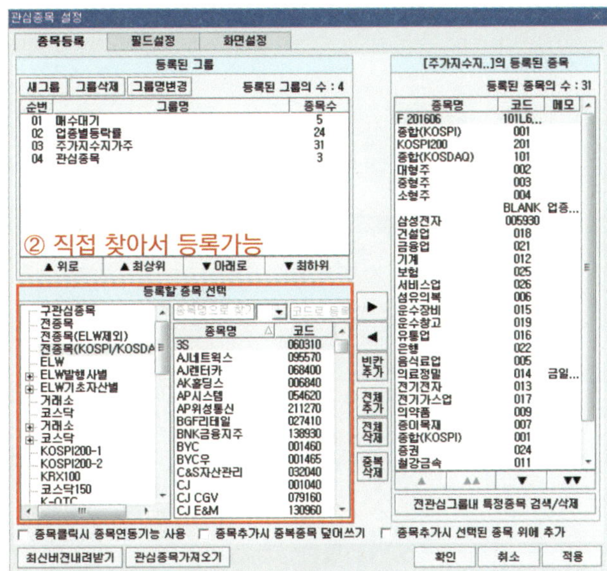

등록할 종목이 많다면 '관심종목 설정' 창에서 등록할 종목을 일괄적으로 등록할 수 있다.

4) 관심종목창 활용 – 키보드와 종목연동하기

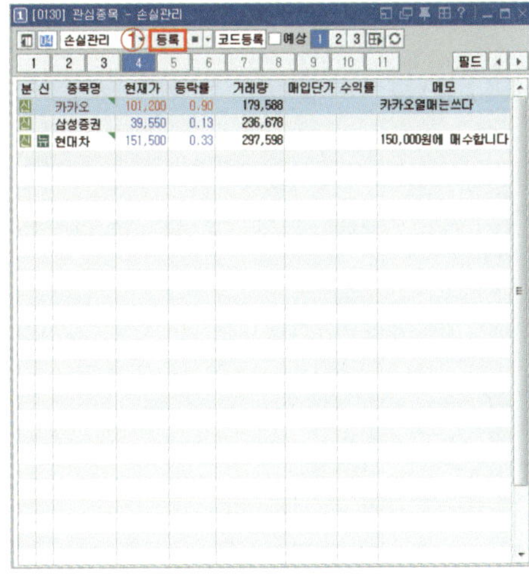

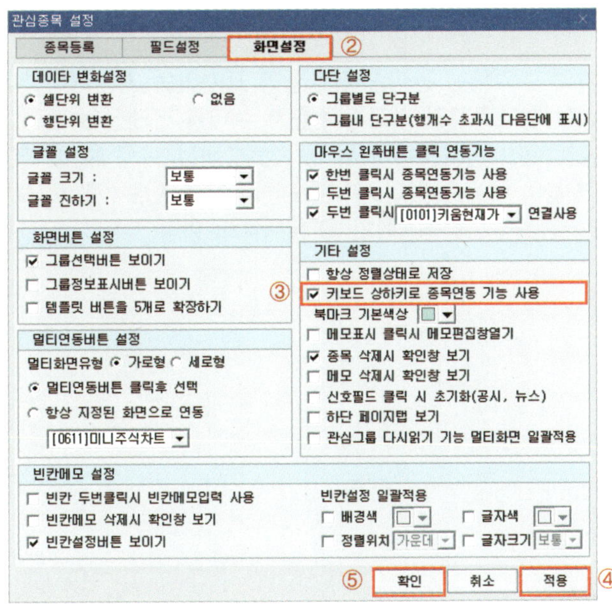

종목을 넘기는 방식에 키보드 상하키를 추가하면 종목관리를 빠르고 간편하게 할 수 있다.

단축번호[0130] '관심종목'에서 ① '등록' 버튼 클릭 후 ② '화면설정' 메뉴에서 ③ '키보드 상하키로 종목 연동 가능 사용'을 체크하면 된다. 설정완료 후 ④ '적용'과 ⑤ '확인'을 클릭해야 한다.

5) 관심종목창 활용 – 매입단가와 수익률 이용하기

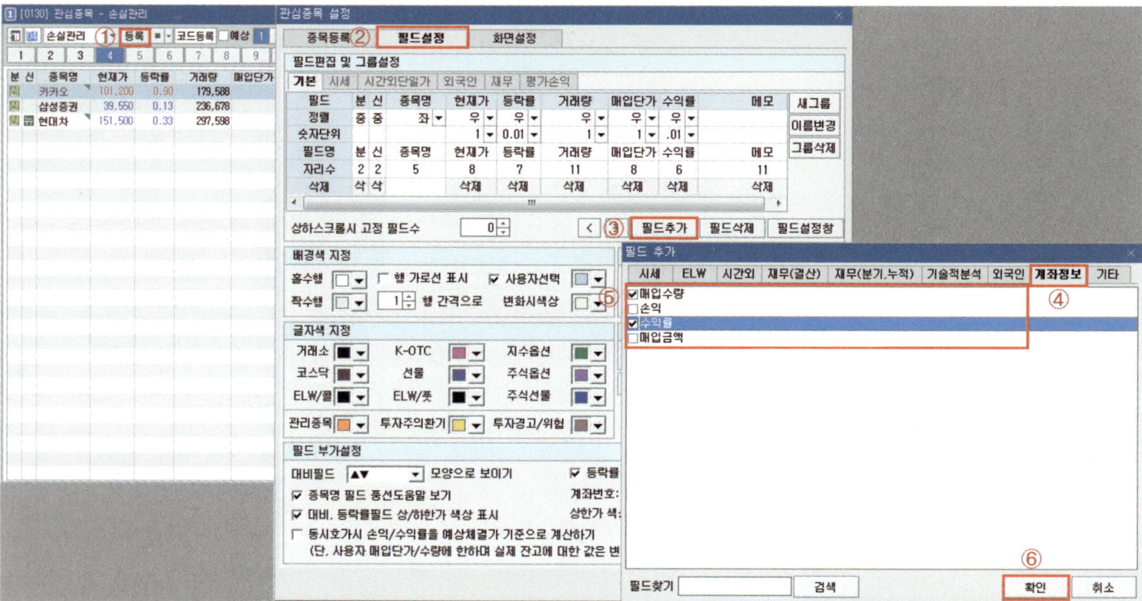

매입단가와 수익률은 관심종목에 함께 표시하는 기능이다. 나의 매입단가와 수익률을 표시하면 자동으로 매입단가를 현재가격과 비교하여 현재 수익률이 계산된다.

단축번호[0130] '관심종목'에서 ① '등록' 버튼 클릭 후 ② '필드설정' 메뉴에서 ③ '필드추가'를 클릭하면 필드추가 창이 나올 것이다. 이 필드추가 창에서 ④ '계좌정보' 클릭 후 ⑤ '매입단가'와 '수익률'을 체크하면 된다. 설정완료 후 ⑥ '확인'을 클릭해야 한다.

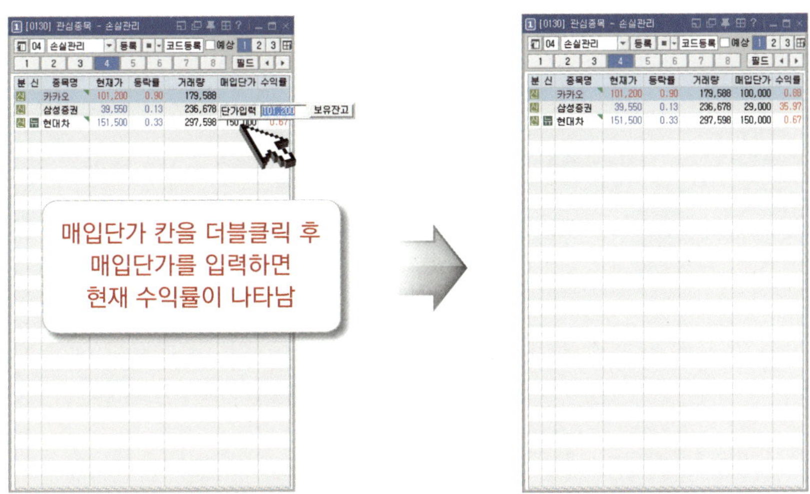

매입단가 칸을 더블클릭 후 자신이 매입한 단가를 입력하면 현재 수익률로 자동 표시된다.

6) 관심종목창 활용 – 코스피종목과 코스닥종목 색깔로 구분하기

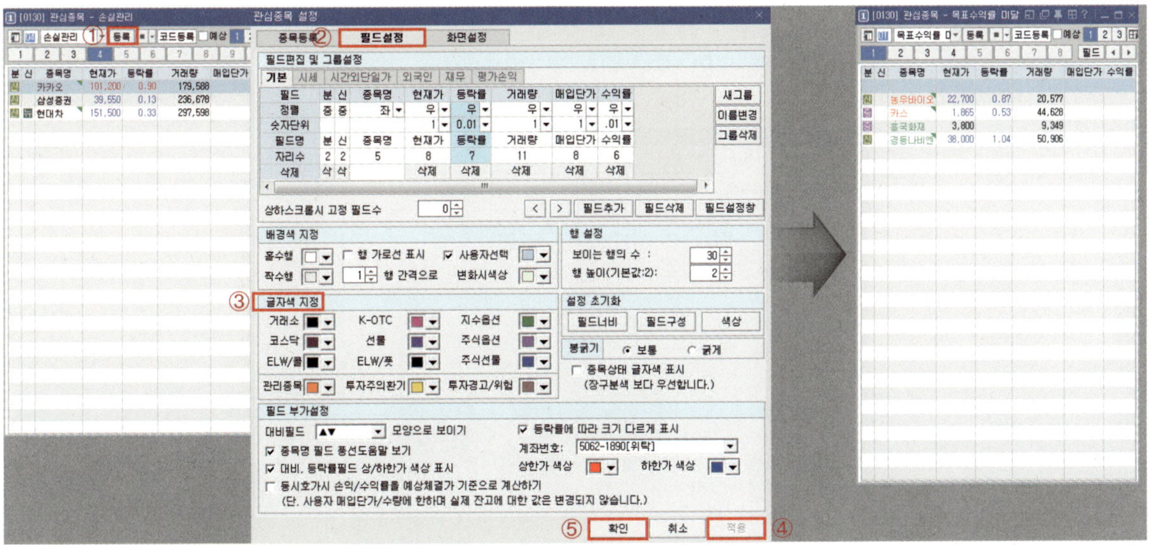

거래소종목과 코스닥종목을 색깔로 구분한 것이다. 거래소종목과 코스닥종목을 구분하면 각각 시장지수에 대한 움직임을 다르게 비교하기 용이하다
단축번호[0130] '관심종목'에서 ① '등록' 버튼 클릭한 후 ② '필드설정' 메뉴에서 ③ '글자색 지정'에서 거래소와 코스닥의 색상을 다르게 설정하면 된다. 설정완료 후 ④ '적용'과 ⑤ '확인'을 클릭해야 한다.

7) 관심종목창 활용 – 메모장 활용하기

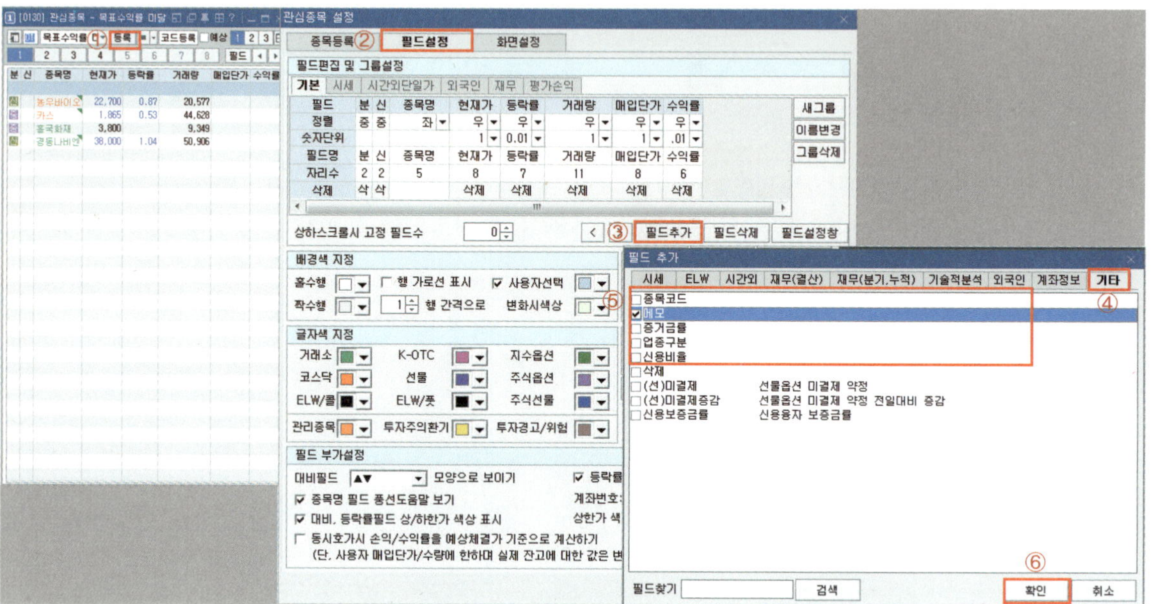

메모장을 활용하기 위해서는 단축번호[0130] '관심종목'에서 ① '등록' 버튼을 클릭한 후 ② '필드설정' 메뉴에서 ③ '필드추가'를 클릭하면 필드추가 창이 나올 것이다. 이 필드추가 창에서 ④ '기타' 클릭 후 ⑤ '메모'를 체크하면 된다. 설정완료 후 ⑥ '확인'을 클릭해야 한다.

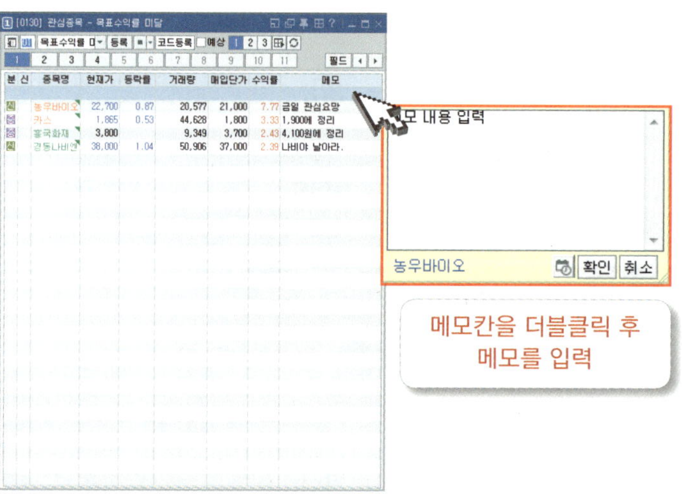

메모할 위치에 더블클릭하면 메모장이 나타난다. 메모를 이용하면 위 예시처럼 종목관리를 효과적으로 할 수 있다.

8) 관심종목창 활용 – 멀티설정 활용하기

상단의 모양을 누르면 관심종목창을 멀티로 설정할 수 있다.

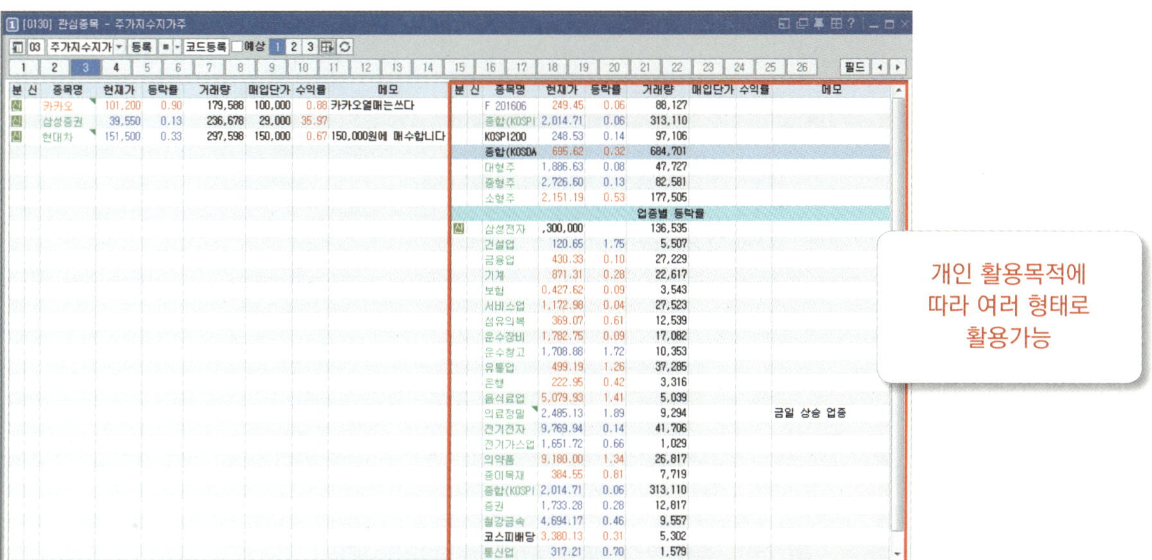

위 사진은 2×1로 관심종목창을 설정한 것이다. 관심종목과 관련움직임을 추적해야 할 때 이용하면 편리하다.

9) 관심종목창 활용 – 빈칸추가 및 빈칸메모 활용

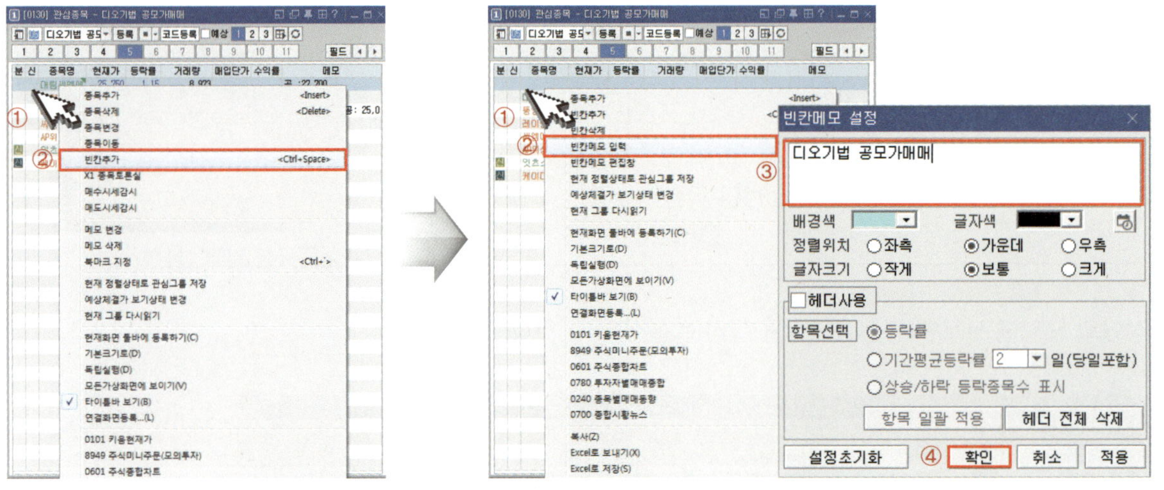

〈빈칸추가하기 : 빈칸을 추가할
위치에서 마우스 우 클릭〉

〈빈칸메모하기 : 메모를 입력할
빈칸에서 마우스 우 클릭〉

① **빈칸추가 : 빈칸을 추가하고 싶은 위치에서 '마우스 우(右)클릭' 후 '빈칸추가' 선택**

빈칸은 관심종목을 추가적으로 나눔으로써 관심종목 정리에 도움을 준다(빈칸메모를 하기 위해서 '빈칸추가' 가 필요하다).

② **빈칸메모**

빈칸을 추가했다면 빈칸 위에 다시 한 번 '마우스 우(右) 클릭' 후 '빈칸메모 입력'을 클릭하면 빈칸에 메모를 적을 수 있다.

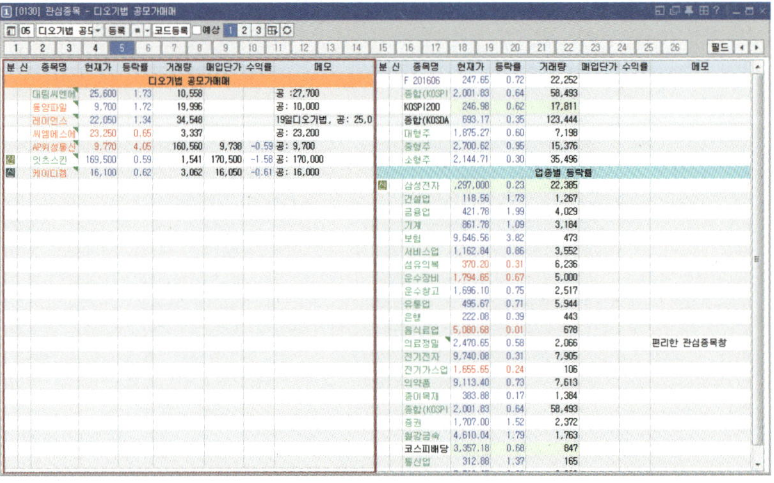

지금까지 관심종목창 세팅활용을 응용하여 만든 '나만의 관심종목' 이다. 자신에게 필요한 물건을 '장바구니' 에 담듯이 필요한 정보를 묶어 '관심종목창' 을 설정하면 효과적으로 포트폴리오를 만들 수 있다.

3. 종합, 선물지수 세팅

1) 시장상황을 확인해보자 – 종합, 업종지수차트

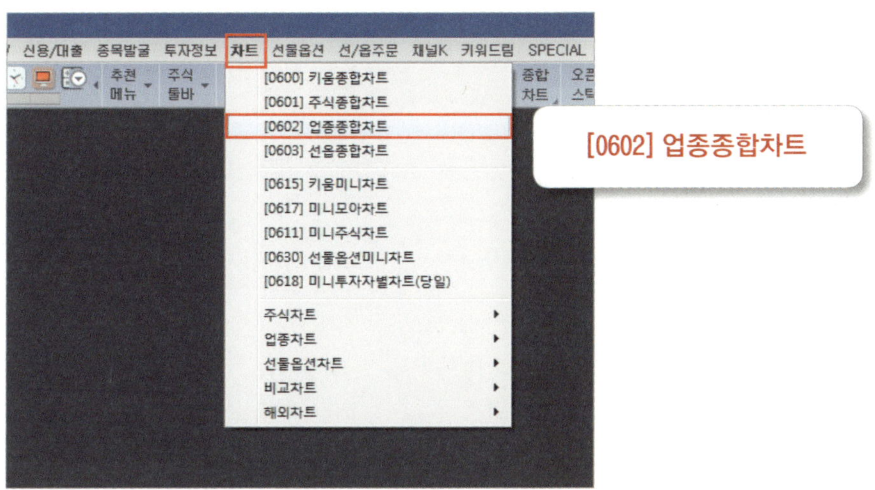

상단 메뉴 '차트' → '단축번호[0602] 업종종합차트'를 선택하면 코스피, 코스닥, 코스피200 등 시장지수와 대형주, 중형주, 소형주의 경기지수, 음식료업, 의약품, 화학 등 업종별 경기지수를 차트로 확인할 수 있다.

누르고 종합(KOSPI)지수를 설정해보자. 같은 방법으로 다른 업종의 추세도 차트로 쉽게 확인 가능하다.

2) 시장상황을 확인해보자 - 선물, 옵션차트

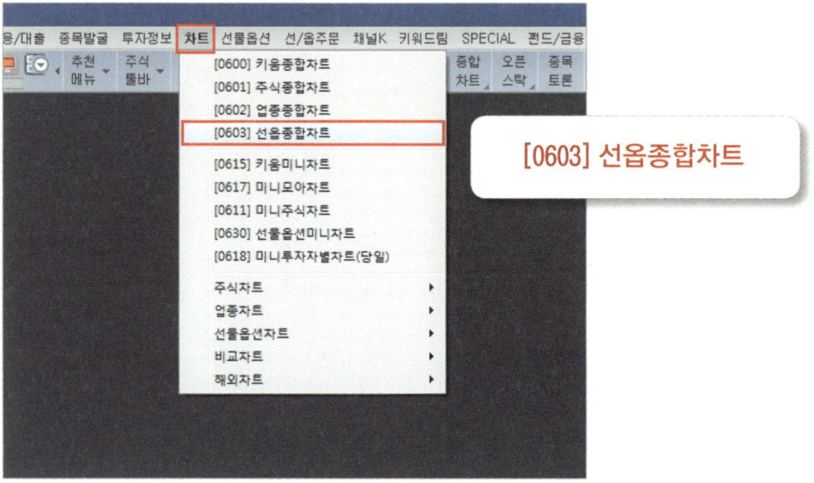

상단 메뉴 '차트' → '단축번호[0603] 선옵종합차트'를 선택하면 선물과 옵션의 흐름을 볼 수 있다.

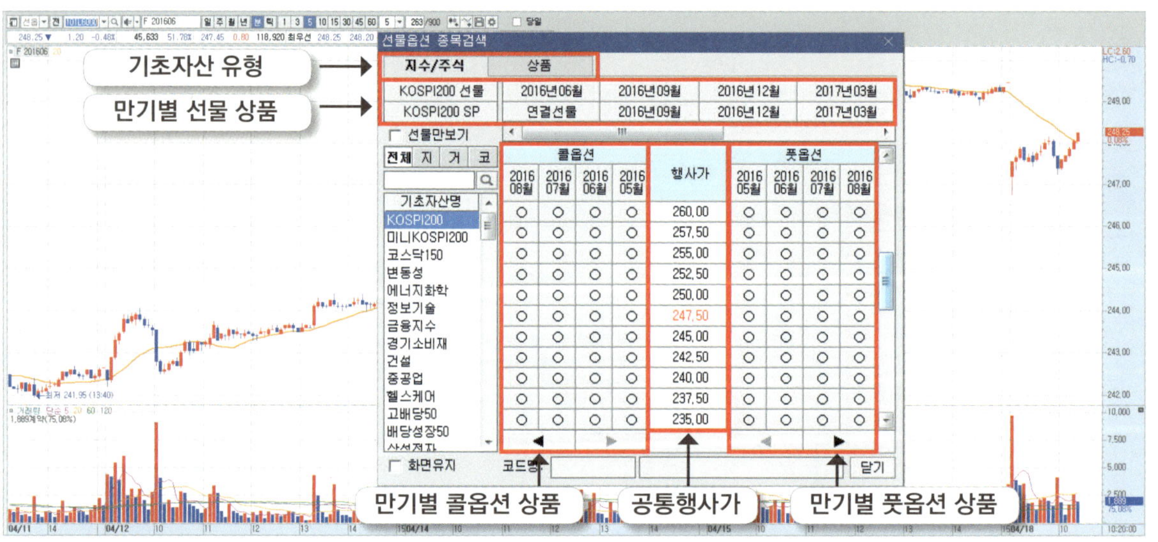

🔍 를 눌러 선물과 옵션의 흐름을 살펴보자. 파생상품은 한 발 앞서 주식시장 정보를 반영한다.

3) 다중 차트 설정하기

[전] (전환) → [추] (추가) 로 바꾸면 같은 창에 추가로 차트를 띄울 수 있다. 차트의 흐름을 비교할 때 사용하면 유용하다.

TIP! 화면 오른쪽에 여백을 두기

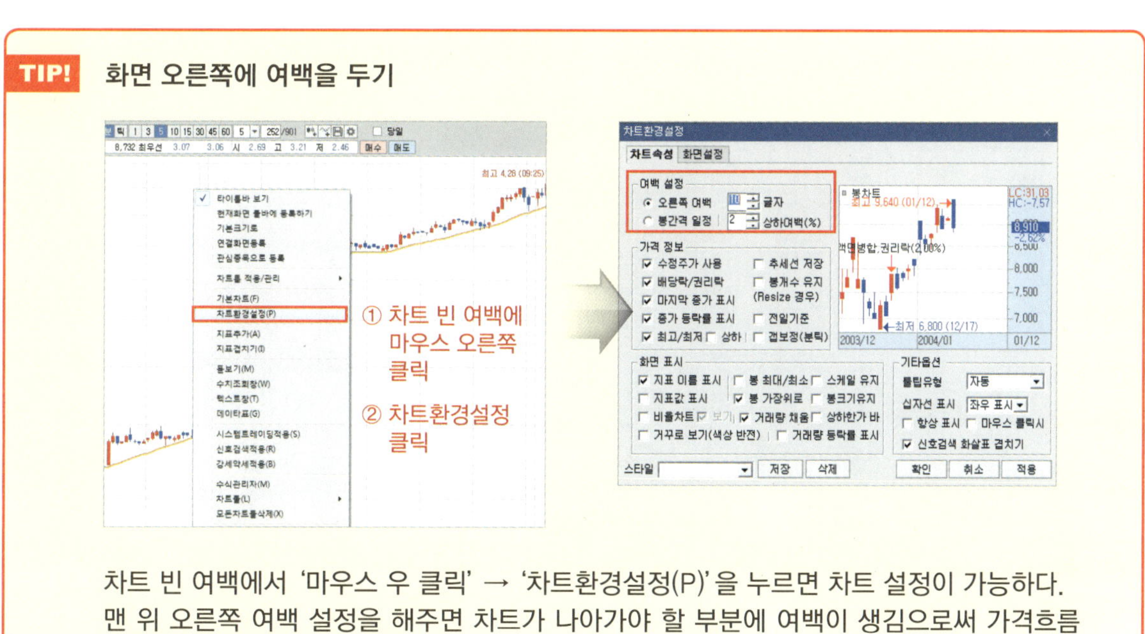

차트 빈 여백에서 '마우스 우 클릭' → '차트환경설정(P)'을 누르면 차트 설정이 가능하다.
맨 위 오른쪽 여백 설정을 해주면 차트가 나아가야 할 부분에 여백이 생김으로써 가격흐름을 생각해보는 데 도움이 된다.

4. 투자자별 매매동향 살피기

1) [0200] 시장종합

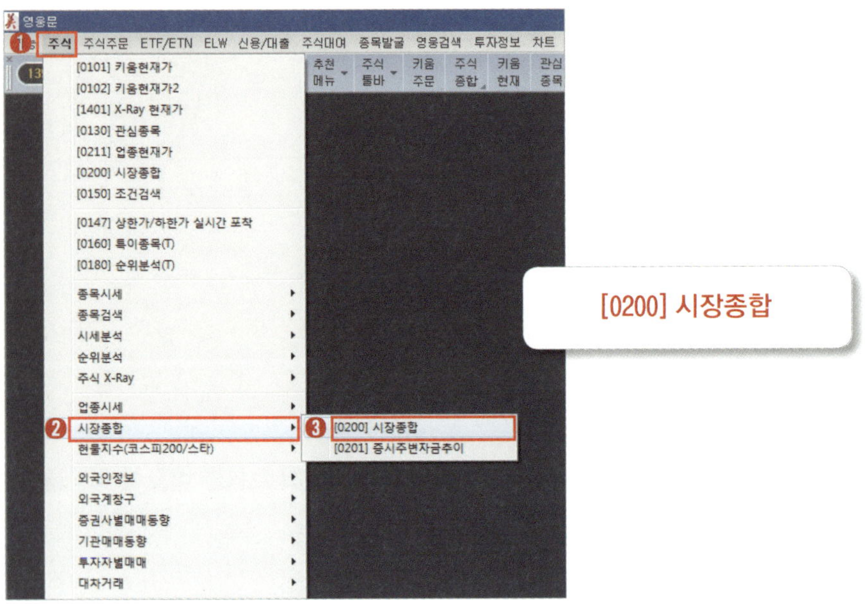

HTS 상단메뉴 '주식' → '시장종합' → '단축번호[0200] 시장종합'을 이용하면 시장등락과 수급상태를 알 수 있다.

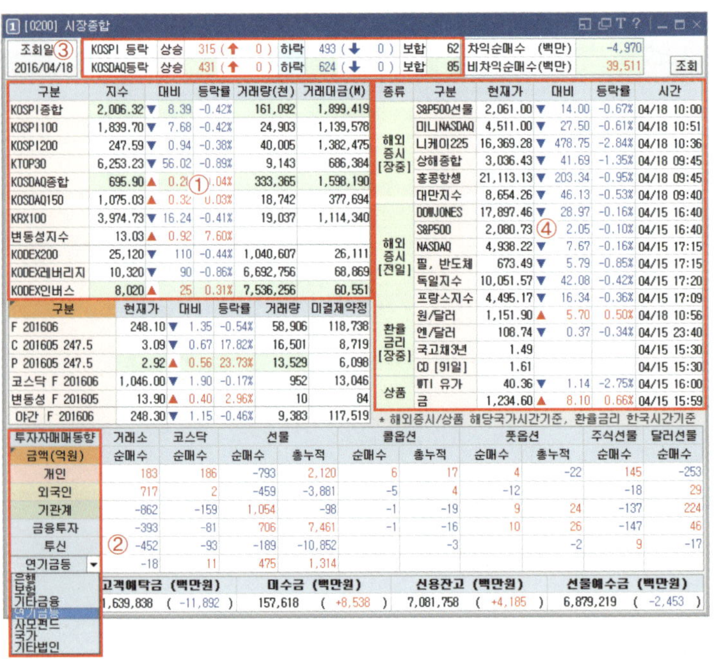

[0200] 시장종합

조회일 ③ 2016/04/18

	상승	하락	보합	
KOSPI 등락	315 (↑ 0)	493 (↓ 0)	62	차익순매수 (백만) -4,970
KOSDAQ등락	431 (↑ 0)	624 (↓ 0)	85	비차익순매수(백만) 39,511 조회

구분	지수	대비	등락률	거래량(천)	거래대금(M)
KOSPI종합	2,006.32	▼ 8.39	-0.42%	161,092	1,899,419
KOSPI100	1,839.70	▼ 7.68	-0.42%	24,903	1,139,578
KOSPI200	247.59	▼ 0.94	-0.38%	40,005	1,382,475
KTOP30	6,253.23	▼ 56.02	-0.89%	9,143	686,384
KOSDAQ종합	695.90	▲ 0.26	0.04%	333,365	1,598,190
KOSDAQ150	1,075.03	▲ 0.32	0.03%	18,742	377,694
KRX100	3,974.73	▼ 16.24	-0.41%	19,037	1,114,340
변동성지수	13.03	▲ 0.92	7.60%		
KODEX200	25,120	▼ 110	-0.44%	1,040,607	26,111
KODEX레버리지	10,320	▼ 90	-0.86%	6,692,756	68,869
KODEX인버스	8,020	▲ 25	0.31%	7,536,256	60,551

구분	현재가	대비	등락률	거래량	미결제약정
F 201606	248.10	▼ 1.35	-0.54%	58,906	118,738
C 201605 247.5	3.09	▼ 0.67	17.82%	16,501	8,719
P 201605 247.5	2.92	▲ 0.56	23.73%	13,529	6,098
코스닥 F 201606	1,046.00	▼ 1.90	-0.17%	952	13,046
변동성 F 201605	13.90	▲ 0.40	2.96%	10	84
야간 F 201606	248.30	▼ 1.15	-0.46%	9,383	117,519

종류	구분	현재가	대비	등락률	시간
해외증시[장중]	S&P500선물	2,061.00	▼ 14.00	-0.67%	04/18 10:00
	미니NASDAQ	4,511.00	▼ 27.50	-0.61%	04/18 10:51
	니케이225	16,369.28	▼ 478.75	-2.84%	04/18 10:36
	상해종합	3,036.43	▼ 41.69	-1.35%	04/18 09:45
	홍콩항셍	21,113.13	▼ 203.34	-0.95%	04/18 09:45
해외증시[전일]	대만지수	8,654.26	▼ 46.13	-0.53%	04/18 09:40
	DOWJONES	17,897.46	▼ 28.97	-0.16%	04/15 16:40
	S&P500	2,080.73	2.05	-0.10%	04/15 16:40
	NASDAQ	4,938.22	▼ 7.67	-0.16%	04/15 17:15
	필, 반도체	673.49	▼ 5.79	-0.85%	04/15 17:15
	독일지수	10,051.57	▼ 42.08	-0.42%	04/15 17:20
	프랑스지수	4,495.17	▼ 16.34	-0.36%	04/15 17:09
환율금리[장중]	원/달러	1,151.90	▲ 5.70	0.50%	04/18 10:56
	엔/달러	108.74	▼ 0.37	-0.34%	04/15 23:40
	국고채3년	1.49			04/15 15:30
	CD [91일]	1.61			04/15 15:30
상품	WTI 유가	40.36	▼ 1.14	-2.75%	04/15 16:00
	금	1,234.60	▲ 8.10	0.66%	04/15 15:59

* 해외증시/상품 해당국가시간기준, 환율금리 한국시간기준

투자자매매동향 금액(억원)	거래소 순매수	코스닥 순매수	선물 순매수	선물 총누적	콜옵션 순매수	콜옵션 총누적	풋옵션 순매수	풋옵션 총누적	주식선물 순매수	달러선물 순매수
개인	183	186	-793	2,120	6	17	4	-22	145	-253
외국인	717	2	-459	-3,881	-5	4	-12		-18	29
기관계	-862	-159	1,054	-98	-1	-19	9	24	-137	224
금융투자	-393	-81	706	7,461	-1	-16	10	26	-147	46
투신	-452	-93	-189	-10,852		-3		-2	9	-17
연기금등	-18	11	475	1,314						

은행 / 보험 / 기타금융 / 연기금등 / 사모펀드 / 국가 / 기타법인

고객예탁금 (백만원)	미수금 (백만원)	신용잔고 (백만원)	선물예수금 (백만원)
1,639,838 (-11,892)	157,618 (+8,538)	7,081,758 (+4,185)	6,879,219 (-2,453)

① 현재 시장의 실시간 지수를 확인할 수 있다.

② 투자주체별로 움직이는 상황을 확인할 수 있다.

③ 상승/하락 종목 수를 확인할 수 있다.

④ 해외증시/외환/상품 시장의 상황을 확인할 수 있다.

2) 투자자별 매매동향 살피기 – 일별동향 차트

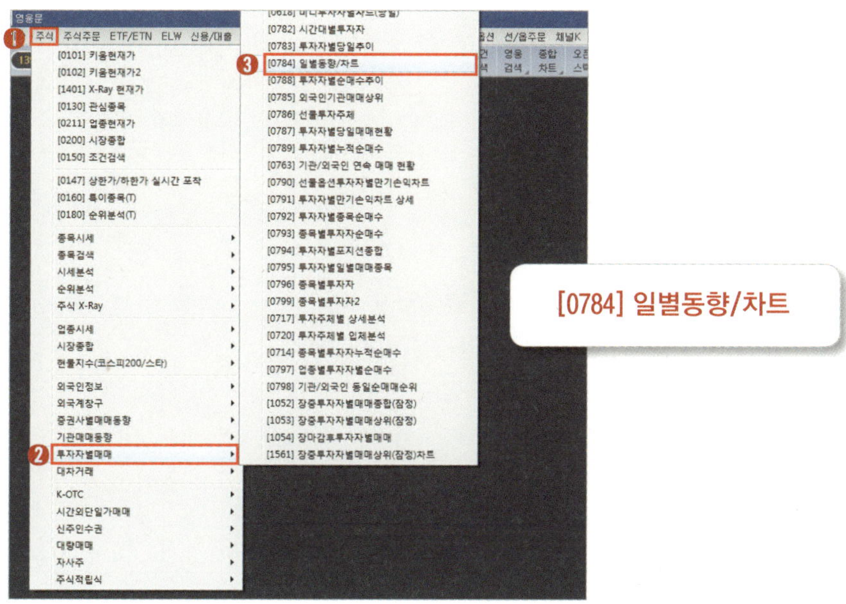

[0784] 일별동향/차트

HTS 상단메뉴 '주식' → '투자자별매매' → '단축번호[0784] 일별동향/차트'를 이용하면 시장의 수급상태를 자세히 알 수 있다.

일자	종합지수	전일비	거래대금	순 매 수 동 향 (금액:억원, 수량:천주)											
				개인	외국인	기관계	금융투자	보험	투신	기타금융	은행	연기금등	사모펀드	국가	기타법인
2016/04/18	2,004.43 ▼	10.28	28,887	+234	+1,191	-1,361	-544	+21	-638	+25	+22	-154	-75	-18	-63
2016/04/15	2,014.71 ▼	1.22	45,230	-1,094	+979	+250	+3,053	-266	-1,154	-21	-13	-698	-647	-4	-183
2016/04/14	2,015.93 ▲	34.61	64,064	-7,912	+5,509	+1,743	+758	+316	+48	-11	-321	+256	+555	+142	+668
2016/04/12	1,981.32 ▲	10.95	39,441	-885	+1,130	-1,028	-1,357	+203	+218	-6	-216	+63	+72	-5	+753
2016/04/11	1,970.37 ▼	1.68	38,632	+810	-167	-1,284	-1,330	-72	+235	-5	-38	-340	+264	+3	+630
2016/04/08	1,972.05 ▼	1.84	43,888	+486	+1,654	-2,800	-2,487	+85	+143	-29	-76	-237	-212	+13	+663
2016/04/07	1,973.89 ▲	2.57	46,314	+298	+2,258	-3,185	-1,598	+110	-515	+56	-208	-787	-318	+75	+628
2016/04/06	1,971.32 ▲	8.58	45,693	+1,196	+1,166	-2,994	-2,586	+126	-618	-51	-28	+123	-3	+43	+625
2016/04/05	1,962.74 ▼	16.23	40,264	+1,944	-1,926	-733	-440	-97	-246	-6	-51	+393	-222	-63	+716
2016/04/04	1,978.97 ▲	5.40	42,628	+615	+582	-1,929	-2,326	-46	+46	-59	-53	+392	+131	-15	+741
2016/04/01	1,973.57 ▼	22.28	51,562	+2,851	-2,111	-465	+1,764	-465	-981	-38	0	+63	-751	-58	-279
2016/03/31	1,995.85 ▼	6.29	52,031	+821	-2,105	+576	+621	-68	-199	-5	-25	+458	-255	+49	+704
2016/03/30	2,002.14 ▲	7.23	46,195	-1,266	+369	+68	+896	-47	-698	-56	-63	+126	-115	+24	+827
2016/03/29	1,994.91 ▲	12.37	40,444	-1,845	+1,485	-265	+120	+110	-904	-3	+4	+386	-13	+34	+636
2016/03/28	1,982.54 ▼	1.27	34,067	-251	-112	-311	+94	-192	-339	-10	-51	+171	-107	+123	+697
2016/03/25	1,983.81 ▼	2.16	38,065	-707	-402	+408	+1,088	-221	-242	-48	-45	+160	-239	-45	+721
2016/03/24	1,985.97 ▼	9.15	38,228	+592	+480	-1,733	+756	-194	-656	+2	-65	+182	-1,738	-18	+685
2016/03/23	1,995.12 ▼	1.69	40,196	-436	+118	-451	-85	-181	-241	+17	-44	+388	-311	+5	+773
2016/03/22	1,996.81 ▲	7.05	44,927	-1,151	+1,355	-883	-261	-183	-641	+33	+4	+152	+44	-32	+675
2016/03/21	1,989.76 ▼	2.36	40,436	+1,035	+1,345	-3,130	-1,610	-132	-1,218	-76	0	+198	-362	+69	+741

3) 투자자별 매매동향 살피기 – 종목별 투자자

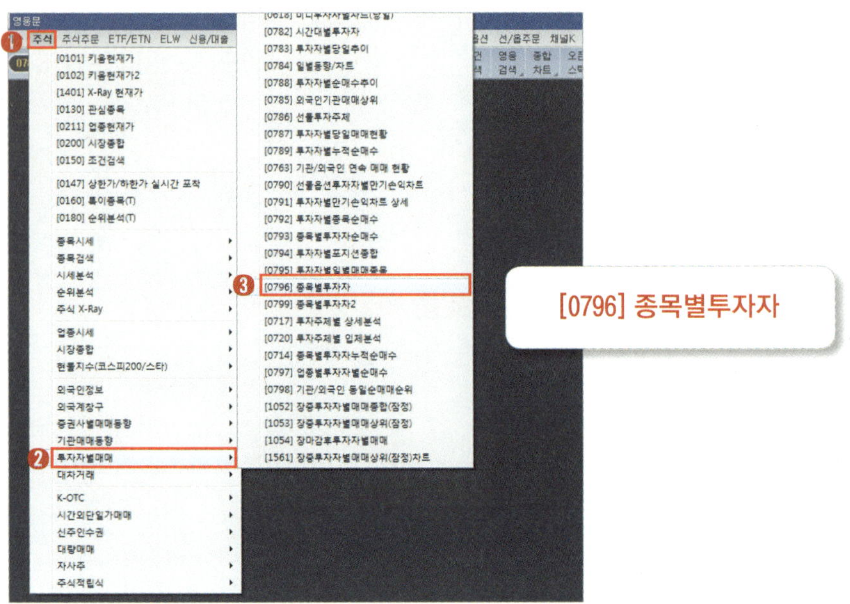

HTS 상단메뉴 '주식' → '투자자별매매' → '단축번호[0796] 종목별투자자'를 이용하면 각 종목의 수급상태를 자세히 알 수 있다.

일자	현재가	전일비	거래량	개인	외국인	기관계	금융투자	보험	투신	기타금융	은행	연기금등	사모펀드	국가	기타법인	내외국인
누적순매수				-282,638	-163,540	-663,384	-169,334	-52,533	-177,113	-1,592	-15,171	-167,786	-80,963	+1,109	1,097,391	-789
13:17	1,296,000	▼ 4,000	81,648		-15,552				+2,592			-2,592			+2,592	
16/04/15	1,300,000	0	136,599	-8,782	-8,881	+18,353	+58,180	-2,362	-23,073		-22	-16,670	+2,300		-1,048	+359
16/04/14	1,300,000	▲ 25,000	335,327	-83,120	+15,813	+6,910	+36,283	+1,202	-11,678	+217	-762	-15,955	-2,317	-79	+60,491	-94
16/04/12	1,275,000	▲ 9,000	134,054	-21,462	+6,050	-43,418	-35,357	+1,104	+1,368	+2,436	-1,325	-12,198	+656	-102	+58,699	+131
16/04/11	1,266,000	▲ 20,000	120,693	-15,932	+19,812	-61,941	-43,589	+200	-4,716	-133	-171	-13,575	+41	+3	+57,553	+507
16/04/08	1,246,000	▼ 23,000	251,868	+31,378	+9,027	-98,993	-42,001	-3,131	-904	-2	-3,645	-20,929	-28,578	+197	+58,548	+40
16/04/07	1,269,000	▼ 16,000	258,795	+30,006	+32,302	-119,914	-35,053	-2,440	-23,893	+1,275	-3,721	-33,934	-20,984	-1,164	+57,562	+44
16/04/06	1,285,000	▲ 25,000	184,234	-2,356	+44,543	-102,709	-67,651	-2,819	-19,465	-40	-1,134	-7,629	-3,277	-694	+60,501	+20
16/04/05	1,260,000	▼ 45,000	236,319	+43,592	-111,743	+7,358	+11,230	-9,286	-6,992	-38	+1,063	+5,422	+5,404	+554	+60,747	+46
16/04/04	1,305,000	▲ 26,000	188,046	-16,222	+22,857	-67,281	-72,023	+2,118	-2,211	+456	-719	+5,815	+1,551	-2,267	+60,688	-43
16/04/01	1,279,000	▼ 33,000	271,156	+178	-97,260	+37,217	+53,252	-4,342	-11,617	-1,464	+185	+9,245	-4,979	-3,062	+59,907	-42
16/03/31	1,312,000	▲ 4,000	382,615	-24,794	-33,516	-615	+7,251	+383	-5,535	-931	+370	-1,395	-4,205	+3,446	+59,128	-203
16/03/30	1,308,000	▲ 18,000	267,605	-42,767	-37,832	+19,348	+22,916	-1,799	-3,886	+956	-2,134	-7,762	+11,561	-503	+61,357	-106
16/03/29	1,290,000	▼ 4,000	172,454	-21,658	-22,647	-14,959	+4,301	-2,404	-14,151	-986	-171	-8,100	+7,439	-887	+59,678	-415
16/03/28	1,294,000	▲ 6,000	121,218	-33,795	-12,377	-11,205	+721	-2,194	-9,652	-539	+575	-2,722	+3,055	-448	+57,484	-106
16/03/25	1,288,000	▲ 6,000	143,446	-38,845	-5,030	-14,007	+12,004	-4,432	-2,873	+331	-185	-13,991	-4,161	-700	+58,032	-150
16/03/24	1,282,000	▲ 3,000	218,795	-37,409	-4,056	-16,577	+13,255	+1,638	-10,444	-297	+559	-4,261	-16,805	-221	+58,599	-556
16/03/23	1,279,000	▲ 10,000	197,418	-29,568	-3,393	-26,103	-6,902	-1,813	-4,611		-717	-9,954	-2,223	+117	+59,147	-83
16/03/22	1,269,000	▲ 2,000	202,872	-9,238	-6,591	-42,934	-12,259	-6,150	-9,277	-40	-116	-4,290	-9,420	-1,381	+58,937	-174
16/03/21	1,267,000	▼ 6,000	181,170	+1,173	-6,272	-53,474	-29,929	-7,745	-9,637	-2,740	+83	-3,706	-7,421	+7,621	+58,570	+3

5. 보조지표 설정하는 방법

1) 보조지표 설정하기

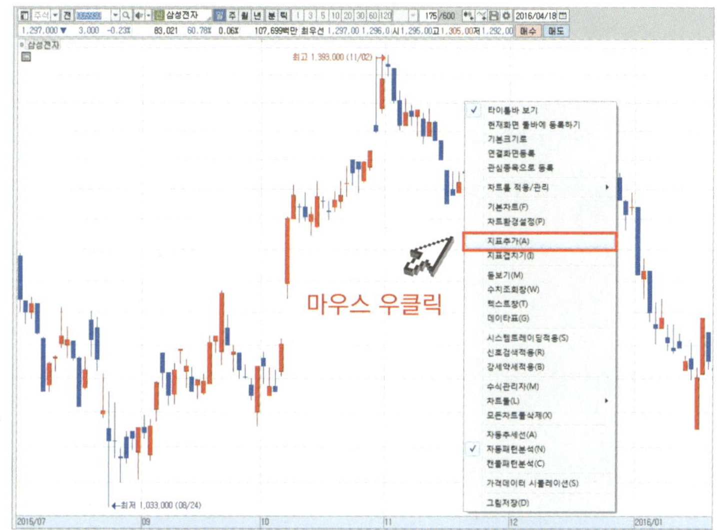

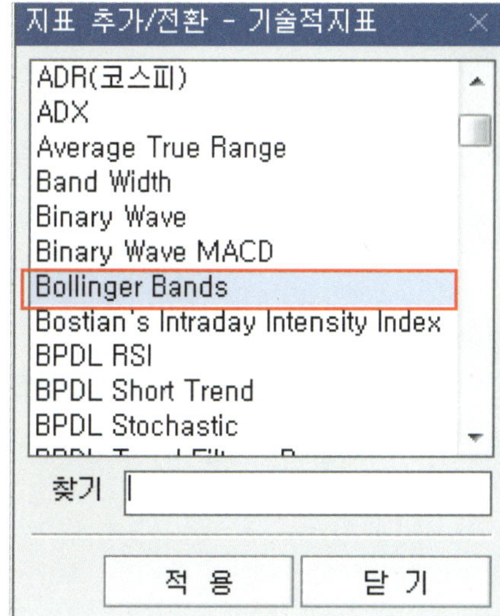

① 차트상단 일 주 월 년 분 을 이용해 캔들표시 방법을 설정할 수 있다.

② 차트화면 빈 여백에 '마우스 우(右) 클릭' → 지표추가(A)를 통해 기술적 분석을 돕는 보조지표를 설정할 수 있다.

2) 보조지표의 설정 – 볼린저밴드 설정해보기

'1)'의 방법을 이용해 볼린저밴드를 사용해보자. 볼린저밴드를 차트에 적용시켰다면 볼린저밴드 설정을 이용해보자.

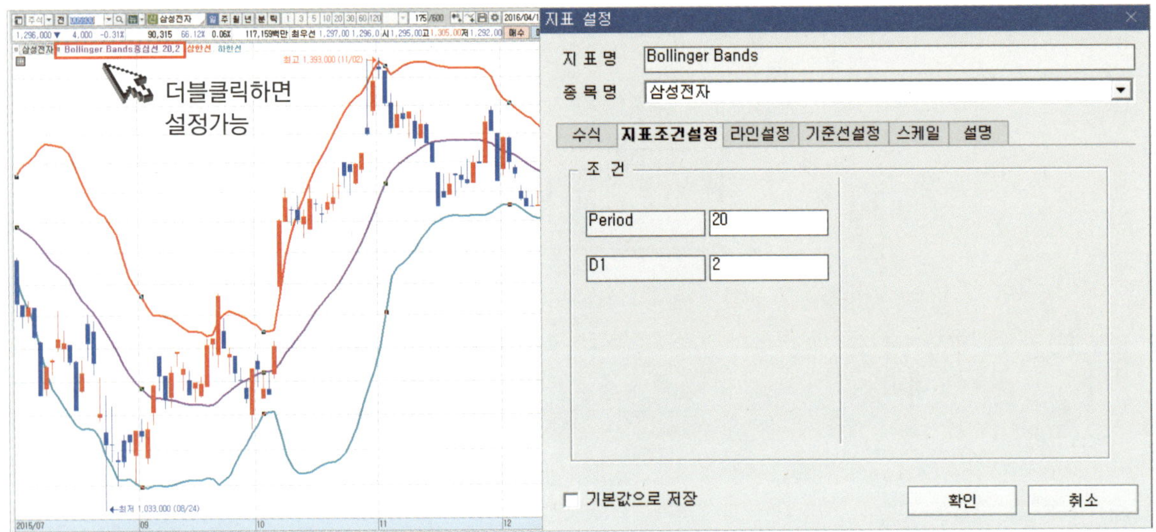

차트 왼쪽 상단에 표시한 빨강 테두리는 차트에 나타난 보조지표를 표시하는 위치다. 모든 보조지표는 동일하게 더블클릭하면 '지표 설정창'이 나타난다.

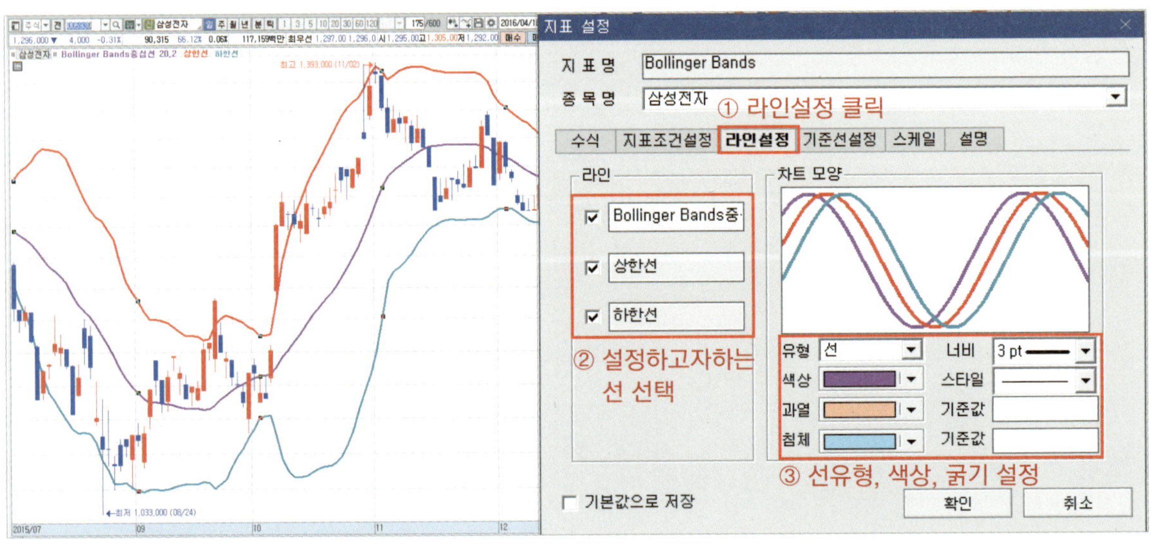

'지표설정'을 이용해 '라인설정'을 해보자. 가격이동평균선과 색깔이 비슷하거나 다른 보조지표와 구분이 필요할 때 사용하면 편리하다. '지표설정' 창에서 ① '라인설정'을 클릭한 후 ② '라인'에서 설정하고자 하는 라인을 체크한다. ③ '선유형'과 색상, 굵기 또한 사용자가 원하는 형태로 설정이 가능하다. 설정을 완료하였으면 확인 버튼을 클릭해야 적용된다.

3) 복수로 보조지표 실행하기 – 볼린저밴드 + RSI

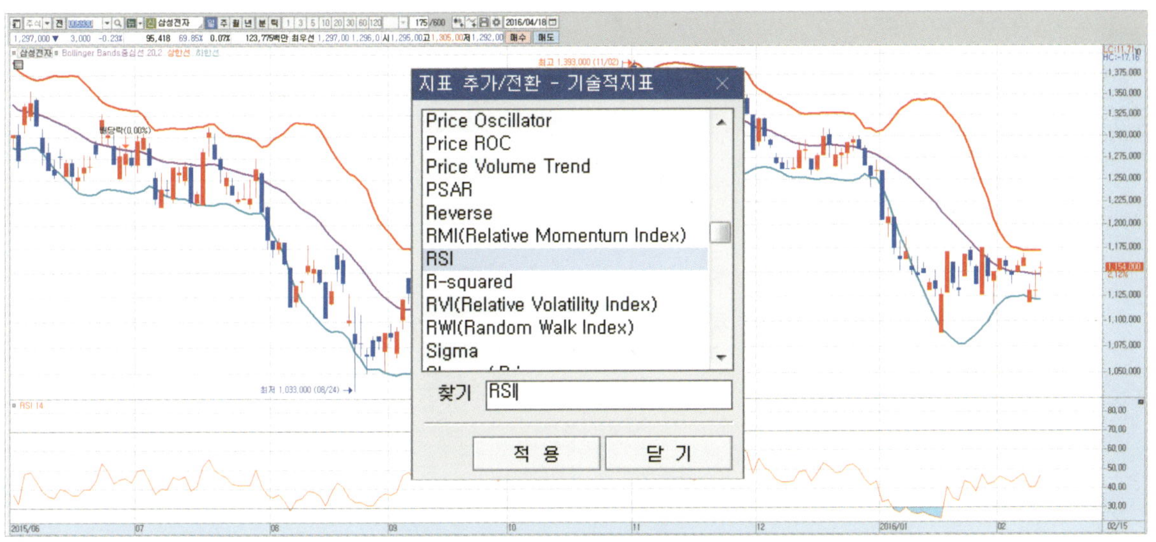

자신이 필요한 보조지표는 추가로 실행 가능하다. 또 다른 보조지표 RSI를 실행해보자.
차트화면 빈 여백에 '마우스 우(右) 클릭' → 지표추가(A)에서 RSI를 적용하면 된다.

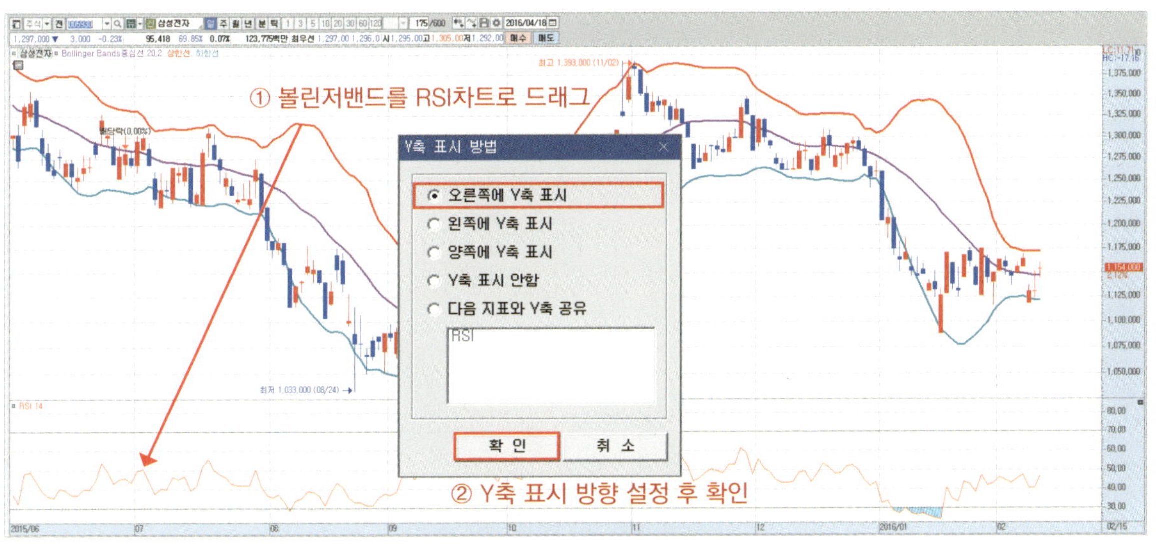

〈볼린저밴드 + RSI 합쳐보기〉

차트 화면에서 ① '볼린저밴드'를 클릭한 후 아래에 위치한 RSI 차트로 드래그하면 ② 'Y축 표시 방법' 창
이 나타날 것이다. 여기서 오른쪽 'Y축 표시'를 체크하고 확인을 누른다.

〈적용된 차트〉

기준값과 지표설정에 따라 사용할 수 있는 보조지표의 종류는 무궁무진하다.

6. 체결내역 무료문자 신청방법

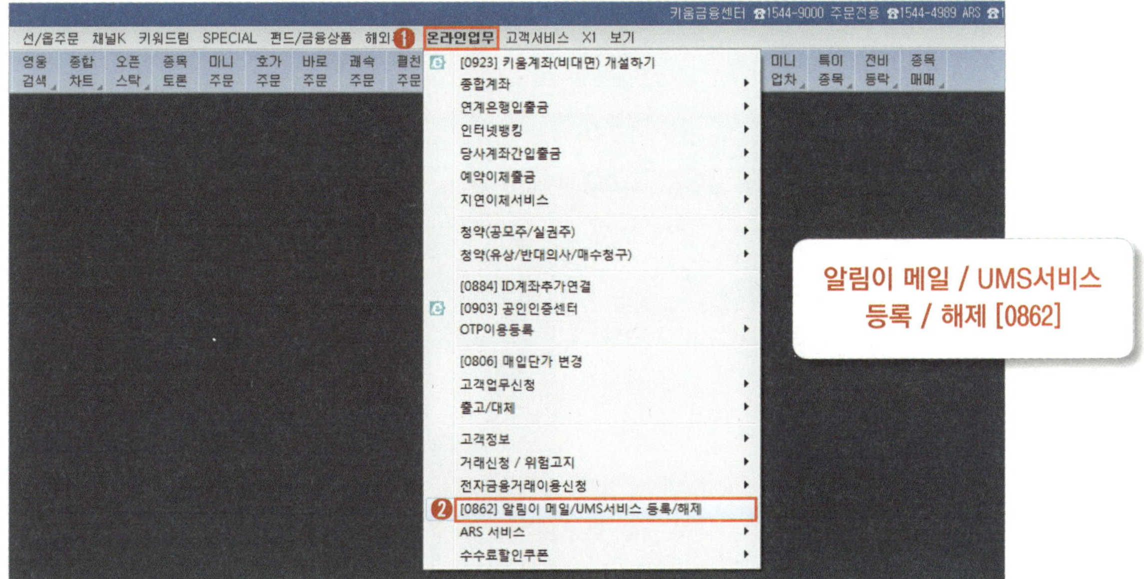

항상 HTS를 보고 있을 수는 없다. HTS상단 메뉴 '온라인 업무' → '단축번호[0862] 알림이 메일/UMS서비스 등록/해제'를 이용하면 거래에 관련한 문자알림 서비스를 등록/해제 할 수 있다.

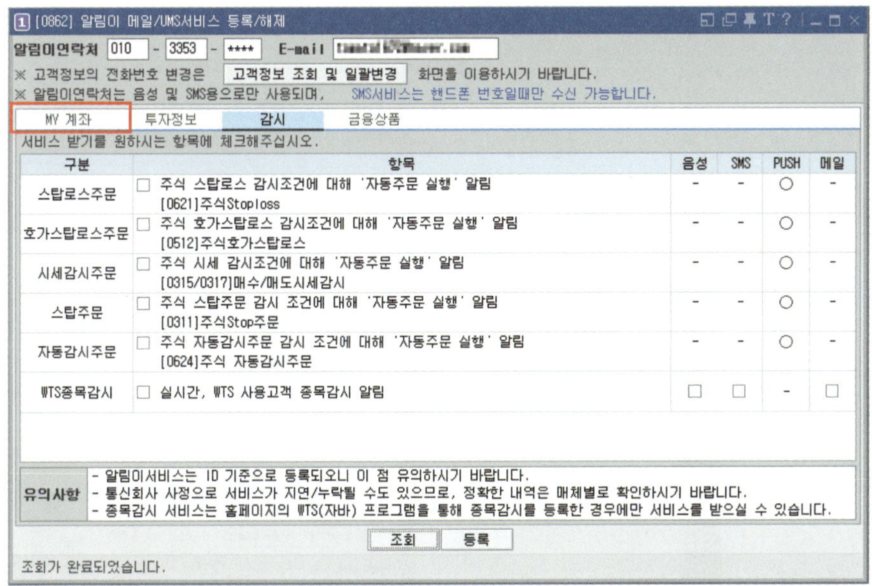

계좌관련 변동사항, 투자에 관한 정보, 시세 · 주문감시, 투자 상품에 관한 정보 등을 문자로 받거나 해제할 수 있다.

7. 가장 빠른 주문방법

1) 쾌속주문

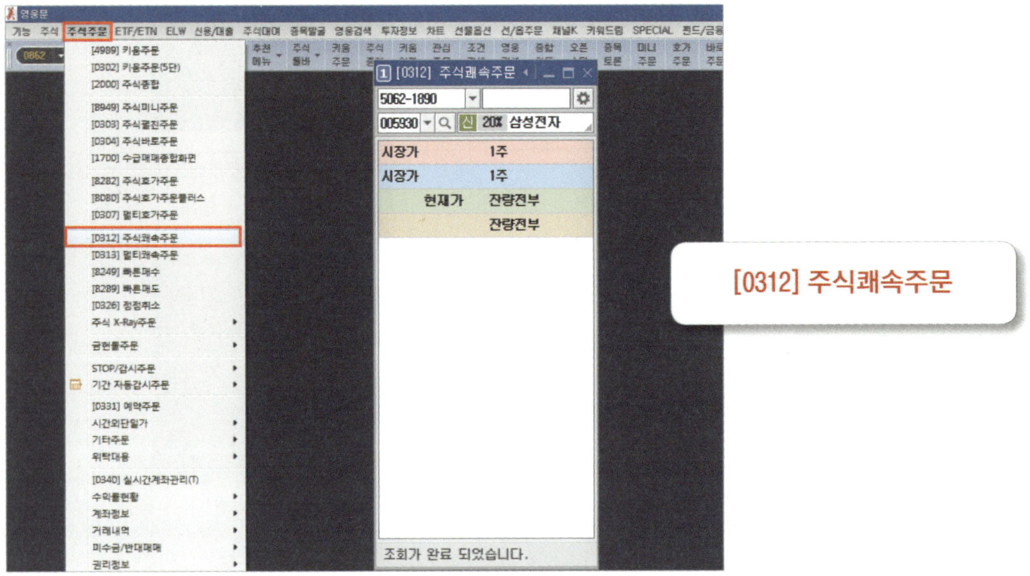

HTS 상단 메뉴 '주식주문' → '단축번호[0312] 주식쾌속주문'을 이용해 설정한 값으로 신속하게 주문을 넣을 수 있다.

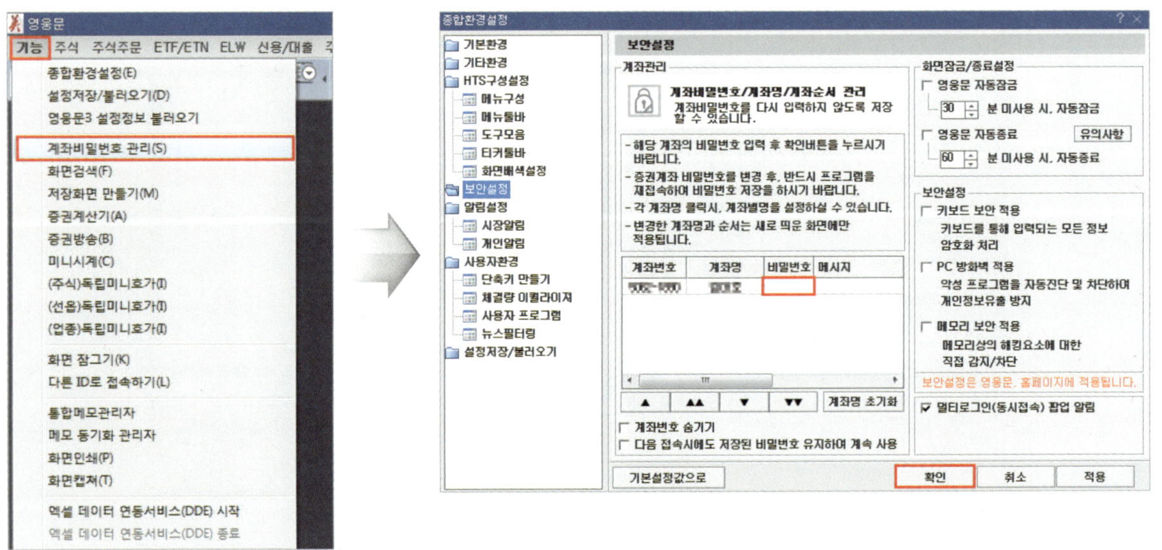

쾌속주문을 이용하기 위해서는 비밀번호를 관리를 설정해야 하는데
HTS 상단 메뉴 '기능' → '계좌비밀번호 관리(S)'를 통해 '보안설정' 메뉴에서 설정할 수 있다.

2) 쾌속주문 설정

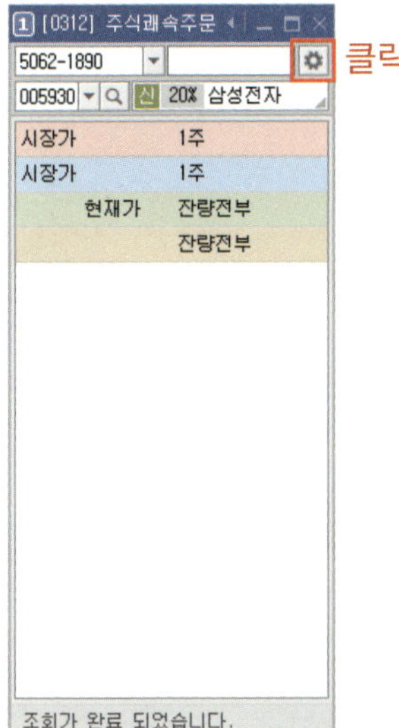

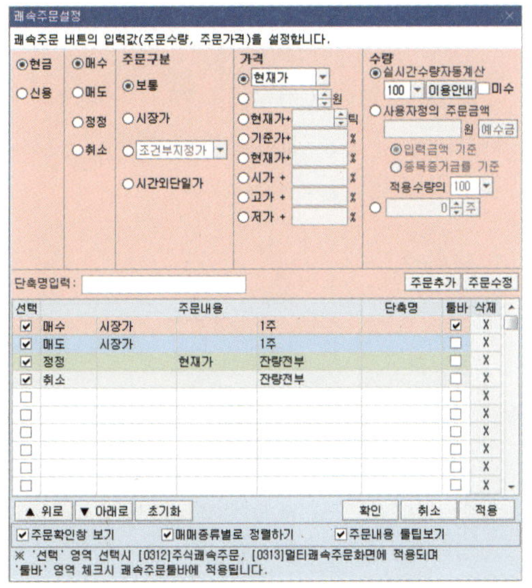

'단축번호[0312] 주식쾌속주문'에서 ⚙️을 클릭하면 쾌속주문 설정이 가능하다. 기존의 기본값을 제거하고 스스로 매매스타일에 맞게 여러 매수/매도/정정/취소와 쾌속주문값을 설정할 수 있다.

3) 쾌속주문 확인창 생략하기

쾌속주문을 넣으면 '주식 주문확인' 창이 주식 주문 여부를 확인한다. 빠르게 주문을 넣어야 하는 상황이라면 '주식 주문확인' 창은 빠른 주문의 의미를 퇴색시킬 수 있어 '주문확인' 창은 생략 가능하다.

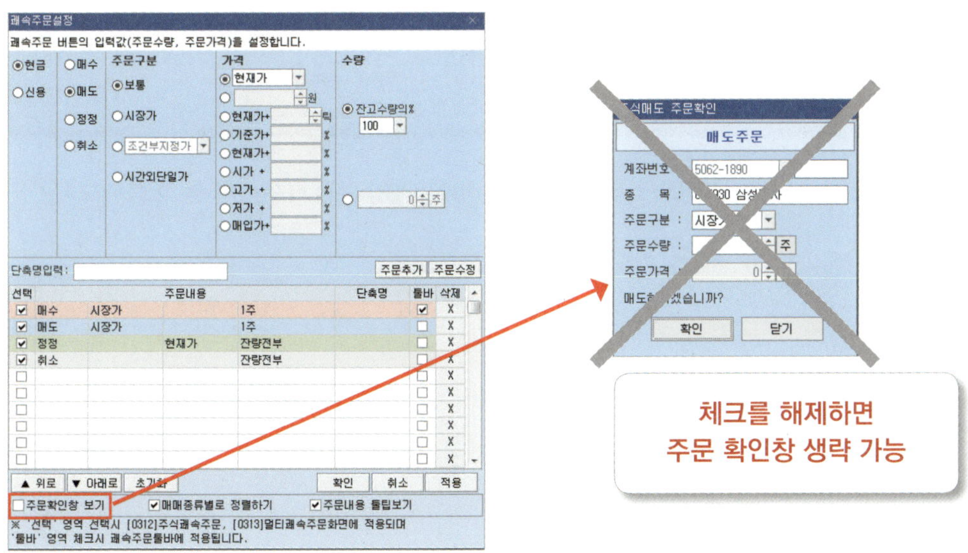

8. 예상지수와 동시호가 보기

> **▶ 예상지수란 무엇인가?**
> 장 전, 혹은 장 마감 동시호가 시간대에 '코스피/코스닥/코스피 200/KRX100' 지수의 예상 지수 추이를 조회하는 것으로 장 시작 전 장 분위기를 체크할 수 있다.

1) 예상지수추이 보기

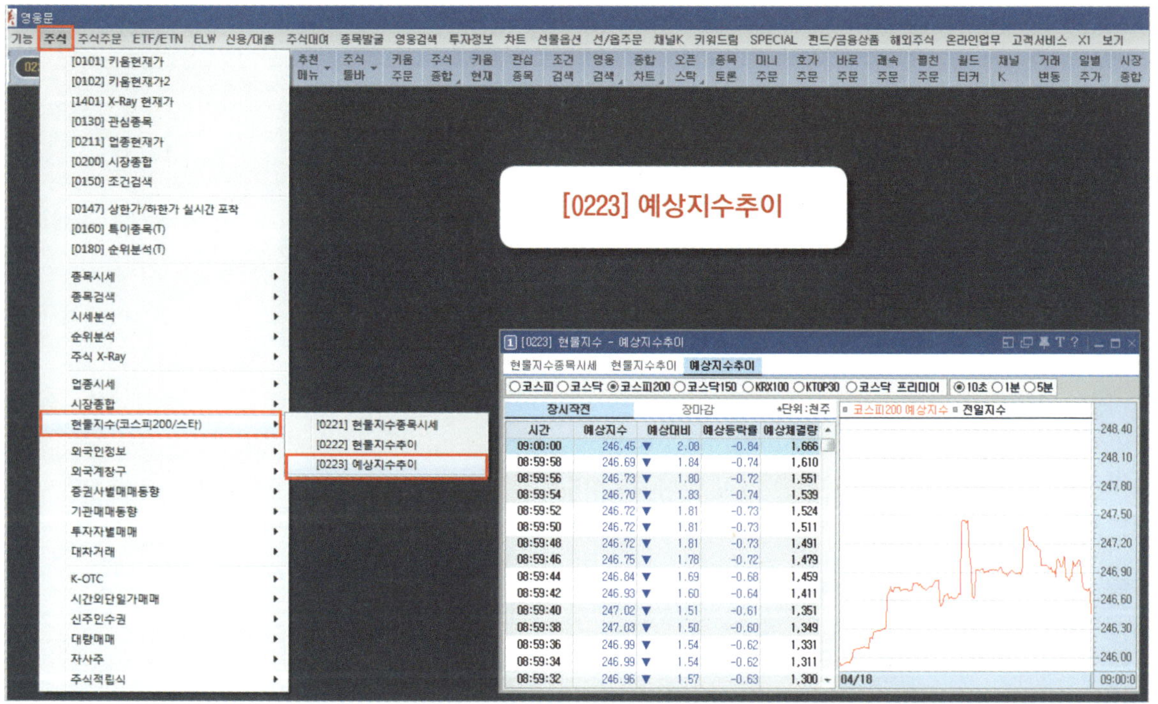

HTS 상단 메뉴 '주식'→ '현물지수(코스피200/스타)' → '단축번호[0223] 예상지수추이' 를 이용해보자.

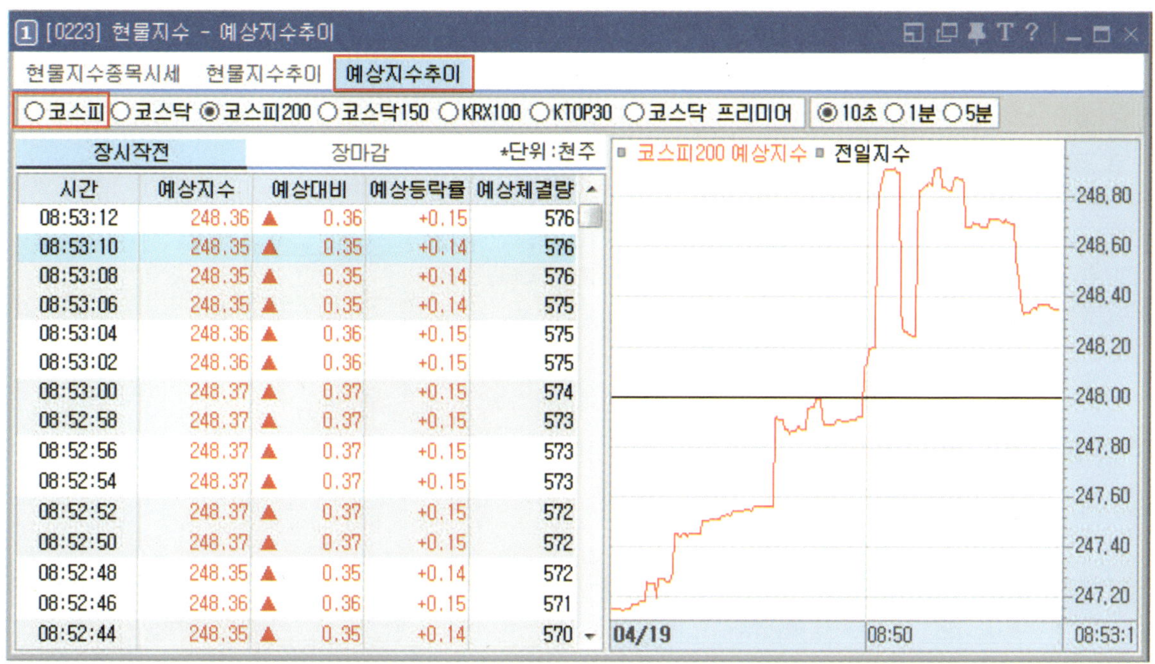

a. 08시 30분 ~ 09시 00분 조회 가능
b. 15시 20분 ~ 15시 30분 조회 가능
c. 10초, 1분, 5분 단위로 조회 가능

2) 동시호가 예상체결 확인하기

- 유가증권 매매거래 시 동시에 접수된 호가 또는 시간의 선, 후가 분명하지 않는 호가
- 대량주문을 공정하게 처리하기 위해 마련한 제도

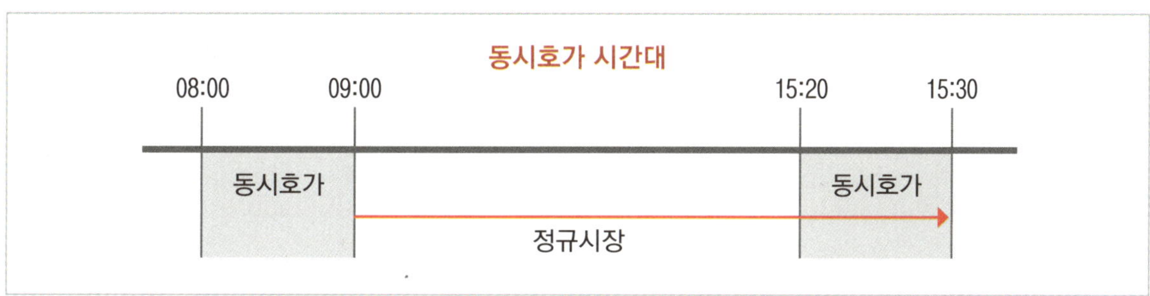

일반적인 경우의 동시호가는 위의 그림처럼 정규시장을 시작하는 가격(시가)을 결정하기 전 시간인
'08:00 ~ 09:00'와 마감하는 가격(종가)을 결정하기 전 시간인 '15:20 ~ 15:30'에 적용된다.

● 장전 동시호가시간 HTS에서 확인하기

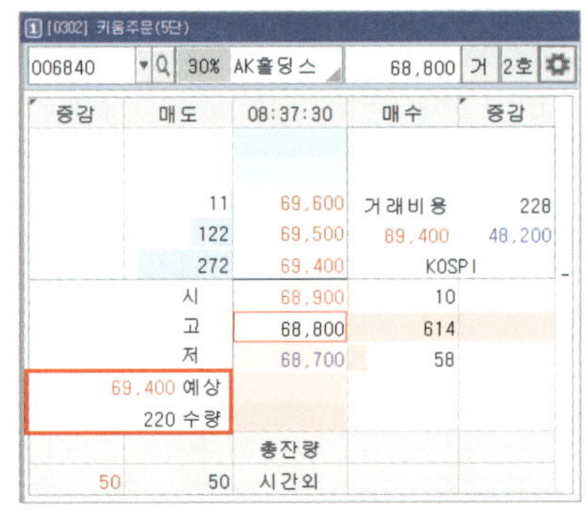

장전 동시호시간대인 8:00~9:00까지 호가를 나타낸 것이다.

검정색 68,800원은 전일 종가를 나타낸 것이고, 현재시각 8시 37분 동시호가 시간의 예상체결가격은 전일종가대비 600원 상승한 69,400원이고 예상체결수량은 220주이다.

장시작인 9시까지 동시호가는 진행되며 현재 예상체결가격인 69,400원보다 높은 가격의 주문이 발생한다면 시가는 69,400원보다 높아질 것이다.

3) 관심종목 예상지수 보기

① 조회가능 시간일 때

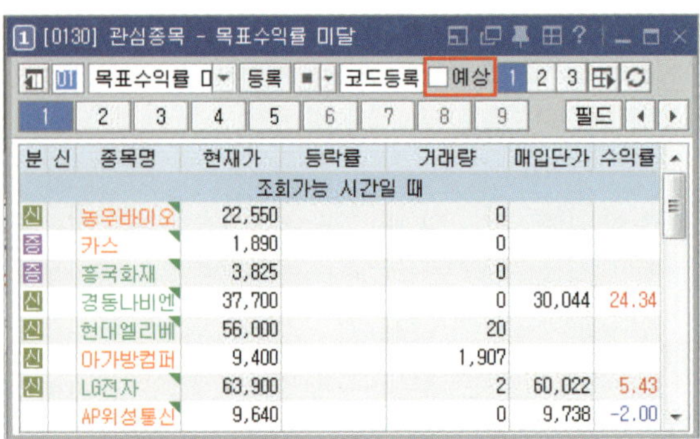
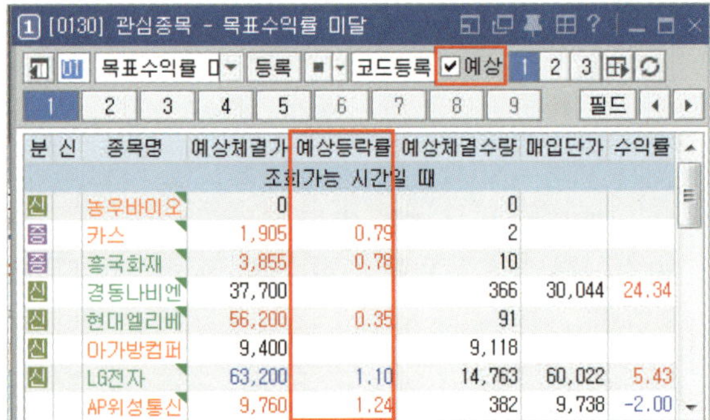

동시호가가 적용되는 시간에 관심종목창 상단의 예상버튼을 클릭하면 관심종목의 예상체결 정보를 확인할 수 있다.

② 조회가능 시간이 아닐 때

동시호가가 적용되지 않는 시간에 관심종목창 상단의 예상버튼을 클릭하면 예상체결 정보가 나타나지 않는다.

9. HTS초기화 및 듀얼모니터 세팅

1) HTS초기화 하기

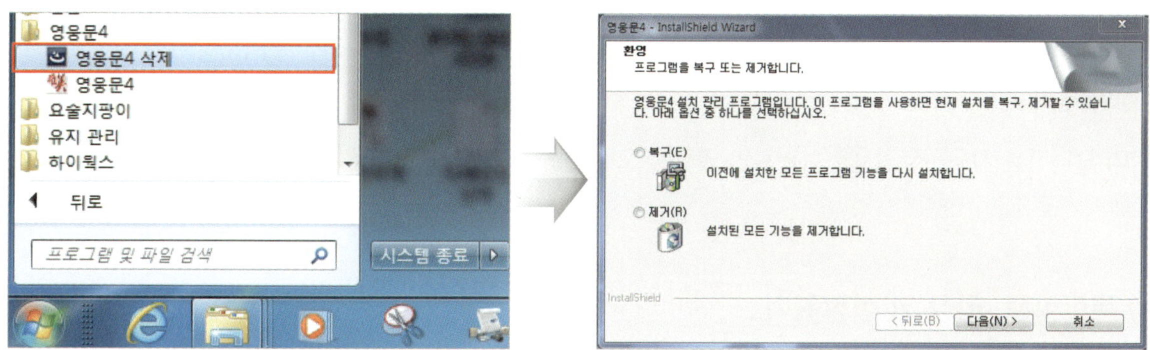

왼쪽 하단 윈도우메뉴 클릭 → '모든 프로그램' → '영웅문 삭제'

완벽한 삭제를 위해
[내컴퓨터] 〉[로컬디스크 C드라이브] 〉[KIWOOM] 〉[KIwoomHero4] 폴더를 완전히 삭제 or [USER] 폴더 삭제

키움 HTS 사용 시 저장 해놓은 값을 데이터로 보관하고 있기 때문에 삭제 후 키움 HTS를 다시 깔아도 저장된 유저의 정보값을 바로 가져온다.

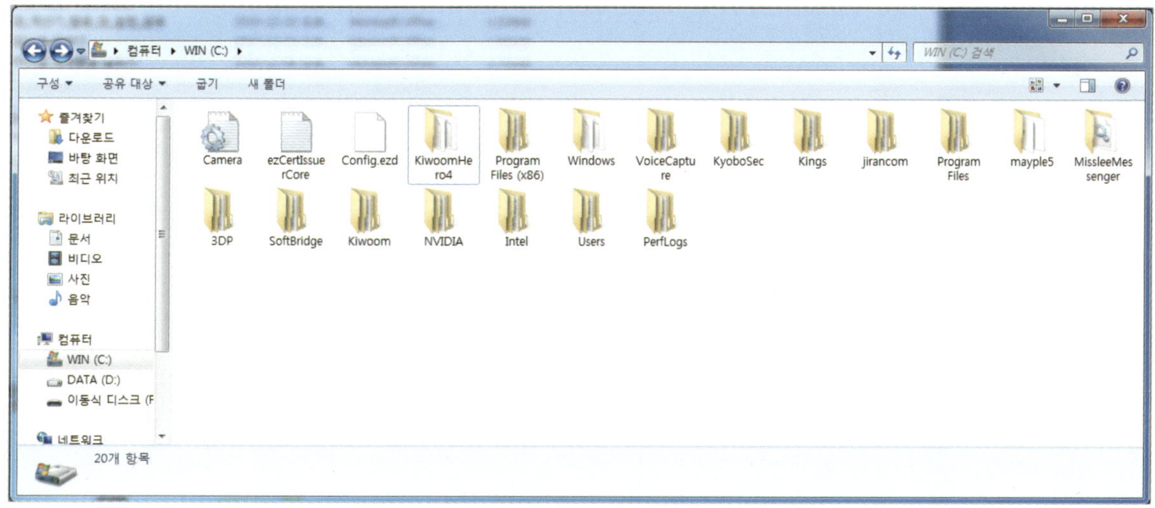

2) 듀얼모니터 사용 시 전체 화면 최대화하기

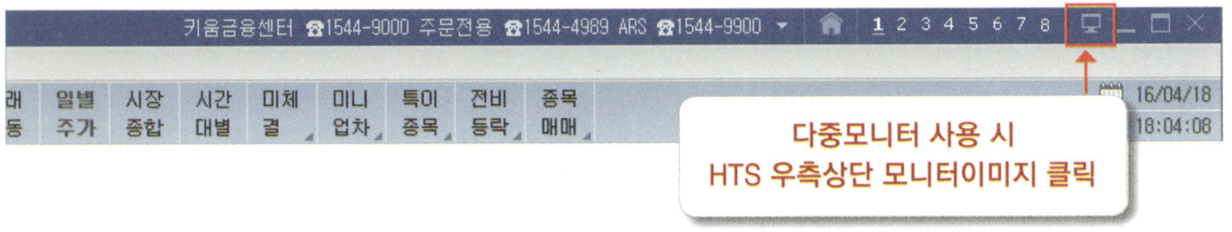

여러 모니터를 사용한다면 🖥을 누르면 연결된 모니터를 HTS로 가득 채울 수 있다.

3) 독립실행, 항상 위 설정하기

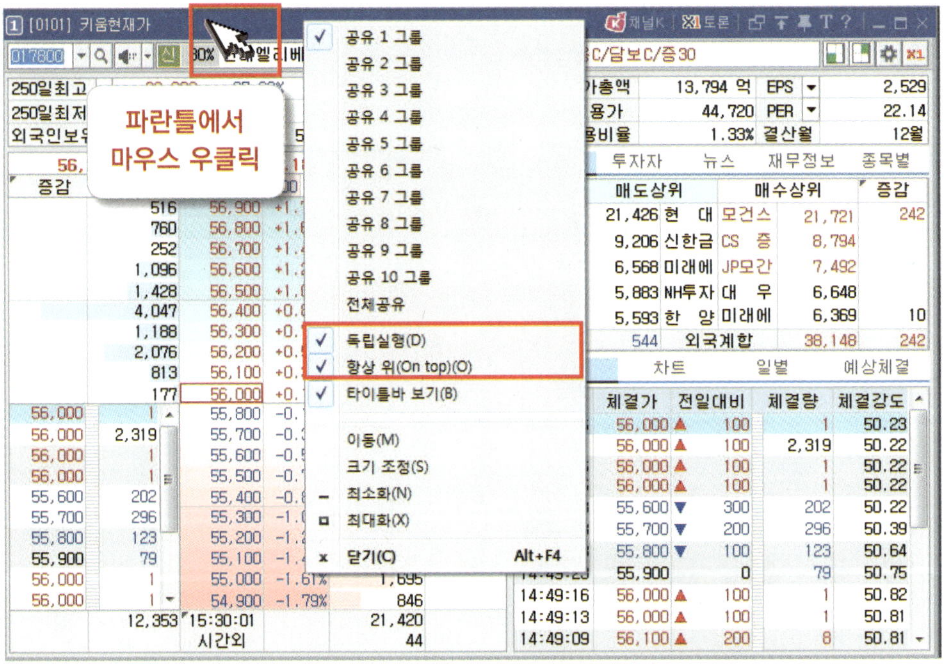

① 독립실행(D) : HTS와 분리시키는 기능(전체 HTS화면과 분리되어 화면 밖에서 사용 가능)

② 항상 위(On Top)(O) : 다른 프로그램과 중복된 위치에서 항상 위로 드러나는 기능

10. 증권시계 맞추기

① 윈도우 작업표시줄 우측 하단 '시계' 클릭
② '날짜 및 시간 설정 변경' 클릭
③ 상단메뉴 '인터넷 시간' → '설정 변경(C)' 클릭
④ '인터넷 시간 서버와 동기화(S)' → '지금 업데이트(U)' → '확인'

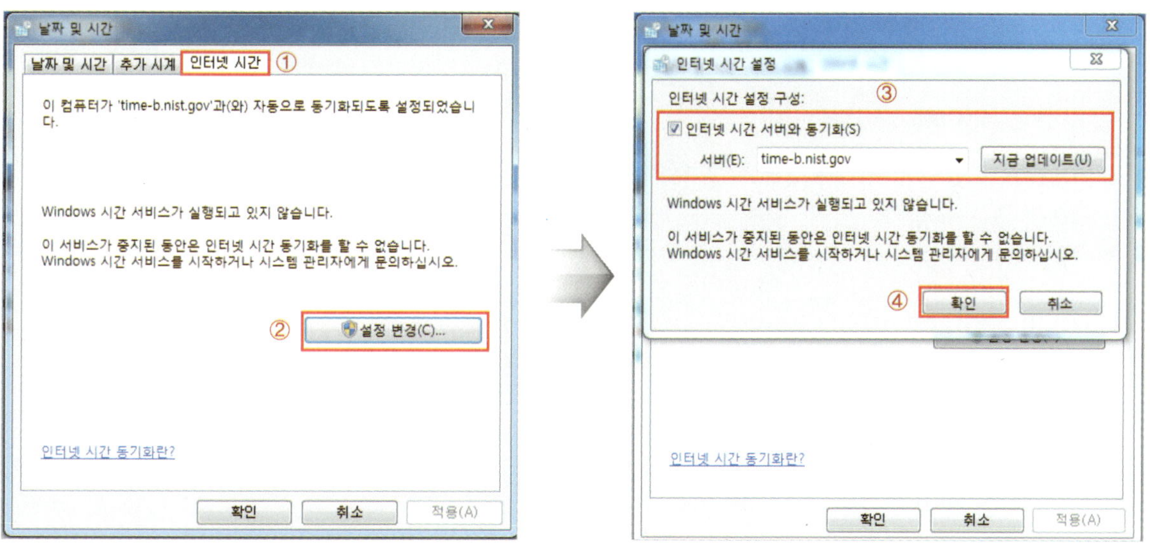

※ '시작메뉴 → 제어판 → 날짜 및 시간'을 통해서도 변경 가능

11. 증권계산기의 활용

1) 증권계산기 실행, 도구모음 등록

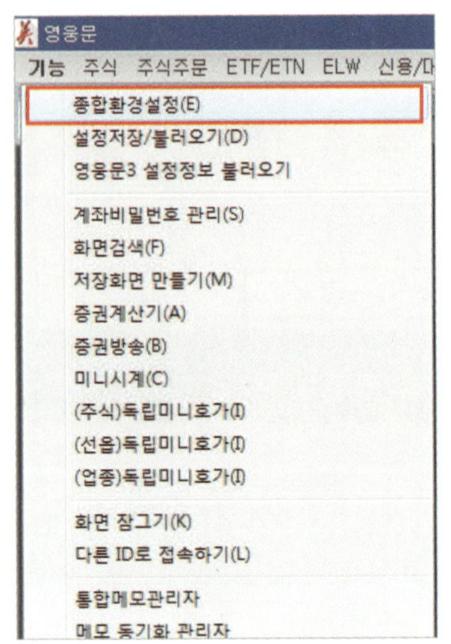 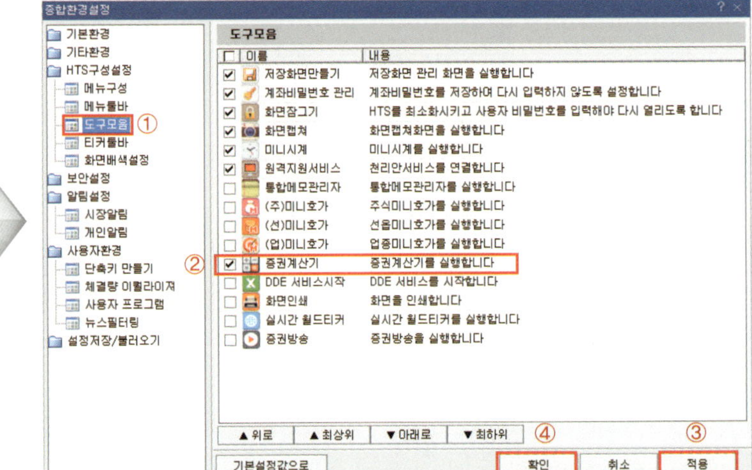

① 메뉴에서 증권계산기 사용하기

증권계산기는 HTS메인 상단 메뉴 '기능' → '증권계산기(A)'를 이용해 실행할 수 있다.

② 도구에서 증권계산기 사용하기

증권계산기는 메뉴 툴바(도구모음)에 등록시켜 쉽게 이용할 수 있다.
HTS메인 상단 메뉴 '기능' → '종합환경설정(E)' → '도구모음' → 증권계산기를 통해 도구모음에 등록 가능하다.

2) 증권계산기 – 주문가능수량

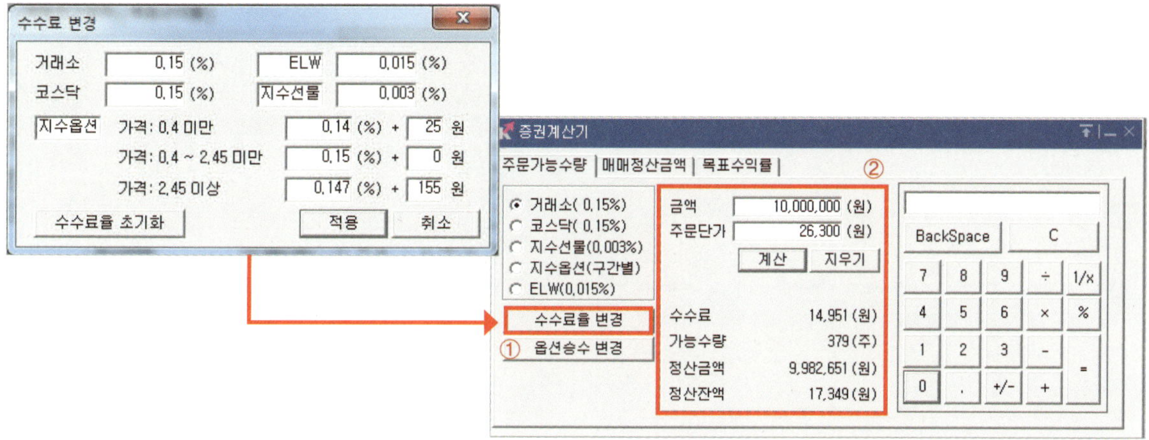

'주문가능수량'은 얼마의 돈으로 얼마만큼 주식을 살 수 있는지 계산하는 기능으로 포트폴리오 비중을 고려할 때 유용하다.

① 수수료율 변경

최초 기본세팅값은 수수료율 0%이다. 자신의 거래수수료(%)값을 지정해 놓으면 거래수수료를 포함한 얼마의 돈으로 얼마만큼 주식을 살 수 있는지 자동계산 된다.

② ①의 값을 설정(거래소 0.15%)했다면 자신의 주문가능수량을 계산해보자.

청개구리 씨는 10,000,000원의 돈만큼 A주식을 사려고 한다. 현재 A주식을 매수하고자 하는 가격은 26,300원이다.
금액에 10,000,000원, 주문단가에 26,300원을 적고 계산을 하면 '수수료 : 14,951원(0.15%)'이 포함되어 379주 매수가 가능하다. 남는 금액은 17,349원이다.

3) 증권계산기 – 매매정산금액

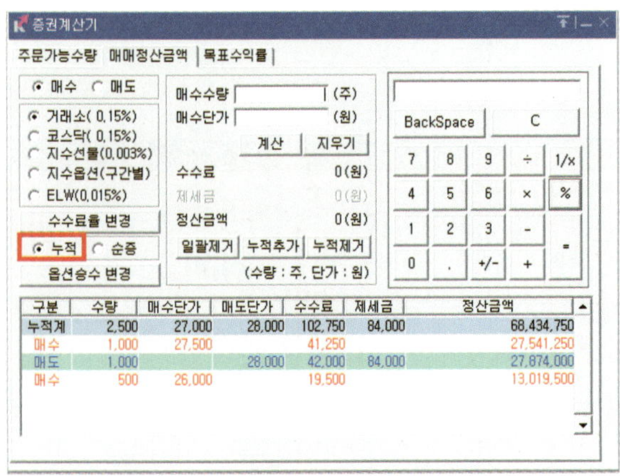 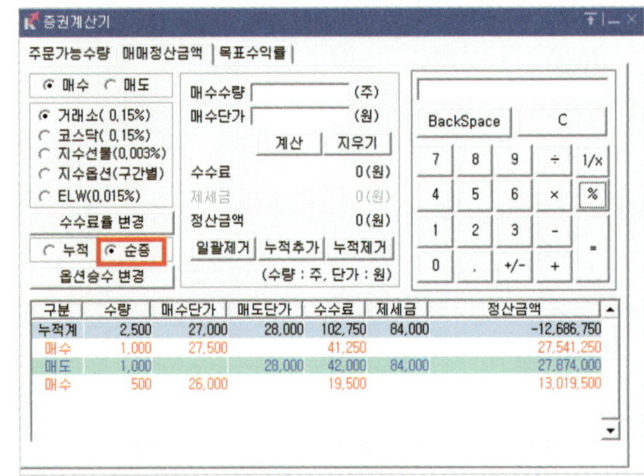

매매정산금액 : 매수/매도주문을 정산한 금액을 알 수 있다.

청개구리 씨는 이번 달 투자금을 정산하고 싶다. 이번 달에는 매수주문 2개와 매도주문 하나가 있다. 매수주문은 수수료가 포함되어 정산되고 매도주문은 수수료와 제세금이 제외되고 정산된다.

① 누적으로 정산

정산금액의 값을 모두 합한 값이다. 매도금액과 매수금액 모두 한 번에 표기되므로 자신의 전체 매매규모를 파악하는 데 사용된다.

② 순증으로 정산

매수는 현금이 줄었기 때문에 (–)로, 매도는 현금이 늘었기 때문에 (+)로 계산되어 실제로 거래 후에 내 계좌에서 돈의 입출금을 파악하는 데 사용된다.

4) 증권계산기 – 목표수익률

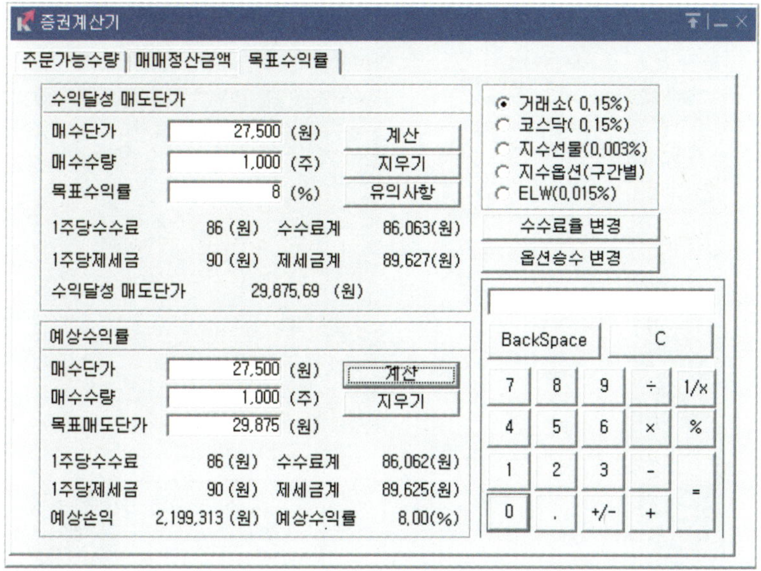

① 수익달성 매도단가

주식을 매수하고 목표하는 수익률이 있을 때, 목표수익률의 단가를 알려준다.
청개구리 씨는 B주식을 27,500원에 1,000주 매수했다. 원하는 기대수익률이 8%라면 기대수익률을 만족시키는 매도가격은 29,875원이다.

② 예상수익률

주식을 매수하고 목표가격이 있을 때, 목표가격에 도달하면 수익률과 예상손익이 얼마인지 알려준다.
청개구리 씨는 B주식을 27,500원에 1,000주 매수했다. 원하는 목표가격이 29,875원이라면 예상손익은 2,199,313원이고 예상수익률은 8%이다.

12. 기업의 재무제표는 어디서 볼까?

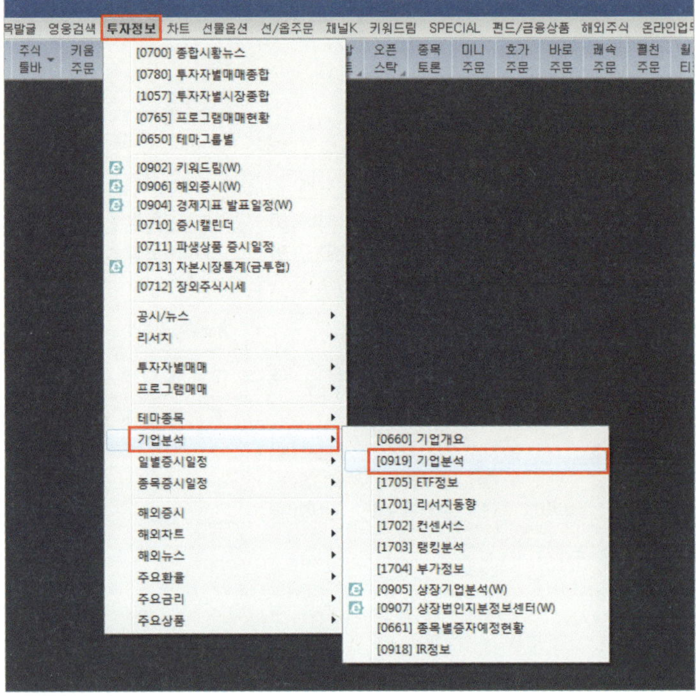

HTS 메인 메뉴 '투자정보' → '[0919] 기업분석'을 통해 기업에 대한 재무적 정보를 얻을 수 있다.

1) 기업분석 – 기업개요 단축번호 [0660]

주주명	주권의 수(주)	지분율(%)	주주형태	주주수	지분율(%)
이건희	25,988,306	17.64	개인/법인	296	18.01
삼성전자 자사주	20,001,396	13.58	자사주	1	13.62
국민연금공단	11,790,915	8.00	기관투자자	1	8.13
Citibank(DR)	6,273,851	4.26	해외DR	1	4.20
방인배	11,598	0.01			

2) 기업분석 – 기업분석 **단축번호 [0919]**

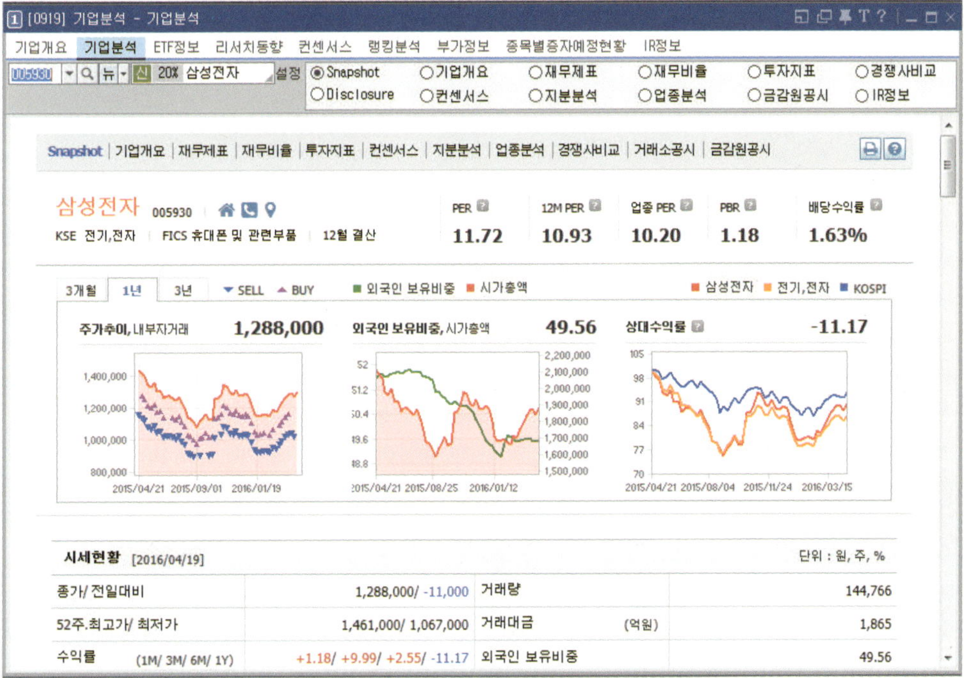

① **Snapshot** : 기업분석창에 가장 처음 등장하는 페이지로 '짧은 요약' 같은 의미로 볼 수 있다.

- 전 영업일 기준 시세현황
- 주가, 상대수익률 및 외국인 보유비중
- 실적이슈
- 운용사별 보유현황
- 주주현황, 주주구분 현황
- Band Chart
  (주가배수 지표를 이용하여 현재의 주가 움직임이 과거에 비해 저평가 되고 있는지 고평가 되어 있는지 판단하는 차트)
- 신용등급현황 기업어음(CP) / 회사채(Bond)
- 투자의견 컨센서스 (전영업일 기준)
- Business Summary
  (최근 실적을 근거로 주요 증권사에서 작성한 투자포인트와 FnGuide에서 분석한 해당회사의 사업내용 및 영업현황)
- 업종 비교
- Financial Highlight
  (주요 재무항목에 대하여 과거의 확정실적과 미래의 추정실적을 비교)

② **기업개요** : 기업의 설립일, 상장일, 명의개서, 공고신문사 등 기업개요를 알 수 있다.

- 최근연혁
- 주요제품 시장점유율
- 주요제품 매출 구성
- 비용구성
- 인원현황
- R&D투자현황
- 수출 및 내수 구성
- 주주 구분별 소유 현황
- 신용등급 변동내역
- 자본금 변동현황
- 주요 관계사 지분현황
- 연결 대상 회사 현황

③ **재무제표** : 회계상 재무현황을 기록하는 표

- a. 포괄손익계산서 : 손익계산서는 일정 기간 동안의 기업의 경영 성과를 포괄적으로 한 눈에 나타내기 위해 작성하는 재무제표
- b. 재무상태표 : 특정 시점에 기업이 보유하고 있는 자산(경제적 자원)과 부채(경제적 의무), 자본의 잔액에 대한 정보를 보고하는 보고서
- c. 현금흐름표 : 일정기간 동안의 기업의 현금흐름을 나타내는 표

④ **재무비율** : 회계상 재무현황을 안정성, 성장성, 수익성, 활동성 비율로 나타낸다.

⑤ **투자지표** : 최근 결산기말 시점의 주가, 시가총액, PER, PBR 등을 직전 4개년도 결산기 데이터와 비교할 수 있다.

- 주가관련지표
- 기업가치관련 지표

⑥ **경쟁사비교** : 해당기업 및 경쟁사의 투자의견, Margin & Growth, 주가수익률, 상대수익률 제공

경쟁사는 FnGuide[1]의 분류 기준에 의하여 선정한다.

⑦ **Disclosure(거래소 공시)** : 최근 1년간 거래소 공시자료 원문의 내용을 제공한다.

⑧ **컨센서스** : 여러 금융기관의 전망을 종합하여 향후 기업의 매출액, 영업이익, 당기순이익 등을 발표한다.

---

1 FnGuide : 금융데이터를 제공하는 회사로 키움증권 기업분석자료로 참고된다.

⑨ **지분분석** : 주주를 최대주주, 10% 이상 주주, 5% 이상 주주, 임원, 자기주식으로 구분하여 지분율 변동에 관한 내용과 관계설명에 관한 정보를 확인할 수 있다.

⑩ **업종분석** : 기업을 동종업종의 PER, PBR, 매출액성장률, 영업이익성장률, 순이익증가율, 부채비율을 비교 가능하다.

⑪ **금감원공시** : 금융감독원에 해당 기업이 공시한 공시자료를 실적/잠정치, 자본금변동, 자사주/사채, 지분/내부자거래, 기타주요공시별로 확인할 수 있다.

⑫ **IR정보(기업설명회)** : 주식시장에 상대적으로 부족한 정보를 제공함으로써 기업에 대한 인지도 제고, 투자 촉진 등 기업가치 제고에 실질적으로 기여하는 기업설명자료를 확인할 수 있다.

13. 주문창 이해 및 현재창 세팅

1) 주식주문창

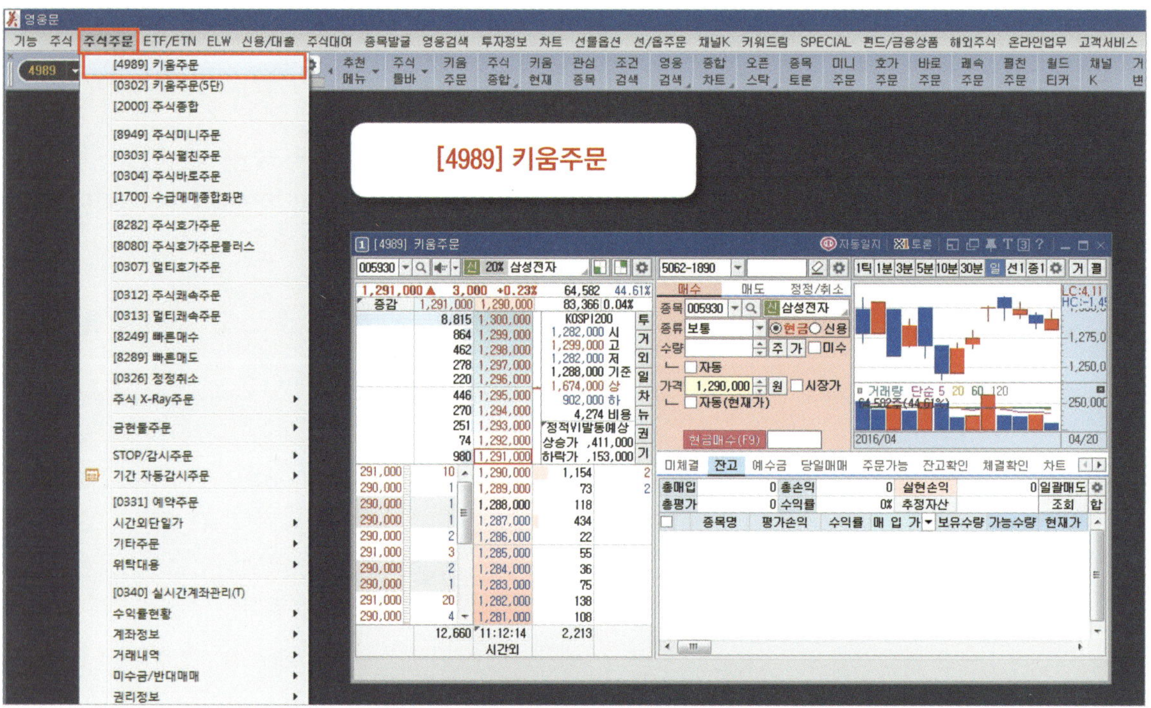

HTS메인 메뉴 '주식주문' → '단축번호[4989] 키움주문'

2) 주문창 살펴보기

① 매수/매도대기 수량 확인하기

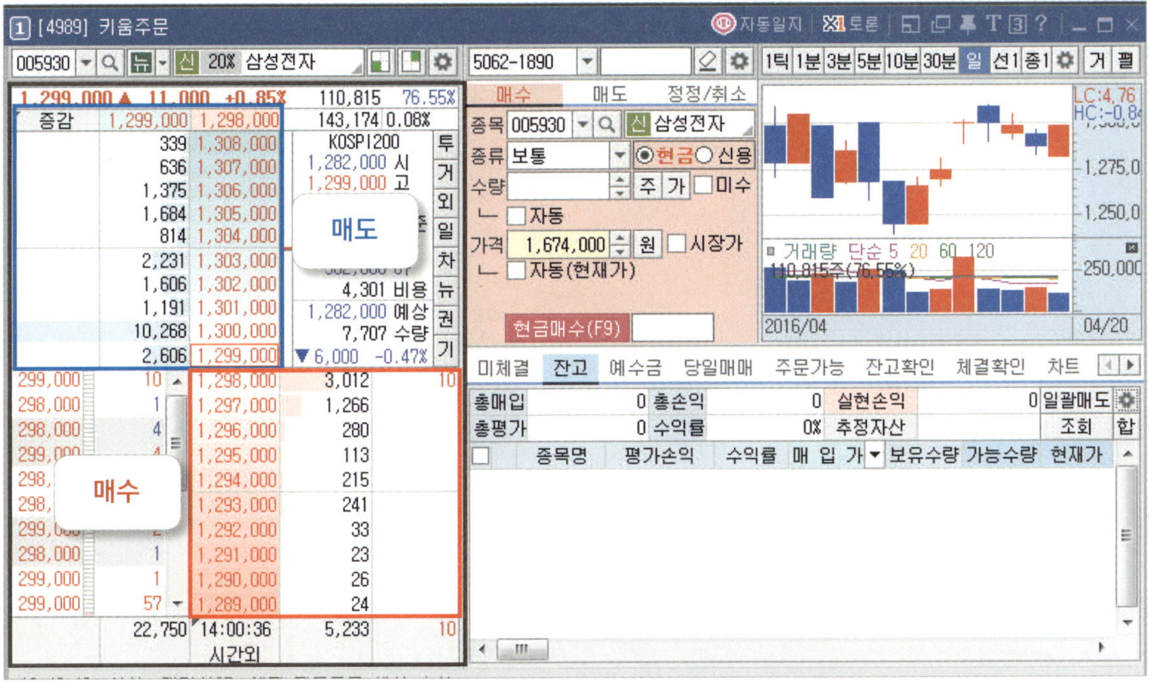

조회 종목의 10단계 호가를 조회할 수 있는 호가창이다. 파란박스는 해당 가격에 매도대기물량을 나타낸 것이고, 빨간박스는 해당 가격에 매수대기물량을 나타낸 것이다. 가장 하단 부분은 각각 대기물량의 합을 표시한 것이다(매도대기물량 : 22,750주 / 매수대기물량 : 5,233주).

Q. 현재가격에 주문을 넣으면 체결이 될까?

1,299,000원에 매도 잔량이 2,606주가 있기 때문에 2,606주 매수 주문까지 바로 거래가 이루어진다.

② 호가창에서 종목정보 확인하기

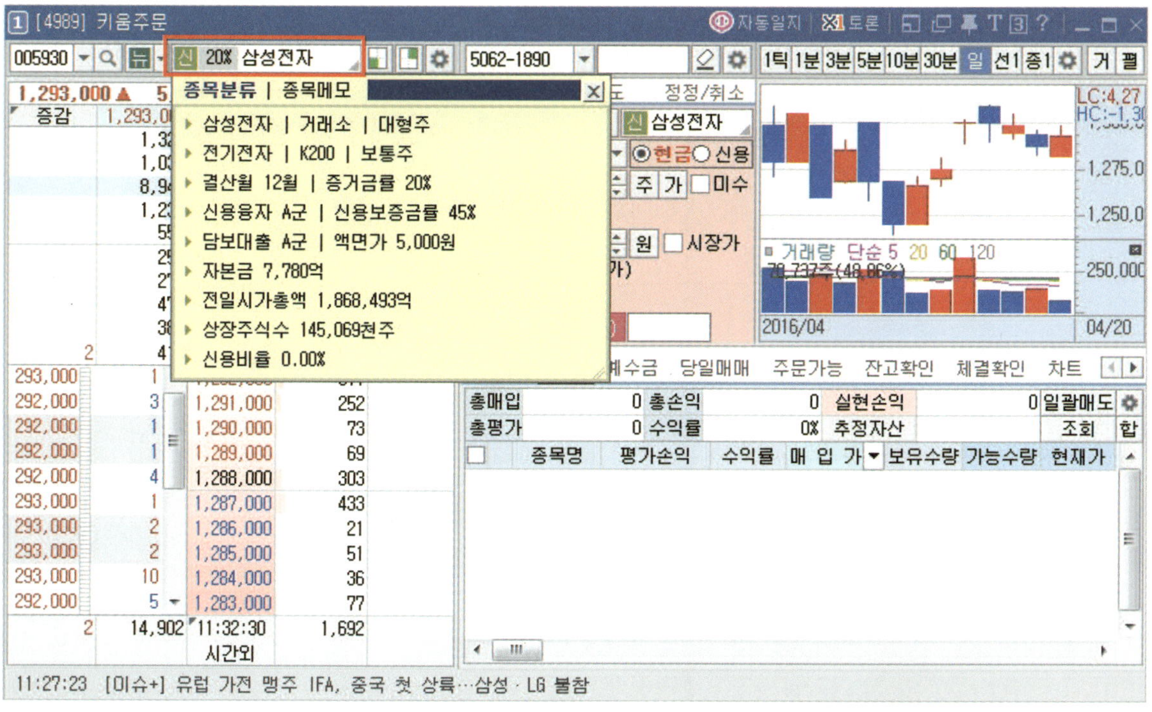

빨간네모 부분에 마우스를 클릭하면 해당 기업에 관한 간단한 정보를 신속히 확인할 수 있다.

③ 매수/매도/정정/취소 주문 넣기

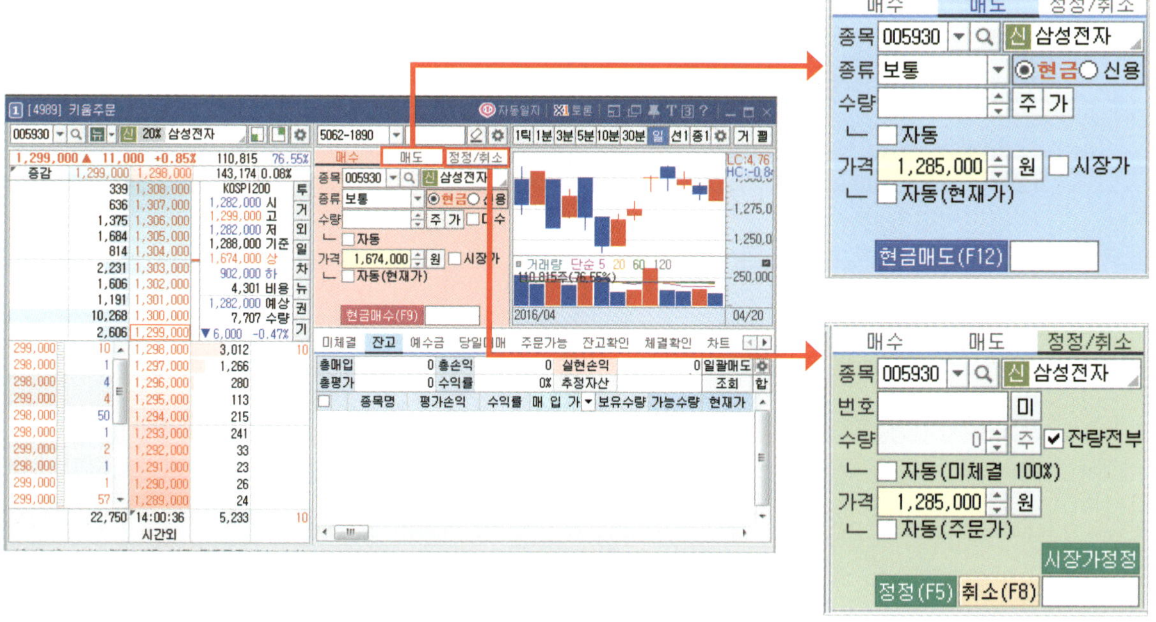

a. 매수주문
- 주문창 중앙에 '매수(빨강색)' 클릭 후 원하는 수량과 가격을 입력하여 '현금매수' 버튼을 클릭 후 '확인'을 누르면 된다.
- 현재 시장가보다 높은 가격으로 매수주문을 넣으면 현재 시장가로 바로 체결이 가능하다.
- 현재 시장가보다 낮은 가격으로 매수주문을 넣으면 호가창에 매수 대기물량에 추가될 것이고, '미체결' 목록에 표시될 것이다.

b. 매도주문
- 주문창 중앙에 '매도(파랑색)' 클릭 후, 원하는 수량과 가격을 입력하여 '현금매도' 버튼을 클릭 후 '확인'을 누르면 된다.
- 현재 시장가보다 낮은 가격으로 매도주문을 넣으면 현재 시장가로 바로 체결이 가능하다.
- 현재 시장가보다 높은 가격으로 매도주문을 넣으면 호가창에 매도 대기물량에 추가될 것이고, '미체결' 목록에 표시될 것이다.

c. 정정/취소 주문
- 주문이 체결 되지 않았다면 '미체결' 목록에 표시된다.
- 주문창 중앙에 '정정/취소(연녹색)' 클릭 후, 미체결된 주문의 가격이나 수량을 정정하거나 취소할 수 있다.

3) 호가 등락률 표시하기

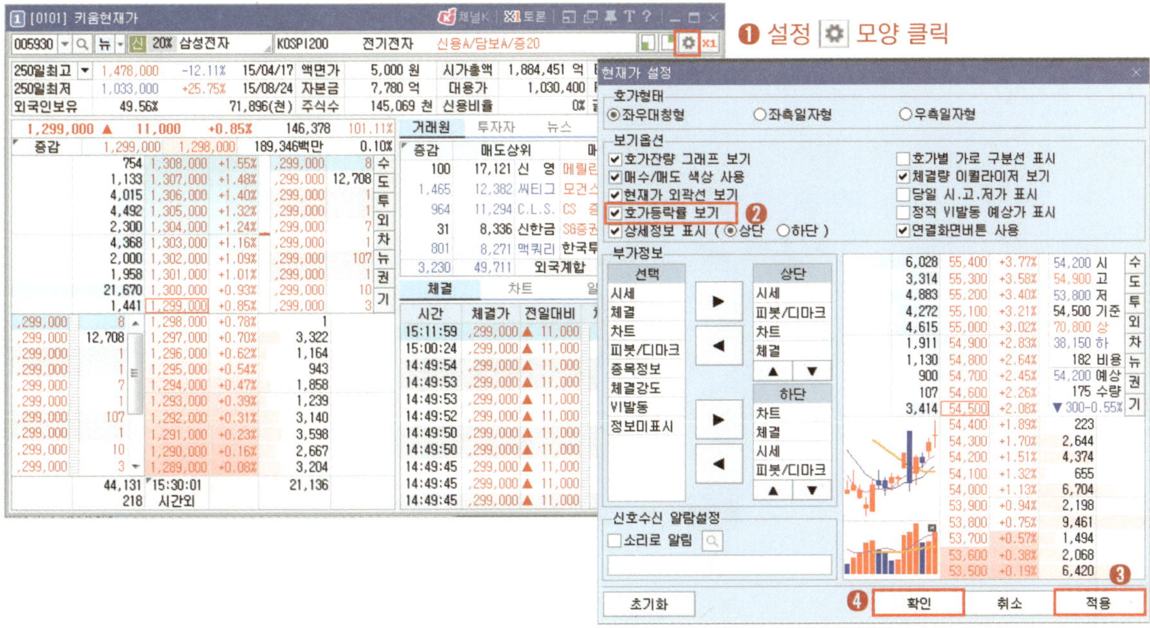

'단축번호 [0101] 키움현재가' 창에서 ① '설정(⚙)'을 통해 ② '호가등락률 보기'를 체크하면 호가에 따른 수익률을 빠르게 파악 가능하다.

내부자의 조언도 100% 믿어서는 안 된다.

투자정보 가운데 가장 위험한 것이 소위 내부정보이다. 이 내부정보를 잘 활용하면 의외의 큰 수익도 얻을 수 있지만, 중요한 것은 이것을 100% 신뢰해서는 안 된다는 점이다. 여기서 내부정보라는 것은 기업 내에서 기획 전략 담당자, 최고 경영진을 보필하는 비서, 재무 담당자 혹은 기자 등 핵심 직책에 있는 사람을 통해서 나오는 회사의 고급정보를 지칭한다. 하지만, 내부정보는 도중에 와전되거나 최종 결정 과정에서 취소되거나 변경될 수도 있으므로 이것을 100% 믿고 투자하면 실패하기 쉽다. 또한, 내부정보에 대해 너무 일찍 알아 버리는 바람에 주가에 반영될 때까지 못 견디고 팔아버렸더니 그때부터 주가가 오르는 일도 많다.

그런데도 이 내부정보를 무슨 대단한 내용처럼 생각해 얻고자 노력하는 사람들이 많다. 물론 이런 내부정보를 얻으려고 하는 노력도 중요하지만, 그보다는 정보가 미리 나오기 전에 선취매, 혹은 길목 지키기를 노리는 매수 전법을 위한 통찰력과 선견력을 갖추는 것이 중요하다. 따라서 내부자의 조언은 존중하되 반드시 차트를 통한 검증이 선행되어야 하며, 그래야만 실수를 하나라도 더 줄이는 매매를 할 수 있다.

만화로 보는 **투자격언**

나한테 특급 정보가 있어. ○○종목을 사!
B&C
갑자기 웬 ○○종목??

대학 동기가 그 회사 전략실에 있는데, 조만간 신규 사업 승인난대!!
B&C
정말? 대박인데. 이게 말로만 듣던 내부정보로군!

믿을만한 정보니까 올인해!
오케이! 오늘 술은 내가 쏠게.
BEER B&C CHICKEN

며칠 뒤
야, 너 때문에 이게 뭐야! 확실하다며?!
난들 이렇게 될 줄 알았냐? 나도 엄청 손해 봤다고!

둘이 사이 좋더니 웬 말다툼이에요?
이 친구가 내부정보라고 투자하면 대박이라더니 오히려 반 토막 났어요.

허허, '내부자의 조언도 100% 믿어서는 안 된다.' 라는 격언 몰라요?
예? 그런 말도 있나요?

내부자 정보는 와전되거나, 최종 결정에서 취소나 변경될 수도 있어서 100% 믿다간 실패할 수도 있어요.
와전…
기업
취소

내부자 조언은 귀를 기울이되 차트를 통해 검증해야 실수를 줄일 수 있어요.
내부자 정보

두 사람 다 잘 기억하세요. 주식에 100%란 없어요.
예…

Ⅳ. 한국 경기 분석

1. 한국 경제 발전의 특징

1) 폐허가 된 대한민국

일제 강점기 동안 막대한 인적, 물적 수탈과 광복 직후 남북 분단으로 인하여 한국은 경제발전을 하기에 어려운 상황이었다. 엎친 데 덮친 격으로 1950년 한국전쟁이 발발하여 주요 기반시설마저 파괴되는 지경에 이르렀다. 한국경제는 전쟁 후 외국으로 부터 원조를 받으며 끼니를 해결해나가는 정도였고, 당시 세계에서 가장 빈민국 중에 하나였다.

당시 6 · 25 전쟁을 총지휘했던 미국 맥아더 장군이 전쟁 직후 "100년쯤 지나야 이 나라 경제가 제 모습으로 돌아갈 수 있을 것으로 보인다."라고 했던 말로 당시 암담한 상황을 짐작할 수 있다.

〈1950년 서울 중앙청 / 한강철교〉

2) 한강의 기적

전쟁으로 폐허가 된 한국이 불과 30년 만에 경제대국으로 성장하게 된 놀라운 경제발전을 '한강의 기적' 이라고 한다.

한국은 전쟁 후 자생적인 경제발전을 할 수 없는 지경이었고, 외국의 원조에 의존하여 경제가 유지되었다. 자생적인 경제활동이 시작하게 된 결정적인 계기는 외국의 원조 형식이 완제품 원조에서 원재료(면, 쌀, 시멘트 등)를 원조 받는 것으로 바뀌면서였다. 국내에서 원조 받은 원재료를 가공하여 판매하는 사업의 자본이 축적되고, 축적된 자본으로 생산시설에 투자하면서부터 경제 발전이 시작되었다. 본격적인 경제 발전을 시작된 것은 1962년 제 1차 경제개발 5개년 계획으로 시작되었다.

경공업	초기 설비 투자 자금 부족 / 노동집약 산업에 집중

중화학공업	막대한 설비투자 발생 / 외국으로 투자금 차입 / 고도의 국가 성장률 달성

첨단 IT산업	고부가 가치산업에 집중 / 정부 보조금 등 IT산업육성 / 인터넷 및 IT산업 세계 강대국 도약

한국은 2014년 기준 경제규모 세계 11위를 차지할 정도로 경제대국으로 성장하게 되었다. 그 성장 동력은 단연 수출 제조업이 큰 역할을 하였다. 한국의 수출은 2014년 기준 세계 5위의 규모를 차지하고 있다.

3) 한국 경제의 발전 요인

① 교육 중시

- 전쟁 후 의무교육법 실질적으로 실시
- 자원과 자본이 부족한 현실에서 인적자원의 중요성 공감
- 사회 전반적으로 교육을 장려하고 존경하는 분위기

② 국민들의 경제 발전 의지

〈서독 광부파견, 새마을운동〉

- 1967년 서독에 광부, 간호사를 파견해 국내 외화 송금
- 1970년부터 시작된 전 국민 새마을운동
- 경제개발 5개년 계획(1차 ~ 5차)

〈참고〉 경제개발 5개년계획

구분	제1차 경제개발 5개년 계획 (1962~1966)	제2차 경제개발 5개년 계획 (1967~1971)	제3차 경제개발 5개년 계획 (1972~1976)	제4차 경제개발 5개년 계획 (1977~1981)	제5차 경제개발 5개년 계획 (1982~1986)
주요사업	• 에너지원 확충 (전력,석탄) • 기간산업 확충 • 사회간접자본	• 식량자급자족 과 산림녹화 • 공업화 추진 • 과학기술 진흥	• 경제자립 • 중화학 공장 건설	• 자력성장구조 확립 • 기술혁신	• 물가안정 • 개방화 • 시장경쟁 활성화
비고	• 베트남 파병 • 고속도로 건설 • 발전소건설	• 공업단지 건설	• 1973년 1차 오일쇼크 • 중동에 건설 근로자 파견	• 1977년 100억달 러 수출달성 • 1979년 2차 오일쇼크	• 획기적 물가안정 • 1986년부터 3저 호황으로 경상 수지 흑자

국민경제발전을 목적으로 5년 단위로 계획되어 추진되었던 경제계획이다. 외국자본의 적극적 도입을 통한 공업화가 〈자립경제〉와 〈조국근대화〉로 귀결된다는 서구 근대화론에 바탕을 두고, 정부 주도 하에 외자도입 및 수출, 저임금·저곡가 정책에 의존하여 추진되었다. 5·16 직후 군사정부가 민주당정권이 짜놓았던 경제개발 5개년 계획을 토대로 1961년 7월 종합 경제재건 5개년 계획을 발표한 데 이어, 62년 1월 제1차 경제개발 5개년 계획의 청사진을 제시함으로써 시작되었다. 경제개발계획이 추진됨에 따라 〈한강의 기적〉이라는 신조어가 만들어질 정도로 우리 경제는 고도성장을 이룩했으나, 경제의 대외의존이 심화되고 빈부격차 등의 사회모순이 격화되는 부작용을 낳기도 했다.

③ 수출지향적인 경제구조

a. 정부는 기업이 수출입을 원활하게 할 수 있도록 최대한 지원하였다.
  – 금융지원정책 : 수출금융(수출입은행)
  – 관세지원정책 : 수출용 원자재 수입에 대한 관세면제/환급 등
  – 조세지원정책 : 수출 물품세 면제 등

b. 수출 제조업 위주의 대기업 육성
  – 수출주도형 경제성장 정책에 의한 관리와 지원 아래 고도의 성장
  – 시대별 주력 수출업종

※ 10대 수출상품 추이

(단위 : %)

구분 단위	1975년		1985년		1995년		1997년	
	품목	구성비	품목	구성비	품목	구성비	품목	구성비
1	섬유류	36.2	섬유류	23.1	반도체	17.7	반도체	12.8
2	전자제품	8.9	선박	16.6	자동차	6.7	자동차	7.8
3	철강제품	4.6	전자제품	14.1	석유화학 제품	4.6	석유화학 제품	5.0
4	합판	4.1	철강제품	8.5	선박	4.4	선박	4.8
5	신발류	3.8	신발류	5.2	인조장 섬유직물	4.3	금속제품	3.6
6	원양어류	3.6	유류	3.0	의류	3.8	컴퓨터	4.7
7	선박	2.7	자동차 · 부품	2.5	컴퓨터	3.5	인조장 섬유직물	4.3
8	금속제품	2.4	합성수지	2.4	철강판	3.0	철강판	2.9

9	석유제품	1.9	전기기기	2.0	영상기기	2.7	의류	2.9
10	합성수지 제품	1.7	금속제품	1.8	건설기계	2.0	전자제품	1.9
소계		69.9		79.4		52.7		50.7

중소기업보다는 재벌기업이 주류인 대기업을 축으로 하는 기업경제구조를 세웠으며, 천연 자원이 부족하기 때문에 가공무역을 핵심으로 삼은 수출주도형 경제성장정책을 도입하였다.

세계 규모 12위 및 대한민국 최대 그룹인 삼성그룹을 비롯하여 1983년부터 세계 조선 1위를 지켜오고 있는 현대, 백색가전 세계 1위인 LG, 세계 철강 4위인 포스코 등 전 세계 500대 기업 중 17개 기업이 대한민국 대기업이 차지하고 있다.

4) 한국경기순환의 특징

① 전 기간 가장 큰 요인은 건설투자이다.

〈80년대 초중반의 명일동 일대〉

사회자본건설이나 대량의 주택공급은 대규모 자금이 투입된다. 따라서 건설투자가 진행되면 고용창출 효과 뿐만 아니라 부동산 가격 상승 및 건설 자재의 수요 증대로 경기가 진작된다.

따라서 사회 전반적으로 자금의 순환이 좋아져 경기가 진작된다. 특히 1980년대의 대규모 신도시 건설과 해외 건설수주로 인하여 국내의 경기가 오랜 기간 동안 호경기가 이어졌다.

② 해외경기의 영향이 크다.

제조업 위주의 산업 구조 : 정부의 수출지향적 정책과 제조업 위주의 산업구조로 인하여 무역상대국의 경기가 국내경기에 큰 영향을 끼쳤다. 과거에는 미국 경기에 영향을 가장 크게 받았지만, 현재에는 중국과 유럽의 경기도 큰 영향을 받는다.

③ 확장기간이 수축기간보다 더 길다.

한국경제는 고성장을 지속한 국가이다. 특히 1970년대부터 1997년 IMF외환위기 전까지는 연평균 10% 내외의 경제성장률을 지속하며 급성장하였다. 따라서 한국 경기는 호경기가 불경기에 비해서 기간도 길고 폭도 더 크다는 특징이 있다.

④ 원자재 가격변동의 영향이 크다.

한국은 상대적으로 자원이 부족한 나라임에도 불구하고, 중화학공업 주력 산업 정책으로 인하여 해당 산업에 쓰이는 원자재 대부분을 수입에 의존하였다. 그로 인하여 원자재 가격변동이 해당 기업 뿐만 아니라 국내경기 전반적으로 큰 영향을 끼쳤다.

2. 시대별 한국 경기의 특징

1) 경제 발전 국가 목표 설정

1960년 4.19혁명 이후 정치적 갈등 양상을 틈타 군사정변을 일으킨 세력은 최우선 과제로 민생의 경제안정을 내세우며 정권 타당성을 인정받으려 했다.

그에 따라 국가 재건 최고 회의를 통해 국민을 굶기지 않겠다고 약속했다. 경제 발전을 위해 경제기획원을 설립하여 경제를 위해 초월적인 권한을 부여하였다. 국가 제 1의 숙제로 경제 발전을 선정하였고 구체적인 계획인 경제개발 5개년 계획을 1962년부터 시행하였다.

① 경공업 수출전략산업

경공업 중심의 1, 2차 경제 개발 5개년 계획 등을 추진하여 경제를 발전시켰고, 수출 산업을 육성하여 사회간접 자본을 확충했다.

▶ **국가 주도 최초의 공단 : 구로공단(1964년)**

당시 경부선과 경인선이 지나며 수도권 전철과 경인고속도로에서 모두 1km 이내에 접근성이 뛰어난 위치의 구로 일대에 최초의 공업단지가 건설되었다. 자본과 기술이 전무했기 때문에 경공업 산업에 집중하였다.

② 해외 자본 차입

한국이 경제발전을 하기 위해서는 도로, 항만 등 설비투자가 급선무였다. 투자를 위해서는 외화가 필요하였지만 당시 한국은 담보를 내세워 돈을 빌려올 수가 없었다.

광부 파견은 한독 양국의 이해관계가 맞아 떨어진 결과였다. 당시 서독은 전후의 급속한 경제발전으로 근무 여건이 열악한 광산 일을 하겠다는 사람이 없는 상황이었고, 또한 힘든 일을 하는 간호사도 독일 내에서 꺼리는 직종이었다. 당시 일자리가 부족한 한국으로서는 마다할 일이 아니었다.

광부들은 지하 1,000m의 막장에서 힘든 노동에 시달렸으며, 간호사들도 처음에는 시체를 닦는 일 등 병원의 힘든 일을 도맡았다. 이들의 월급은 한국에 송금되어 가족의 생계비와 학비로 쓰였다. 국가적으로는 이들의 '외화벌이'가 자본 부족에 허덕이던 한국의 경제 성장에 크게 기여하였다.

파독 광원과 간호사의 수입은 1970년대 한국 경제성장의 '종자돈' 역할을 했다. 광부와 간호사들의 파독 계약조건은 '3년간 한국으로 돌아올 수 없고 적금과 함께 한달 봉급의 일정액은 반드시 송금해야 한다'는 것이었다. 1963년부터 1977년까지 독일로 건너간 광부는 모두 7,932명이었다. 이들은 독일의 탄광에서 일을 하고 연금과 생활비를 제외한 월급의 70~90%를 고스란히 조국에 있는 가족에게 송금했다. 이들이 한국으로 송금한 돈은 연간 5,000만 달러로 한 때 한국 GNP의 2%에 이르렀다. 또한 서독 정부는 이들이 제공할 3년 치 노동력과 그에 따라 확보하게 될 노임을 담보로 1억 5,000만 마르크의 상업차관을 한국 정부에 제공했다.

2) 한국의 기준 순환일 (출처 : 통계청)

① 경기순환 주기별 기간

(단위 : 개월)

구분	저점	정점	저점	확장기간	수축기간	전순환시간
제 1 순환	1972.3	1974.2	1975.6	23	16	39
제 2 순환	1975.6	1979.2	1980.9	44	19	63
제 3 순환	1980.9	1984.2	1985.9	41	19	60
제 4 순환	1985.9	1988.1	1989.7	28	18	46
제 5 순환	1989.7	1992.1	1993.1	30	12	42
제 6 순환	1993.1	1996.3	1998.8	38	29	67
제 7 순환	1998.8	2000.8	2001.7	24	11	35
제 8 순환	2001.7	2002.12	2005.4	17	28	45
제 9 순환	2005.4	2008.1	2009.2	33	13	46
제 10순환	2009.2	2011.8	–	30	–	–
평균순환	–	–	–	31	18	49

② 경기순환국면별 경제동향

구 분	순환국면	경제동향
제1순환 (1972. 3 ~ 1975. 6)	확장기 (1972. 3 ~ 1974. 2)	• 정부의 강력한 수출지향정책, 세계경기 회복에 따라 견실한 성장 • 사채동결 및 금리인하정책(8.3조치)
	수축기 (1974. 2 ~ 1975. 6)	• 제1차 석유파동에 의한 물가 급등으로 경기 위축 • 정부의 중화학공업 육성 시책으로 수축심도는 미약
제2순환 (1975. 6 ~ 1980. 9)	확장기 (1975. 6 ~ 1979. 2)	• 중동건설 특수, 중화학공업지향 산업구조정비, 부동산 경기 과열로 경기 활성화
	수축기 (1979. 2 ~ 1980. 9)	• 제2차 석유파동, 10.26, 5.17 등 정치 · 사회적 혼란으로 민간소비 및 설비투자 크게 위축 • GDP, 제조업 생산 등 주요 경제지표가 대부분 최저치 기록
제3순환 (1980. 9 ~ 1985. 9)	확장기 (1980. 9 ~ 1984. 2)	• 물가안정 시책, 세계경기회복으로 제조업 생산 및 수출 증가 • 설비투자 및 민간소비의 소폭증가로 미미한 경기 회복세
	수축기 (1984. 2 ~ 1985. 9)	• 무리한 투자확대 지양, 부동산 투기억제 시책으로 국내경기 위축 • 주요국의 보호무역 강화로 수출증가세 둔화
제4순환 (1985. 9 ~ 1989. 7)	확장기 (1985. 9 ~ 1988. 1)	• 3저 현상(저유가, 저금리, 달러약세)으로 대내외 경제여건 호전 • 주식시장 활황과 함께 국내수요도 활기를 띠면서 10~12%의 GDP 성장률 달성
	수축기 (1988. 1 ~ 1989. 7)	• 노사분규 격화, 부동산 가격 및 임금의 상승 등 경제여건 악화로 경기 부진 • 민간소비, 설비투자, 건설투자 등은 계속 증가세를 보여 수축심도는 약해짐
제5순환 (1989. 7 ~ 1993. 1)	확장기 (1989. 7 ~ 1992. 1)	• 신도시 건설계획, 중화학 공업 부문의 대규모 설비투자 등 내수부문 주도하에 경기회복 • 부동산 가격 상승 등으로 자산효과가 창출되어 민간의 소비수요 증대
	수축기 (1992. 1 ~ 1993. 1)	• 과열된 건설경기가 진정되고 소비가 둔화되면서 경기급속 위축 • 미 · 일 등 선진국 경제의 침체가 장기화되면서 수출부진 지속

구 분	순환국면	경제동향
제6순환 (1993. 1 ~ 1998. 8)	확장기 (1993. 1 ~ 1996. 3)	• 엔화강세로 인한 수출가격 경쟁력 회복 등으로 전기전자 제품 중심의 수출이 증가해 경기상승 주도 • 자본자유화로 외국자본차입을 통한 대규모 설비투자 확대
	수축기 (1996. 3 ~ 1998. 8)	• 원화강세로 인한 수출가격 경쟁력 약화와 주력제품의 세계적인 공급과잉으로 수출 부진 • 대형투자로 인한 외채급증, 대기업도산 속출 및 동남아국가들의 외환위기 한국전이로 외환위기 발생
제7순환 (1998. 8 ~ 2001. 7)	확장기 (1998. 8 ~ 2000. 8)	• 세계경제의 디지털 붐에 힘입어 IT 관련 제품 중심으로 수출이 확대되고 투자도 증가해 경기회복 • 외환위기의 심리적 공황상태가 진정되면서 소비도 회복
	수축기 (2000. 8 ~ 2001. 7)	• 세계 IT 경기 침체로 인한 해외수요의 감소로 IT 제품의 수출이 부진하여 경기 수축 • 설비투자의 급격한 위축과 소비 둔화도 경기 수축에 기여
제8순환 (2001. 7 ~ 2005. 4)	확장기 (2001. 7 ~ 2002.12)	• 가계대출 확대 등 내수경기부양책으로 소비가 증가하여 경기회복 • '02년 하반기에는 내수 증가세가 다소 둔화되었지만 수출의 회복으로 경기상승이 지속
	수축기 (2002. 12 ~ 2005. 4)	• '03년은 소비와 투자의 침체, 신용 및 투신사 유동성 위기 등으로 경제성장 둔화 • '04년 수출호조에도 불구하고 소비·투자 등의 내수부문이 계속 부진하여 경기회복이 지연
제9순환 (2005. 4 ~ 2009. 2)	확장기 (2005. 4 ~ 2008. 1)	• 민간소비 등의 내수가 침체에서 벗어나 수출호조와 함께 완만한 경기회복 • '07년에는 미국발 서브프라임 사태에도 불구하고 수출상승이 지속되었으며 소비·설비투자도 호조
	수축기 (2008. 1 ~ 2009. 2)	• '08년 상반기는 수출은 호조가 지속되었으나, 유가급등 등으로 인해 내수부문에서 경기둔화 가시화 • 글로벌 금융위기 발생에 따른 세계 경기침체 여파로 '08년 4/4분기 이후 수출, 내수 모두 급락
제10순환 (2009. 2~)	확장기 (2009. 2 ~ 2011. 8)	• 정책당국의 경기부양책 등으로 '09년 2/4분기부터 내수를 중심으로 경기가 빠르게 회복되기 시작하였고 '09년 하반기 이후에는 수출도 상승세

③ 경기순환국면 도표

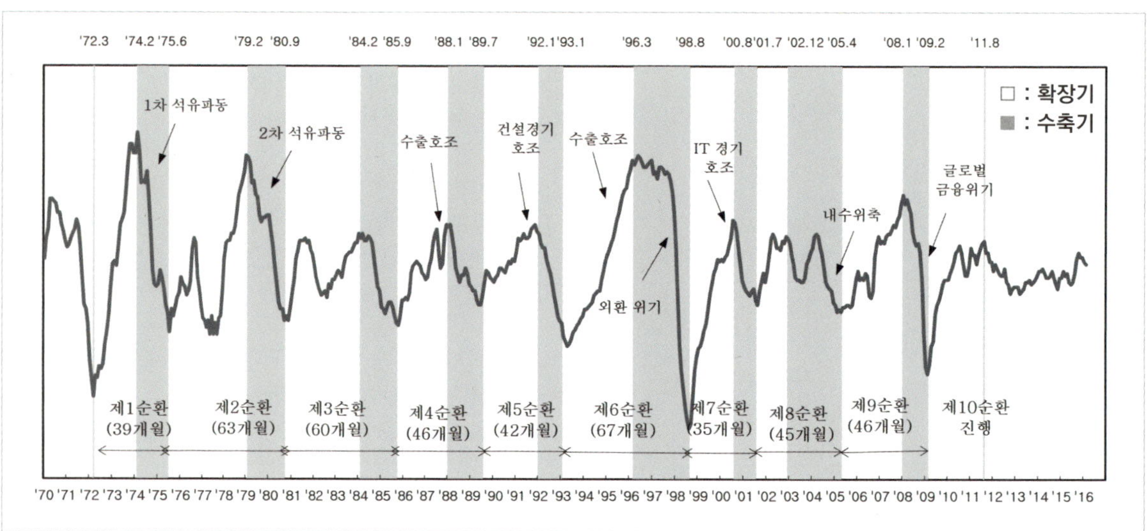

3) 1970년대 경기순환 특징(제 1, 2 순환기)

- 1973년 1차 석유 파동으로 인해 1974년 2월을 정점으로 수축
- 1975년 수출활성화를 위해 금리인하로 회복 국면(해외특수로 장기간 호황)
- 70년대 말 과열경기 완화로 금리인상과 2차 석유 파동으로 경기냉각

● 석유파동

a. 1차 석유파동

1973년 10월 중동전쟁 발발 이후 페르시아만의 6개 산유국들이 가격인상과 감산에 돌입하였다. 당시 배럴당 2.9달러였던 원유(두바이유)가격은 전쟁 발발 직후 4달러에서 1974년 1월에는 11.6달러까지 3개월 만에 4배나 폭등하였다. 당시 한국의 환율도 21.9%가 올라 금융시장에 큰 혼란을 야기하였다.

원자재가격 상승으로 인하여 물가가 급등함에 따라 소비수요가 감소하여 마이너스 성장이 겹치는 전형적인 스태그플레이션을 겪었다.

b. 2차 석유파동

1978년 12월 이슬람혁명을 일으킨 이란은 전면적인 석유수출 중단에 나섰고 배럴당 13달러대였던 유가는 20달러를 돌파했다. 1980년 9월 이란-이라크 전쟁으로 30달러 벽이 깨졌고, 사우디아라비아가 석유 무기화를 천명한 1981년 1월 두바이유는 39달러의 정점에 도달했다.

선진국들의 충격은 1차 파동 때보다 적었지만, 한국경제는 오히려 반대였다. 대내적으로 10 · 26 사건과 1980년 정치혼란이 겹치면서 1980년의 실질성장률은 경제개발 이후 처음으로 마이너스(−2.1%)를 기록했다. 물가상승률은 무려 28.7%에 달했고 실업률도 5%를 넘어섰다. 1981년 성장률이 6%대로 높아졌지만 전년 하락폭의 영향이었고, 물가는 여전히 20%를 웃돌았다.
2차 석유파동 때는 6개월 만에 국제유가가 2.3배 올랐고, 한국 환율이 36.5% 상승했다. 경제성장률은 마이너스 성장이 되었다.

4) 1980년대 경기순환 특징(제 3, 4 순환기)

> ▶ **88서울올림픽**
>
> − 1981년 금리인하, 기업자금 공급확대 하였으나 세계경기 침체로 83년에 들어서야 경기 회복
> − 1984년 정부의 물가상승억제를 위한 긴축재정정책으로 경기 위축
> − 80년대 중반에는 3저 현상(석유, 금리, 달러)으로 호황기
> − 1988년 원화절상과 노사분규로 국제경쟁력 악화에 따른 수출둔화로 인한 수축국면

● 제 4 순환기의 특징(1985.9 ~ 1988.1)

제 4 순환기의 가장 큰 특징은 3저 현상(저유가, 저금리, 저달러)으로 대내외 경제여건이 호전되었다는 점이다. 그로 인하여 국민의 소득수준이 급속히 증가하였고 중산층의 수가 늘어났다.

a. 주식시장 호황기

〈 제4순환 확장기 〉

기업의 실적이 호전되어 주가는 급속도로 상승하였고 제 4 순환 확장기 동안 주가는 5배 상승하며 주식으로 인해 투자자의 높은 수익이 발생하였다. 문제는 경기가 정점을 찍고 수축기에 접어들었지만 주가는 계속 급등양상을 보이고 있다는 점에 있었다.

b. 89년 대폭락 장

1,015(89.4.15) → 559(90.9.21) → 456(92.8.21)

제 4 순환기의 경기 정점을 지나고도 1년이 넘게 주가는 급등양상을 보였다. 올림픽의 성공적인 개최와 증시에 유입되는 신규 투자자의 급증이 군중심리와 함께 버블로 형성되었다.

1989년 4월 1일 1,007포인트를 찍고 나서 국내증시는 하락세로 전환되었다. 수차례에 걸친 정부의 증시 부양책에도 불구하고 반등을 하지 못했고, 급기야 1992년 8월에는 최저점인 456포인트까지 반토막 이하로 떨어졌다.

c. 주가 대폭락의 원인

– 거품의 소멸

주식투자에서 주가가 단기에 지나치게 급등하는 것보다 더 큰 악재는 없다. 주식시장의 역사를 돌이켜 볼 때 지나친 버블은 예외 없이 오래가지 못하고 폭락으로 이어졌다.

특히 기업의 가치와 무관하게 거래가 많았던 금융, 건설, 무역 업종은 주로 투기적인 거래로 주가가 상승하였고 고스란히 개인투자자의 피해로 돌아갔다.

– 경상수지 적자

제 4 순환기의 호경기에 가장 큰 역할을 한 3저(석유, 금리, 달러)의 효과가 미미해졌고, 그로 인하여 경상수지가 적자로 전환되었다. 세계경제가 불황으로 접어들고 국내경기도 나빠지고 있음에도 불구하고 임금 인상과 부동산가격의 상승으로 국내 물가가 오르기만 한 결과, 기업의 실적악화로 이어졌다.

– 주식 과잉공급

공급물량이 많아져 수급 균형이 무너졌다. 유상증자와 기업공개로 인한 주식 공급물량은 1986년 1조, 1987년 2조, 1988년 7조였으나, 1989년에는 14조 원에 이르러 너무 과다하게 공급되었다. 1988년 당시 시가총액이 64조인 점을 고려할 때 증시공급 물량이 엄청난 것을 확인할 수 있다.

과도한 유무상증자 물량은 주가 하락 시기에 매도물량으로 주가 폭락을 부추기는 역할을 하였다.

5) 1990년대 경기순환 특징(제 5, 6, 7 순환기)

건설경기 호황과 그에 따른 물가상승으로 인한 침체기

- 1989년 신도시 개발과 통화정책 확대로 경기회복
- 1991년 건설경기과열로 인한 부작용으로 국제수지 악화 부작용
- 1992년 정부규제로 수축국면에 진입
- 1993년 1월부터 건설투자회복으로 회복
- 1997년 말 외환위기로 순환기 중 가장 큰 침체기
- 1998년 하반기부터 경기회복의 청신호로 회복세

6) 2000년대 경기순환 특징(제 8, 9 순환기)

- 2000년 하반기부터 세계 IT 경기 침체와 수출 부진으로 수축국면
- 2001년부터 내부부양책으로 가계대출 확대, 이로 인한 경기 회복
- 2003년 신용카드사 유동성 위기로 경기 둔화
- 2005년 수출호조와 내수진작으로 07년 미국신용위기 여파까지 지속
- 2009년 글로벌 금융위기 이후 경기 경기부양책으로 경기회복(제 10 순환기)

3. 1997년 외환위기(IMF 경제위기)

1) 개요

현대 한국경제 구조를 두 부분으로 나눈다면 IMF 외환위기 전과 후로 나눌 수 있다. 그 정도로 한국 경제 구조 변화에 크게 영향을 끼친 사건이므로 당시의 교훈과 한국경제를 파악하기 위해서는 IMF 의 원인과 처방에 대해서 자세히 알고 있어야 한다.

구제금융 기간은 1997년 12월 3일 ~ 2001년 8월 23일로 지원금을 비교적 조기에 상환하였고, 한국 경제는 정상화되었다. 2001년 당시 외환보유고 1,000억 달러 선을 돌파하였다.

2) 대내적 원인

① 정경유착으로 인한 부정대출

a. 한보와 기아차의 불법 은행대출을 정부와 여당이 용인
b. 김현철(당시 대통령의 아들)씨는 한보철강으로부터 막대한 뇌물을 받음
c. 한보와 기아 두 기업의 부실채권 5조 원, 10조 원이 각각 발생
d. 국가신인도 하락에 큰 영향

▶ 한보 사태(1997년 1월 23일 도산)

1997년 1월 한국의 재계 서열 14위이던 한보그룹의 부도가 발생하는 과정에서 권력형 금융 부정과 특혜 대출 비리가 드러났다. 부실 대출의 규모가 약 5조 7,000억 원에 달하는 엄청난 액수로 인하여 주거래 은행인 제일은행은 큰 타격을 입는다. 이 사건이 전 국민적인 관심을 모은 것은 정태수(鄭泰 守), 당시 한보그룹 총회장이라는 한 기업인과 관련하여 천문학적 금액을 대출하는 과정에서 정계와 관계, 금융계의 수뇌부가 서로 유착하면서 엄청난 부정과 비리가 행해졌기 때문이다.

한보그룹은 1990년부터 5조 원 규모의 당진제철소 프로젝트를 추진하였다. 정부의 검증없이 건설부 가 부지매립 허가를 9개월 만에 내주었다.

계획 당시에는 2조 원으로 책정했던 제철소의 투자비는 정부의 검증 없이 한보의 주장을 받아들이면서 2년 만에 5조 7,000억 원으로 늘어났다. 늘어난 투자비만큼 대출도 늘어나게 된 것이다. 한보는 이 와중에도 18개의 회사를 인수하거나 설립하는 등 계속해서 사업을 확대하고 있었다.

결국 은행들은 한보철강에 거액을 물릴 수밖에 없었다. 당시 금융계는 사업의 타당성에 대한 상세한 검토도 없이 외압에 따라 대출을 결정하였다고 주장하였고, 실제로도 3개의 시중은행이 사업에 대한 타당성을 검토하지 않은 것으로 드러났다.

부도 당시 한보의 자산은 5조 원인데 반하여 부채는 6조 6천억 원이었다. 정경유착과 관치금융이 드러남에 따라 한국 기업과 경제에 대한 이미지는 큰 타격을 받게 된다.

▶ 기아 사태(1997년 7월 15일 부도유예)

1996년 말 자산기준 재계 8위의 대기업인 기아그룹은 무리한 사세확장과 과잉투자로 인하여 1997년 경영여건이 급격히 악화되면서 기아그룹의 28개 계열사가 부도를 낸다. 경영여건이 악화된 요인으로는 기아 특수강의 무리한 시설투자로 인한 적자를 꼽을 수 있다(그룹 전체의 70% 적자). 자금난에 시달리던 종금사의 대출금 회수로 인해 엎친 데 덮친 격으로 유동성 위기까지 야기시켰다. 기아그룹의 법정관리로 인하여 5천여 개 협력업체가 어음할인을 받지 못해 도산 위기에 처했고 한국경제 전반에 악영향을 끼쳤다.

② 종합금융회사(종금사)의 업무행태

종금사는 종합적인 금융업무를 취급하는 곳으로 외자도입 및 해외투자 국제 금융 등 모든 금융업무처리를 하는 금융기관이다. 종금사의 부실로 인하여 금융 외환위기를 발생시키는 도화선과 같은 역할을 하였다. 비교적 자율적이고 상업성에 입각한 사업을 하였기 때문에 위험에 대한 관리가 부족하였다.

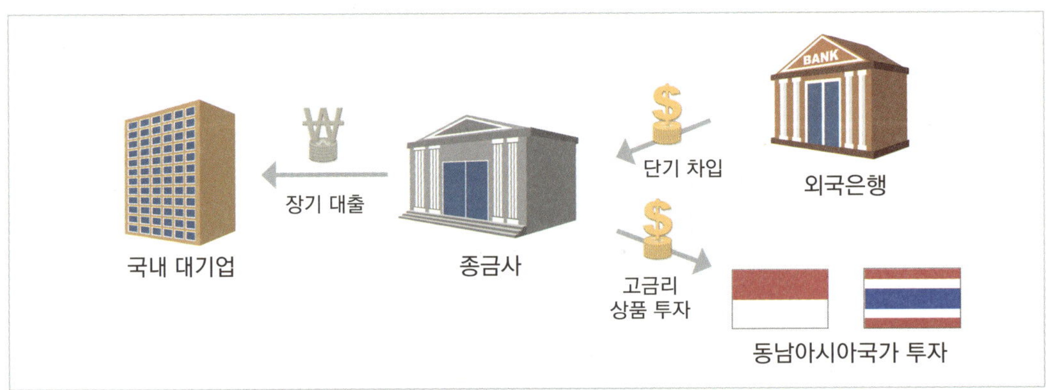

a. 국제업무 부문에 유동성 위험을 무시(단기 외화차입/장기 대출)
b. 유동성이 낮은 고위험, 고수익의 개도국 채권에 투자
c. 1997년말 30개의 종금사는 외환위기 이후 구조조정이 진행된 결과 22개사 인가취소, 7개사 피합병, 1개사가 신설되었다.

3) 대외적인 요인

동아시아 금융위기 발생 (태국, 말레이시아, 인도네시아, 한국)

〈1997년 아시아 외환 위기 확산도〉

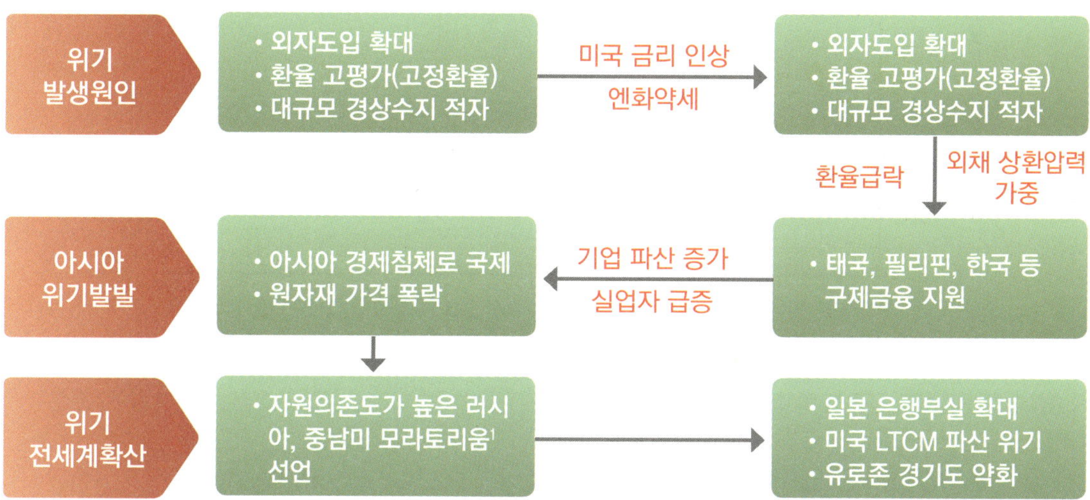

동아시아 국가는 금융위기 발생 이전 30년 간 높은 경제성장을 유지하였으나, 1996년 주력 수출국의 유례 없는 경제 침체로 인하여 수출에 큰 타격을 받았다.

동아시아 국가 중에서 태국의 경상수지 적자규모가 증가하였다. 그로 인하여 1996년 말부터 바트화의 가치가 급락하였고 연쇄적으로 동남아시아 국가들은 통화가치가 30% ~ 40% 평가절하로 이어져 신용경색을 불러일으켰다. 이러한 신용불안은 국제자본의 회수 움직임으로 아시아 국가들은 단기외채시장에서의 차입연장 등에 어려움을 겪었다. 결국 각국 정부는 국제통화기금으로부터 구제금융을 받고, 강도 높은 금융개혁을 요구 받았다. 금융시장의 불안은 실물경제의 위축으로 이어졌으며, 이러한 위기는 1997년에 들어서야 진정국면을 맞게 되었다.

---

1 모라토리움 : 한 국가가 경제 · 정치적인 이유로 외국에서 빌려온 차관에 대해 일시적으로 상환을 연기하는 것을 말한다.

4) 한국 외환보유고 고갈

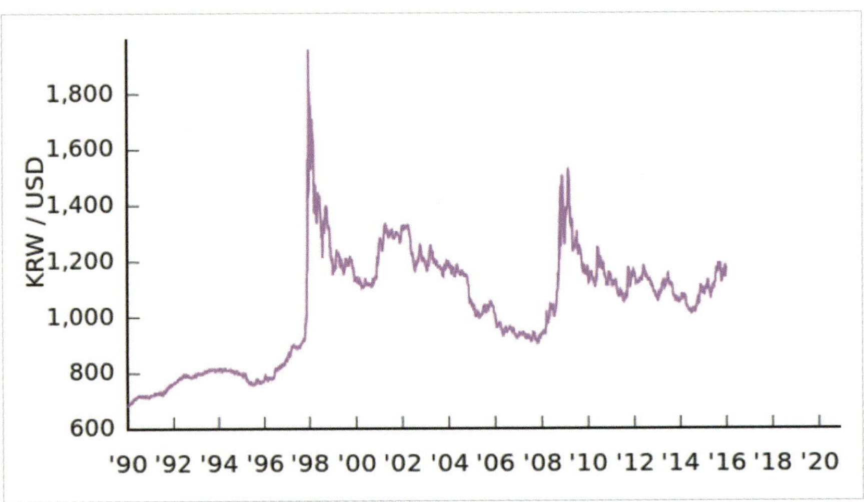

1997년 8월부터 동남아 국가들의 화폐 폭락으로 인하여 원 달러 환율이 상승했고 9월 29일 1일 상한선까지 개장 40분만에 돌파하였다.

10월 23일 홍콩증시 폭락으로 인하여 한국 증시에 대한 외국인 투자자의 불신이 커지고 있었고, 다음날 24일 한국 신용등급을 하향 조정하였다. 정부의 지속적인 환율방어에도 환율은 연일 치솟고 외환보유고는 점점 말라갔다.

11월 이후에는 자력에 의한 환율 대응력을 상실하였음에도 불구하고 환율방어에 대한 집착으로 외환보유액을 낭비하였고, 대다수 금융기관들이 대외 채무이행 불능상태에 빠졌다. 11월 5일 불룸버그 "한국 가용 외환 보유고 20억 달러"라고 보도하자 11월 10일 환율 사상 처음으로 1,000원을 돌파하였다. 11월 18일 한국은행은 정부에 IMF 구제금융 요청을 촉구하였고, 12월 3일, 대한민국은 IMF 구제금융 합의서에 서명하였다.

5) 외환위기 전후 주식 차트

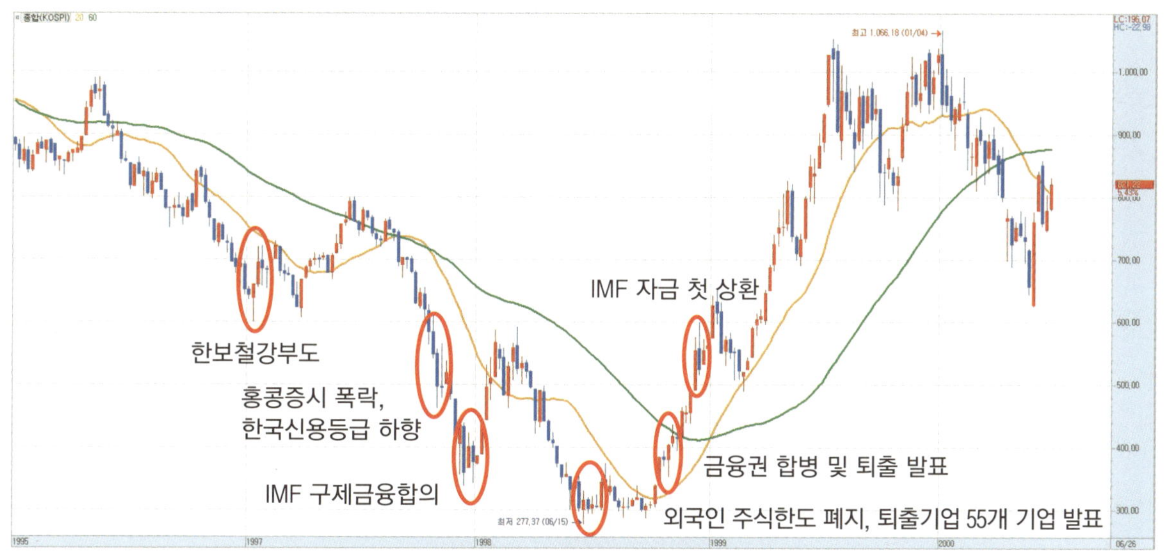

〈외환위기 당시 종합주가지수〉

6) IMF 프로그램

① 지원금

IMF 210억 달러, 세계은행 100억 달러, 아시아 개발은행 40억 달러로 총 350억 달러를 지원받고 필요하다면 추가적으로 선진 7개국(미국, 일본, 독일, 영국, 프랑스, 캐나다)으로부터 200억 달러를 지원받기로 하였다. 합의 조건으로 한국 정부는 거시경제 목표, 통화 및 환율정책, 재정정책, 금융부문 구조조정, 기타 구조개혁을 하기로 IMF와 약속하였다.

② IMF 합의 의향서 주요내용

a. 거시경제 목표

- 경제성장률 6%에서 3%로 절반으로 감축
- 물가안정에 주력

b. 재정통화 정책

- 재정 긴축 운용
- 세출예산 축소
- 변동환율제 유지

c. 자본시장 개방

- 외국인 주식취득한도 및 투자한도 철폐
- 외국금융기관의 국내회사 설립 허용
- 상업차관 도입 자유화

d. 노동시장 개혁

- 노동시장 유연성 제고
- 정리해고에 대한 법률안 개정

e. 금융 개혁

- 금감위가 산업은행, 수출입은행, 기업은행에 대한 건전성 검사 및 감독을 실시
- 일반은행과 특수은행에 건전성 감독 관련 규정 제시

f. 무역자유화

- WTO협정 일정에 따라 무역보조금 폐지

g. 기업구조조정

- 국내 M&A 자유화
- 기업의 투명성 제고
- 재벌의 기업구조조정 및 과다부채 해소

시장분위기에 도취되지 마라

주식시장에도 분위기가 있다. 낙관적이거나 비관적인 분위기, 관망하는 분위기 등이 그것이다. 본격언은 주식투자자들에게 이러한 일시적인 분위기에 일희일비해서는 안 되고, 시장의 큰 흐름에 순응하는 태도가 필요함을 시사하고 있다.

주식시장은 단숨에 오를 것처럼 장밋빛 전망이 쏟아져 나오다가도 급락한다. 오르기 힘들 것 같았는데 급등하기도 한다. 특히 개인 투자자들이 시장분위기에 도취되어 뒷북치는 경우는 종종 목격되곤 한다. 이러한 시장 분위기는 합리적이지 않은 심리적 요소나 단면적인 투자 판단에 좌우되어 수시로 바뀌는 성질을 갖고 있으므로 반드시 경계해야 한다.

시장분위기를 거스르거나 싸우라는 것이 아니다. 대세에 순응하되, 한 발짝 장 분위기에서 벗어나서 객관적이고 냉정한 시각으로 시장흐름을 분석하는 자세가 필요하다는 뜻이다. 이러한 자세만이 정확한 투자판단에 의한 성공 확률을 높일 수 있는 길이다.

만화로 보는 **투자격언**

증시 연일 가파른 상승세 유지
요새 증시 분위기가 정말 좋아.
응.. 그렇긴 하지.

분위기 좋을 때 많이 사둬야지.
그래도 너무 무리하진 말아.

무슨 소리. 좋을 때 많이 사야 많이 먹지!
글쎄 그럴까?

2주 뒤
아악, 미치겠다. 주가가 폭락했어.
그러게. 많이 빠졌네.

모두 난리인데, 어떻게 너만 담담한 거야?
난 지난주에 다 팔았어.
시장 분위기에 도취되지 마라.

대세를 따르되 시장 분위기에서 한발 물러서서 냉정하게 분석하는 자세가 필요하다고.
올라 간다!
분석

특히 우리 같은 개미들은 시장 분위기에 취해서 뒷북치기 십상이라 늘 조심해야 해.
야~ 오른다
좋다!
으악

그 말이 맞네. 분위기 따라가다 손해만 났네.
분위기 보다는 투자 판단을 잘하는 것이 더 중요하다고.

Ⅴ. 기술적분석

1. 캔들차트분석

1) 각각의 캔들에도 중요한 정보가 있다.

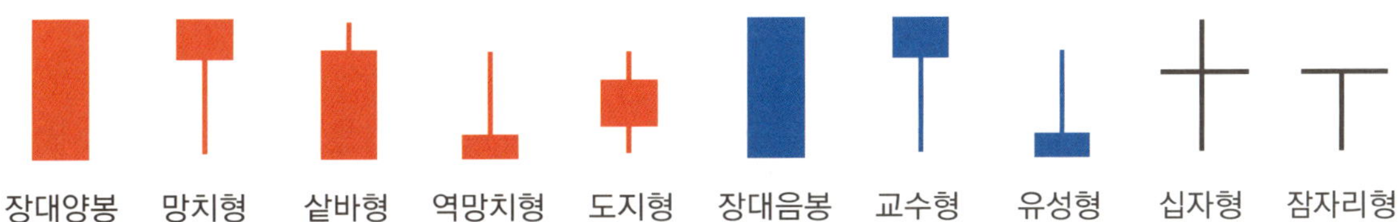

캔들의 모양으로 주가예측이 어느 정도 가능하며 바닥과 천장을 발견하는 데 유용하다.
반전 또는 지속 신호를 찾는데 많이 쓰이며, 투자자 본인이 차트 연구를 통해 발전 시킬 수 있다.

2) 한 개의 캔들차트

① 우산형

추세의 천장권이나 바닥권에서 아래로 달린 꼬리가 몸체의 두 배 이상 되는 모양의 캔들차트가 나타나면 추세전환의 신호로 본다.

망치형	망치형의 경우 주가가 하락하지 않고 상승추세로 돌아설 가능성이 많다. 음봉보다 양봉일 때 신뢰도가 높다.
교수형	교수형의 경우 과도한 매수상태로 향후 하락추세로 발전할 가능성이 많다. 양봉보다 음봉일 때 신뢰도가 높다.

② 샅바형

샅바형은 우산형과 비슷하게 볼 수도 있지만, 우산형보다 전환 신뢰도가 떨어진다.

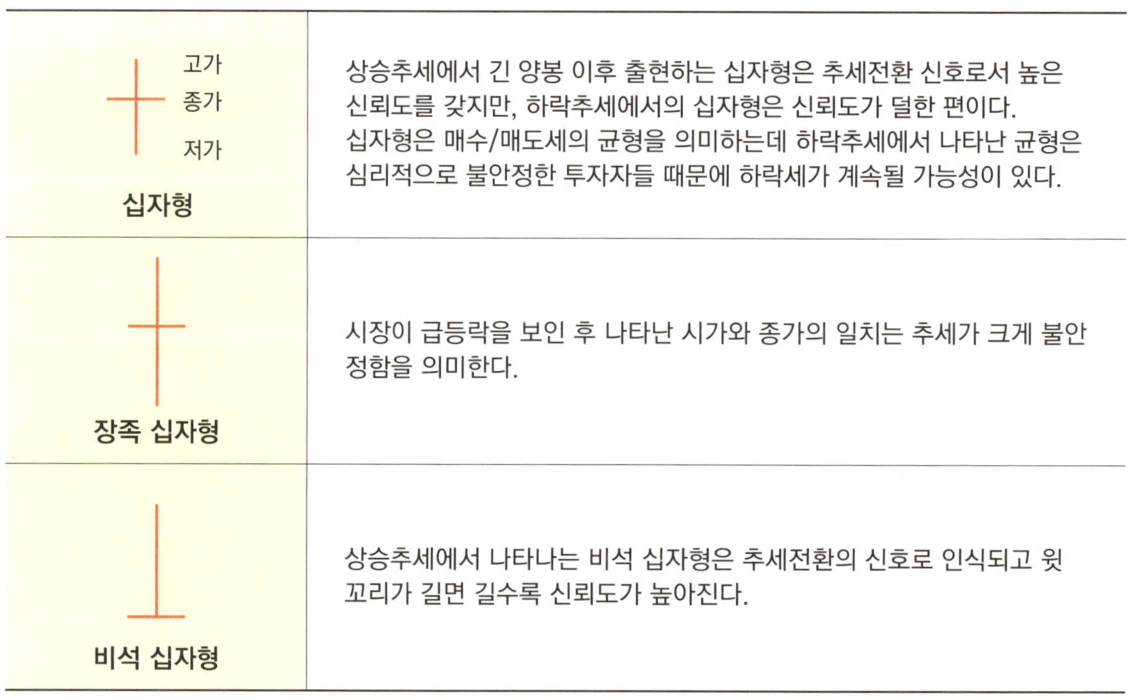

상승 샅바형	상승 샅바형은 하락추세에서 시가가 당일 중의 저가를 기록한 후 지속적인 상승을 보여 긴 몸체의 양선을 나타낸 것을 말한다. 상승 샅바형이 출현한 후 다음날 종가가 샅바형 양봉 아래에서 형성되면 매도세의 지속으로 본다.
하락 샅바형	하락 샅바형은 상승추세에서 시가가 당일 중의 고가를 기록한 후 계속 하락을 보여 긴 몸체의 음봉을 나타낸 것을 말한다. 하락 샅바형이 출현한 후 다음날 종가가 샅바형 음봉 위에서 형성되면 상승세의 지속으로 본다.

③ 십자형(도지)

추세반전의 마지막 신호로 본다.

고가 종가 저가 **십자형**	상승추세에서 긴 양봉 이후 출현하는 십자형은 추세전환 신호로서 높은 신뢰도를 갖지만, 하락추세에서의 십자형은 신뢰도가 덜한 편이다. 십자형은 매수/매도세의 균형을 의미하는데 하락추세에서 나타난 균형은 심리적으로 불안정한 투자자들 때문에 하락세가 계속될 가능성이 있다.
장족 십자형	시장이 급등락을 보인 후 나타난 시가와 종가의 일치는 추세가 크게 불안정함을 의미한다.
비석 십자형	상승추세에서 나타나는 비석 십자형은 추세전환의 신호로 인식되고 윗꼬리가 길면 길수록 신뢰도가 높아진다.

④ 유성형과 역망치형

망치형과 교수형은 윗몸통을 가지고 유성형과 역망치형은 아랫 몸통을 가진다.

유성형	별이 뜨고 수명이 다해 떨어지는 모양인 유성형은 상승추세가 끝나는 추세전환의 신호로 인식된다. 유성형은 갭을 동반하는 경우가 많고, 작은 몸체와 몸체보다 2배 이상 긴 꼬리를 가진다. 양봉보다 음봉의 신뢰도가 높다.
역망치형	하락추세에서 작은 몸체에서 위로 긴 꼬리를 갖춘 캔들을 말한다. 망치형보다 신뢰도가 낮다. 다음 캔들이 양봉이거나 갭을 만들면서 상승하면 강한 추세전환의 신호로 본다.

3) 두 개의 캔들차트

① 장악형

하나의 캔들차트에 나오는 우산형, 유성형, 십자형 등은 몸체보다 꼬리 길이를 중요하게 생각하는 반면, 두 개의 캔들차트에 나오는 장악형은 몸통을 중요한 판단 기준으로 본다.

상승 장악형	하락추세에서 전일보다 몸체가 큰 양봉이 발생하는 것으로 상승전환 신호로 본다. 양봉이 음봉을 장악하는 형태일 때 신뢰도가 높고 몸통 위주로 판단한다.
하락 장악형	상승추세에서 전일보다 몸체가 큰 음봉이 발생하는 것으로 하락전환 신호로 본다. 음봉이 양봉을 장악하는 형태일 때 신뢰도가 높고 몸통 위주로 판단한다.

② 먹구름형, 관통형

장악형과 비슷하지만 장악형은 이전 캔들을 완전 장악한 형태인데 비해 먹구름형과 관통형은 완전 장악의 형태까지는 아니다. 즉, 장악형보다 약한 전환 신뢰도를 가진다.

먹구름형	몸체가 긴 양봉이 나타나고 다음 캔들의 시가는 전일 고가보다 높게 형성되나 종가는 전일의 시가 부근에서 형성되는 음봉의 경우로 천장권에서 하락전환 신호로 본다. 다음에 나타나는 음봉의 종가가 이전에 나타난 양봉몸통의 반 이상 내려갈수록 신뢰도가 높아진다.
관통형	몸체가 긴 음봉이 나타나고 다음 캔들의 시가는 전일 저가보다 낮게 형성되나 종가는 전일 시가 부근에서 형성되는 양봉의 경우로 바닥권에서 상승전환 신호로 본다. 다음에 나타나는 양봉의 종가가 이전에 나타난 음봉몸통의 반 이상 올라갈수록 신뢰도가 높아진다.

③ 잉태형

①,②에서 추세반전 신호의 의미를 매수/매도의 힘이 추세반대방향으로 얼마나 크게 나타나는지 파악하기 위해 전일 캔들을 다음 캔들이 얼마나 장악하는지를 고려한다면, 잉태형은 다음 캔들이 이전 캔들보다 얼마나 작게 나타나는지 파악함으로써 추세가 약해짐을 고려하고 전환의 신호로 본다.

하락 잉태형	몸체가 긴 양봉이 나타나고 다음 캔들은 이전 캔들의 가격변화 범위를 이탈하지 못한다. 다음 캔들이 양봉이면 상승지속의 가능성이 높고, 음봉이면 하락전환의 가능성이 있지만 신뢰도는 낮다. 다음 캔들이 십자형 잉태라면 하락전환의 신뢰도가 높아진다.
상승 잉태형	몸체가 긴 음봉이 나타나고 다음 캔들은 이전 캔들의 가격변화 범위를 이탈하지 못한다. 다음 캔들이 양봉이면 상승전환의 가능성이 있지만 신뢰도는 낮고, 음봉이면 추세지속의 가능성이 높다. 다음 캔들이 십자형 잉태라면 상승전환의 신뢰도가 높아진다.

④ 반격형

이전 종가를 다음 캔들이 크게 이탈하면서 시작했지만 캔들 마감 시점까지 이전 종가 수준을 회복하는 반전패턴으로 장악형이나 관통형보다 신뢰도가 약하다.

상승 반격형	하락추세에서 몸체가 긴 음선이 출현한 후, 다음 캔들의 시가가 갭하락하여 시작하기는 했으나 상승세로 돌아서 긴 양봉을 만들며 양봉의 종가가 전일 수준의 종가로 다시 돌아온 것을 말한다.
하락 반격형	상승추세에서 몸체가 긴 양봉이 출현한 후, 다음 캔들의 시가가 갭상승하여 시작하기는 했으나 하락세로 돌아서 긴 음봉을 만들며 음봉의 종가가 전일 수준의 종가로 다시 돌아온 것을 말한다.

4) 3개 이상의 캔들차트

① 삼병

연속된 3개의 양선/음선으로 다음에 반대매매의 캔들이 나올 수 있으나 추세지속의 가능성이 높다.

적삼병	연속된 양봉이 3연속 나타나 강한 매수추세를 의미한다. 적삼병 후 흑일병으로 음봉 캔들이 나타날 수 있지만 상승 추세지속의 가능성이 높다.
흑삼병	연속된 음봉이 3연속 나타나 강한 매도추세를 의미한다. 흑삼병 후 적일병으로 양봉 캔들이 나타날 수 있지만 하락 추세지속의 가능성이 높다.

※ 가격 변화가 지지부진한 상태에서 나타나는 삼병 후 일병은 추세지속의 가능성이 높다. 단, 추세가 계속된 상태에서 삼병의 크기가 갈수록 작아지는 모양이라면, 삼병 후 일병은 추세전환의 시점으로 삼을 수 있다.

② 별형

상승추세나 하락추세에서 몸체가 긴 첫 번째 캔들차트가 출현한 후, 갭이 발생하면서 작은 몸체를 가진 두 번째 캔들차트가 나타나고 세 번째 캔들차트가 첫 번째 캔들차트의 절반 이상 돌파하는 것이다. 2개의 캔들차트인 관통형, 먹구름형과 비슷하나 캔들 사이에 하나의 캔들이 추가된 것이다. 추세전환의 신호이다.

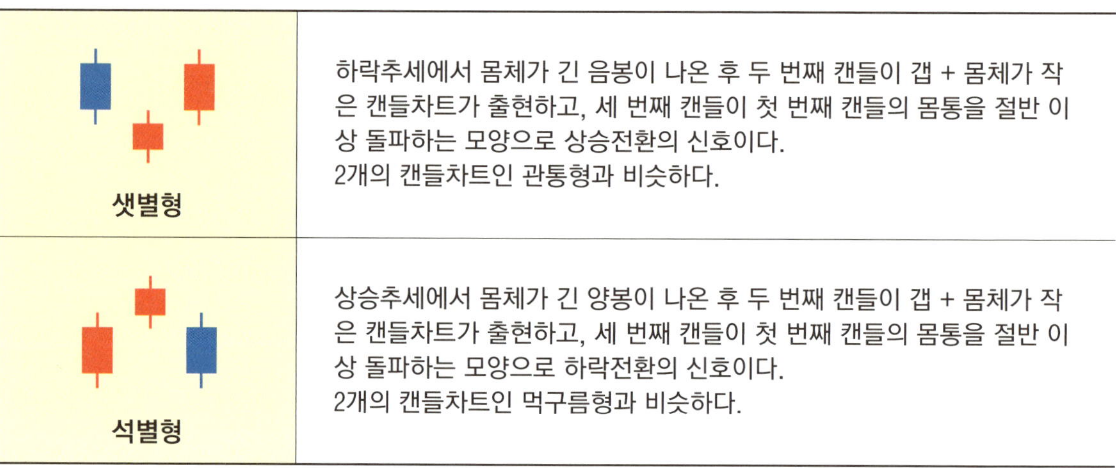

샛별형	하락추세에서 몸체가 긴 음봉이 나온 후 두 번째 캔들이 갭 + 몸체가 작은 캔들차트가 출현하고, 세 번째 캔들이 첫 번째 캔들의 몸통을 절반 이상 돌파하는 모양으로 상승전환의 신호이다. 2개의 캔들차트인 관통형과 비슷하다.
석별형	상승추세에서 몸체가 긴 양봉이 나온 후 두 번째 캔들이 갭 + 몸체가 작은 캔들차트가 출현하고, 세 번째 캔들이 첫 번째 캔들의 몸통을 절반 이상 돌파하는 모양으로 하락전환의 신호이다. 2개의 캔들차트인 먹구름형과 비슷하다.

③ 까마귀형

천장권에서 나타나는 하락전환 신호의 한 종류이다.

까마귀형	상승추세에서 긴 양봉이 출현한 후 두 번째 캔들이 갭상승을 만드는 음봉이 발생하고, 세 번째 캔들이 두 번째 캔들이 띄워 놓은 갭상승을 메우게 되면 하락전환의 신호로 본다.

2. 캔들패턴분석 1(반전형)

▶ **역사는 반복된다.**

투자하는 사람들은 오랜 경험을 통해 차트 모양에 따라 주가가 움직인다는 사실을 발견하고 차트 모양을 토대로 몇 가지 형태의 패턴이라는 것을 만들었다.
과거 주가의 흐름을 통해 검증된 패턴을 현재의 주가흐름에 대입해 주가의 등락을 예측하는 것이 패턴분석이다.

1) 삼봉형 패턴

① 삼봉천장형

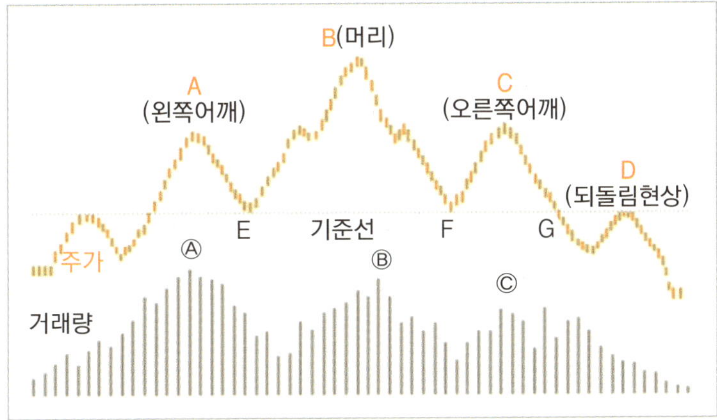

- 상승과 하락이 3번씩 일어나며, 두 번째 정상이 다른 좌우의 정상보다 높은 것이 일반적이다.

- B(머리)가 형성되는 과정에서 수반되는 거래량은 A가 수반하는 거래량보다 상대적으로 적은 거래량을 수반한다.

- B(머리)는 앞에서 형성된 고점 A(왼쪽 어깨)에서 주가가 E수준까지 하락한 후 다시 새로운 상승을 시작함으로써 형성된다.

- C(오른쪽 어깨)가 형성될 때의 거래량은 고점 A(왼쪽 어깨)와 B(머리)를 형성할 때보다 상대적으로 적은 거래량을 수반한다. 이때 오른쪽 어깨의 고점은 대부분 왼쪽 어깨의 정상부근에 형성된다.

- 되돌림 현상은 주가가 고점 C(오른쪽 어깨)에서부터 하락하여 기준선을 하향돌파한 후 다시 기준선 수준까지 상승하는 현상을 말한다. 주가가 기준선을 하향돌파해도 2차 매도의 기회가 온다고 볼 수는 있으나, 되돌림 현상으로 상승하는 흐름을 잡고 매수하는 것은 매우 위험하다.

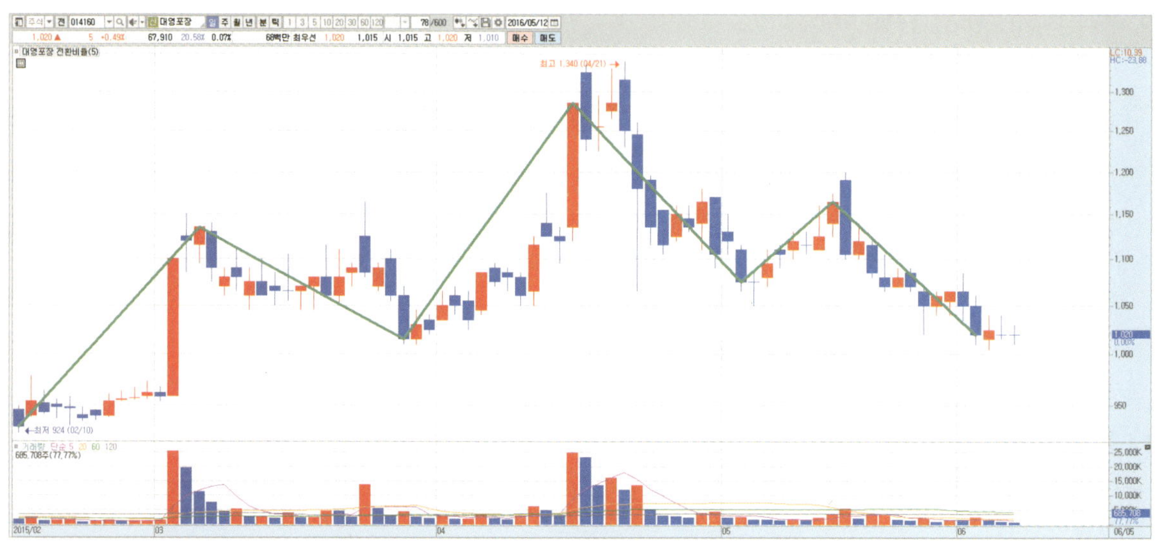

중간봉이 좌·우 봉보다 높은 비교적 뚜렷한 형태의 삼봉천장형 패턴이다.
왼쪽 어깨와 머리에서 거래량이 많이 발생하고 오른쪽 어깨에서 거래량이 제일 적으며 파동분석 시 쉽게 알아볼 수 있는 편이다.

② 삼봉바닥형

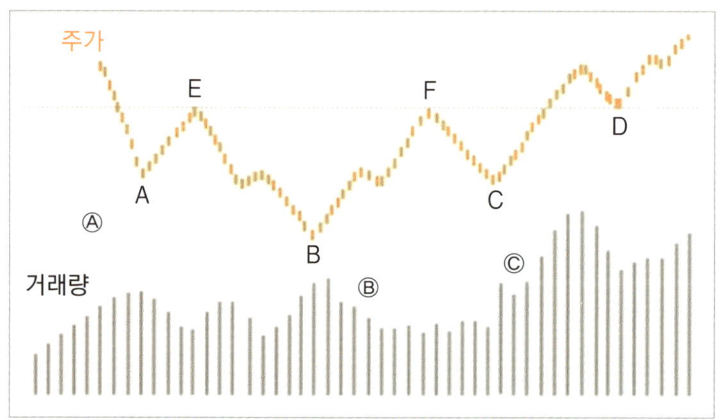

- 삼봉천장형과 반대로 하락에서 상승추세로 바뀔 때 나타나는 패턴이다.

- 삼봉천장형은 추세가 바뀌면서 거래량이 줄어드는 것이 일반적이나 삼봉바닥형은 추세가 바뀌면서 거래량이 증가하는 차이점이 있다.

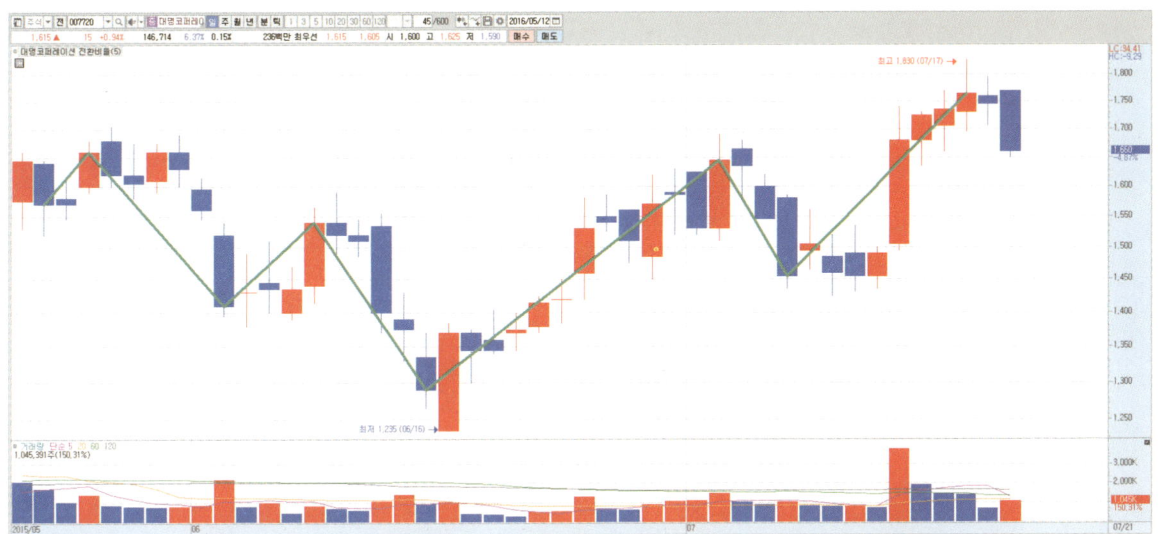

바닥권에서 나타나는 뒤집어진 삼봉형태다. 추세가 반전에 성공할 때 거래량이 증가하는 특징이 있기 때문에 좋은 매수타이밍을 잡을 수도 있다. 인식하는 데 있어서 천장삼봉형보다 인식이 잘 안 되기 때문에 초보자들은 쉽게 놓치는 경우가 많으며 위로 뛰기 위해 아래에서 '스텝을 밟는다'고 표현하기도 한다.

2) 원형 패턴

① 원형 천장형

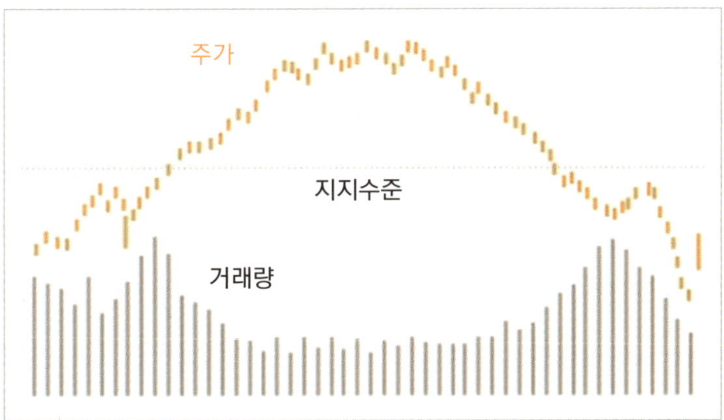

- 주가가 원형의 형태로 오랜 기간 동안 상승하고 나서 추세선의 기울기가 완만해진 후 하락추세로 반전하는 형태를 나타낸다.
- 거래량의 변화도 마찬가지로 원형의 형태로 주가와 반대방향으로 나타나지만, 주가가 원형처럼 뚜렷하게 나타나지 않는다.

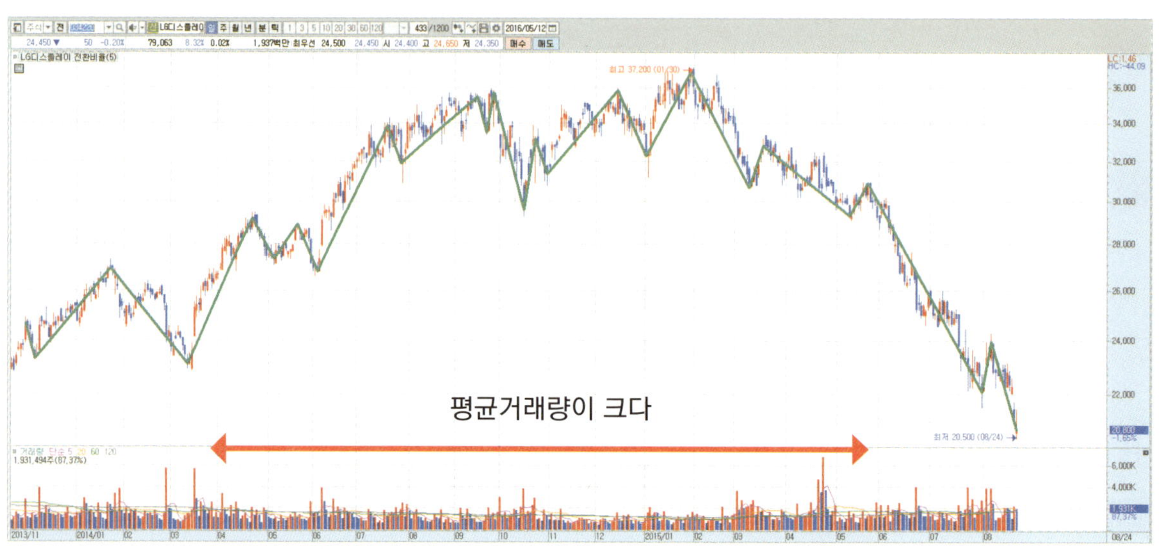

오랫동안 상승한 후 완만한 기울기가 나타난 뒤 하락하는 패턴이기 때문에 짧은 추세 속에서 알아보기 어렵다.
원형의 중간보다 양 끝부분의 평균거래량이 더 높은 것을 알 수 있다.

② 원형 바닥형

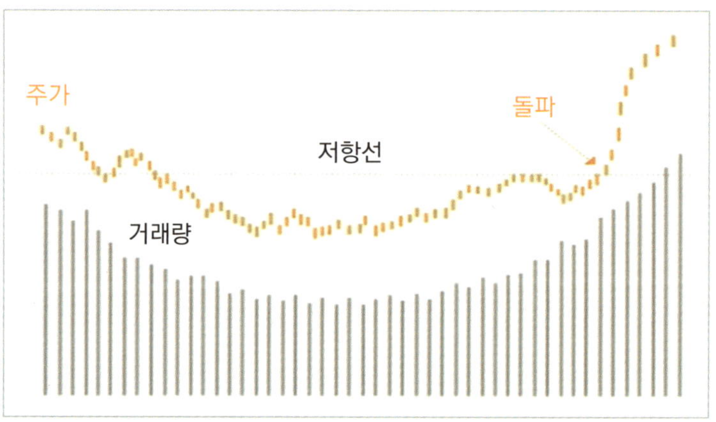

- 원형 천장을 뒤집어 놓은 형태이다.

- 주가가 하락하고 상승하는 형태로 주가가 상승할 때 기존 거래량 수준을 뛰어넘는 거래량이 발생한다면 주가는 상당폭 상승할 수 있다.

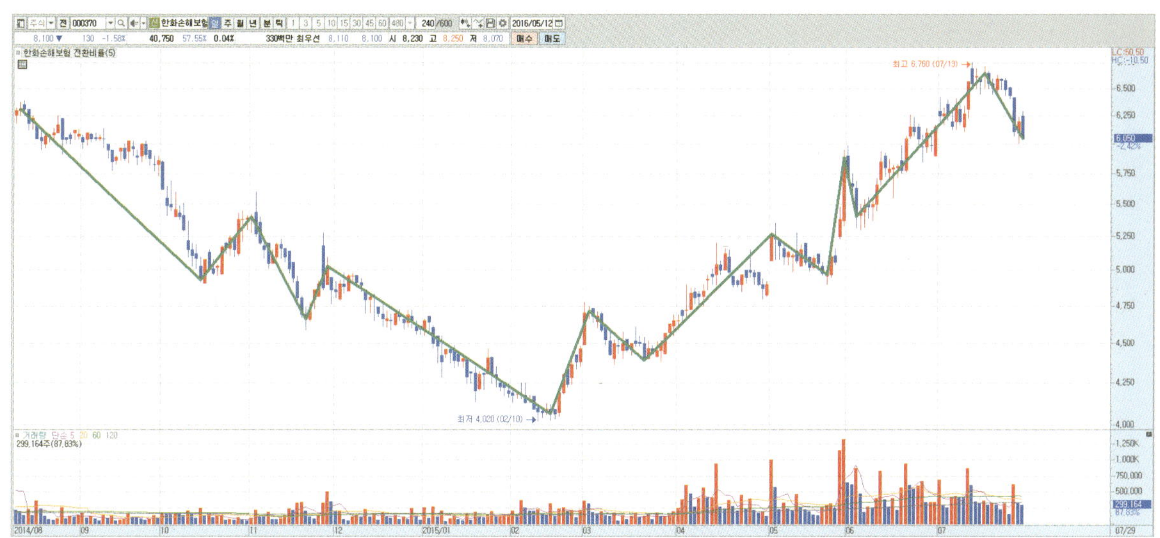

하락기울기 때의 평균거래량보다 상승기울기 때 평균거래량이 더 많다. 주가는 크게 상승할 여지가 많으며 실제로 2015년 2월 바닥을 찍은 이후 1년 넘게 상승추세에 들어섰으며 주가는 100% 이상 상승했다.

3) 확대형 패턴

- 고점이 계속 상승하고, 저점은 계속 하락하는 패턴이다.

- 시장이 매우 혼란하거나 투자자의 심리가 불안정한 상태이기 때문에, 섣불리 추세를 파악하기 어려울 수 있다.

- 보통 3개의 고점과 2개의 저점으로 형성되며, 바닥권보다 천장권에서 형성되는 경향이 크다.

- 천장권에서 확대형(투자자의 심리가 불안정한 상태)이 나타나면 3개의 고점 이후 주가는 하락할 가능성이 크다.

보통 3개의 산과 2개의 골로 인식하는 패턴이다. 오늘날의 주식시장에서는 이론처럼 고점의 상승과 저점의 하락이 동시에 발생하는 추세가 잘 나타나지 않고, 나타나더라도 고점의 상승과 저점의 하락이 동시에 뚜렷하게 나타나기 어렵기 때문에 3산 2골의 확대형 반전패턴으로 인식하는 경우가 많다.

4) V자 패턴

주가전환모형 가운데 매수세에서 매도세로, 매도세에서 매수세로 갑자기 돌변하는 패턴으로 비교적 단기간에 형성되며 상승추세선과 하락추세선의 기울기가 거의 동일하다.
급한 각도로 형성되기 때문에 방향에 대한 각도예측으로 삼봉형의 움직임과 구분된다.

① 천장 V형

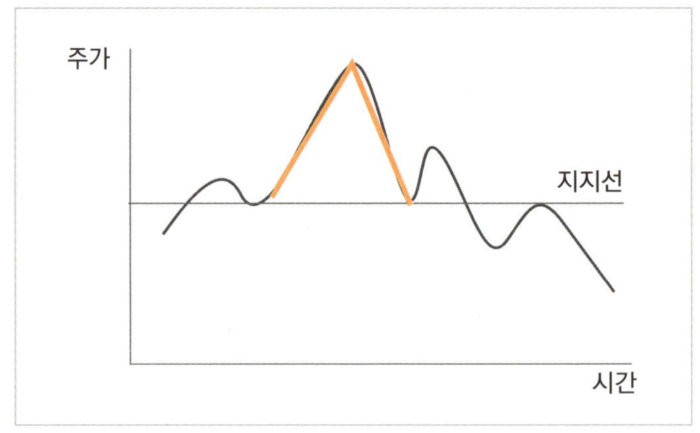

주가가 정점에 이르기까지 급상승하는 과열양상을 보이며 정점 이후 급등락하고, 고점을 중심으로 거래량이 감소한다.

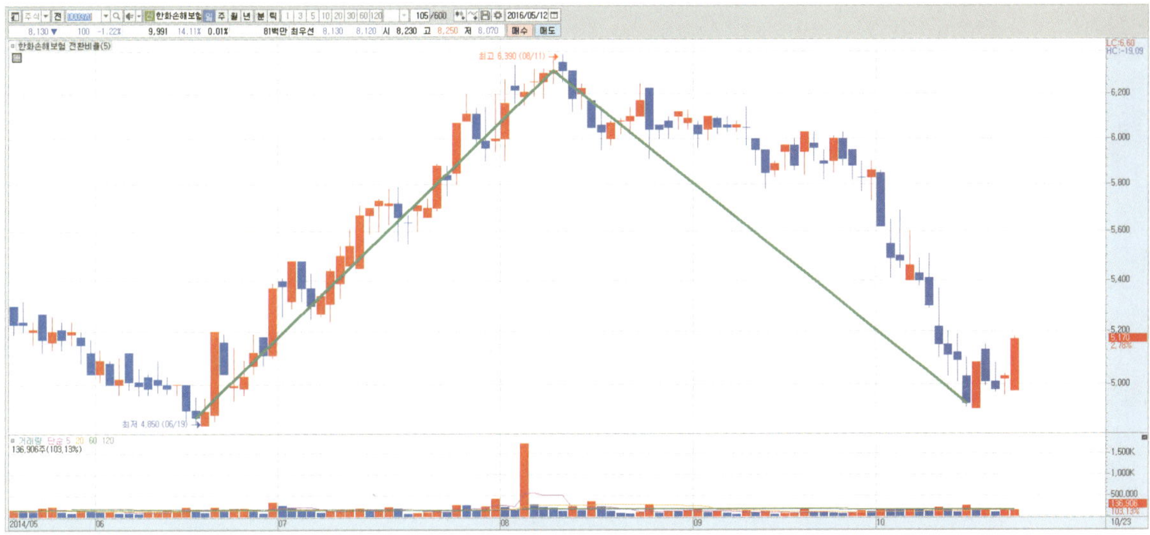

단기적으로 급등락을 반복하는 패턴이다. 단기간 상승하던 주가가 하락세로 돌아서면 천장 V형이 시작되는 위치까지 빠지는 경우가 많으며 그곳이 지지라인이 된다.

② 바닥 V형

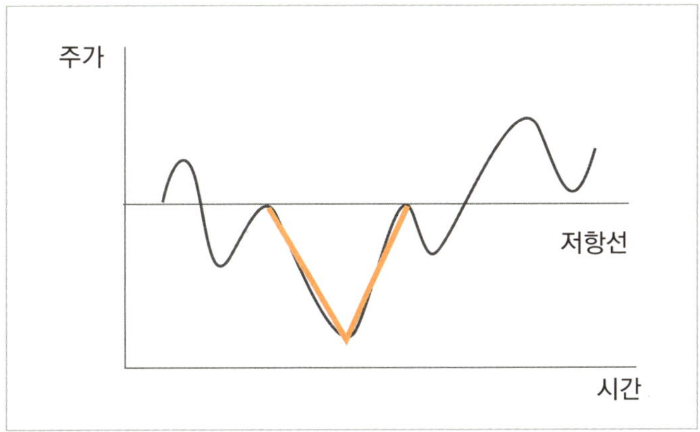

주가하락이 매우 급격히 일어나며 저점을 중심으로 평균거래량이 증가한다.

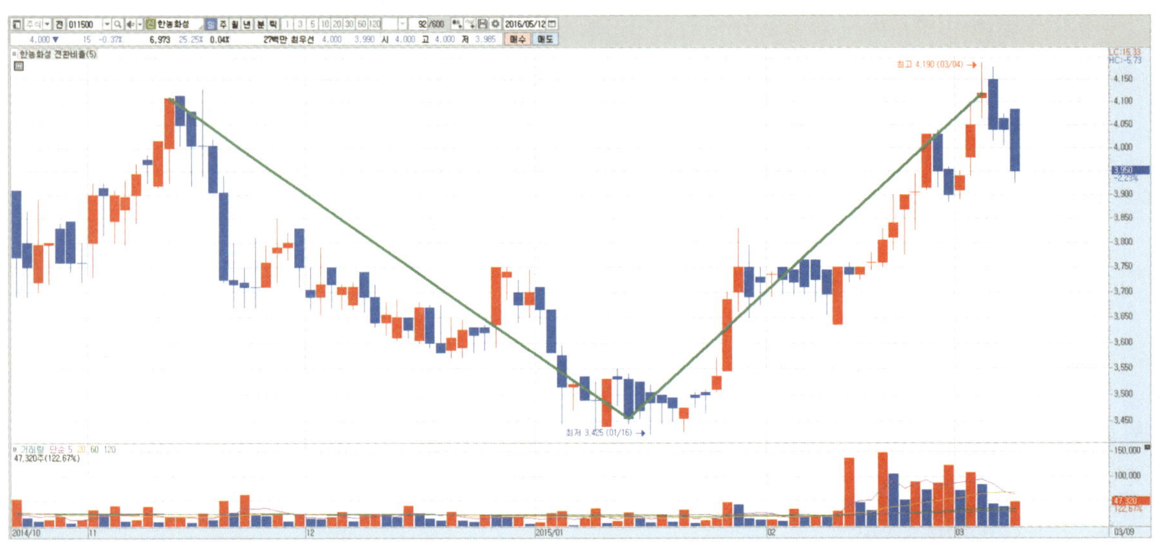

평균거래량의 상승은 추가 주가상승을 보여줄 가능성이 크다. 실제로 '한농화성'의 경우, 바닥 V패턴을 확인한 후 거래량이 계속 늘어나 4,800원 대까지 수익을 얻을 수 있었다.

5) W자 패턴

① 천장 W형

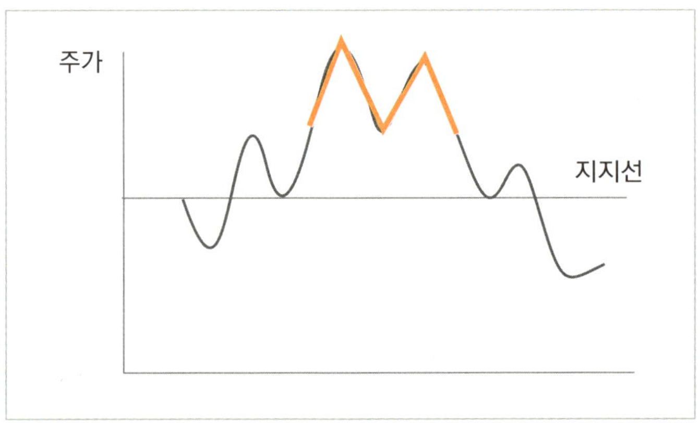

천장쌍봉 패턴은 주가가 상승추세 중 첫 번째 고점 이후, 고점에 근접하는 두 번째 주가가 나타난 경우로 첫 번째 고점보다 주가가 낮아야 하며, 거래량도 두 번째 고점에서 더 적어야 하락전환의 가능성이 높다.

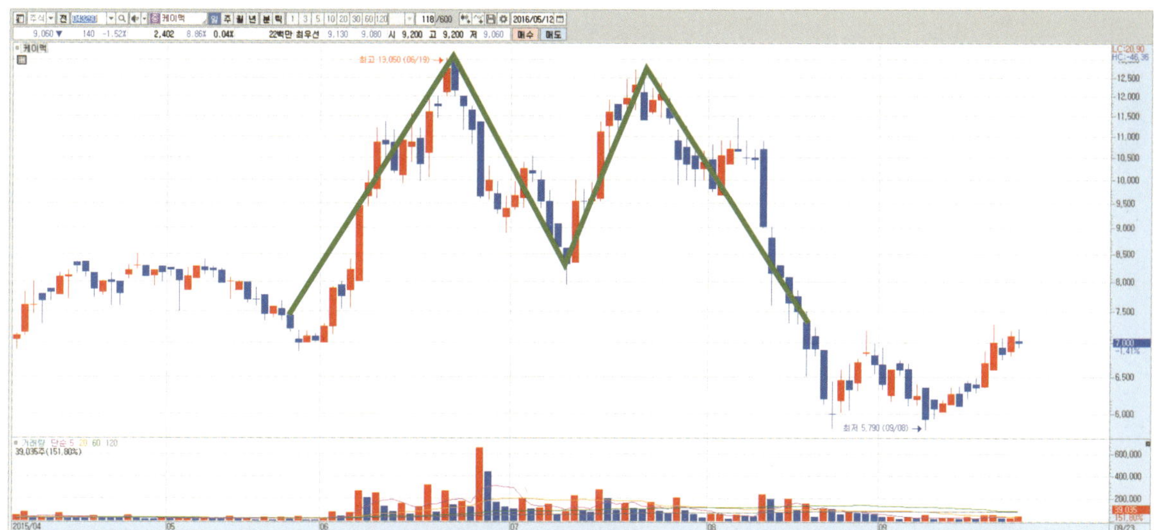

쉽게 알아볼 수 있는 패턴이며 첫 번째 봉보다 두 번째 봉이 더 낮고 거래량도 작으면 강한 하락반전 신호로 인식된다.

② 바닥 W형

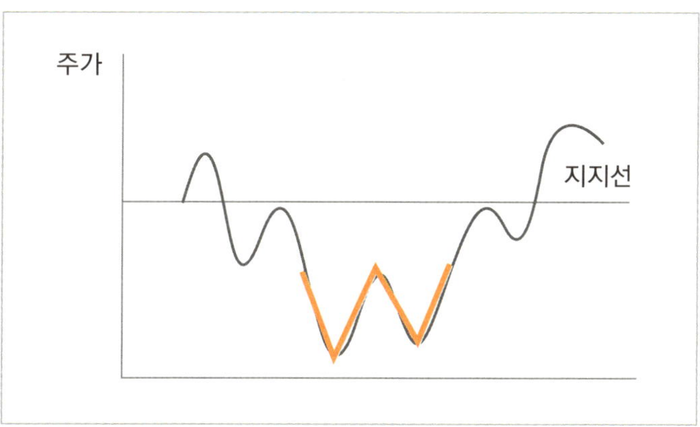

쌍바닥 패턴은 바닥에서 주가가 하락추세 중 첫 번째 바닥을 찍고 두 번째 바닥을 찍은 상태를 말한다. 첫 번째 바닥의 저점보다 두 번째 바닥의 저점이 높아야 하며 거래량도 첫 번째 바닥보다 두 번째 바닥에서 증가해야 상승확률이 높다.

천장 W형보다 뚜렷하게 인식되는 편은 아니지만 반전 패턴으로 쉽게 나타는 패턴 중 하나다. 두 번째 골이 첫 번째 골보다 깊지 않고 거래량이 크다면 강한 추세반전의 신호이다.

3. 캔들패턴분석 2(지속형)

1) 삼각형 패턴

① 대칭삼각형 모형

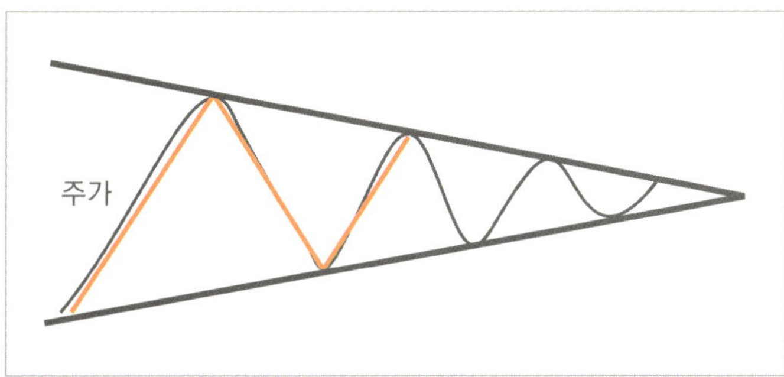

삼각형 패턴의 가장 일반적인 형태로 고점이 낮아지고 저점이 높아지면서 주가가 우측 꼭지점을 향해 수렴해가는 모양이다.

추세지속 중에 나타나는 흔한 패턴으로 뚜렷한 거래량의 특징이 없는 편이며 꼭지점에서 수렴할 때 현재 추세를 지속할 가능성이 더 높다.

② 상향 직각삼각형 모형

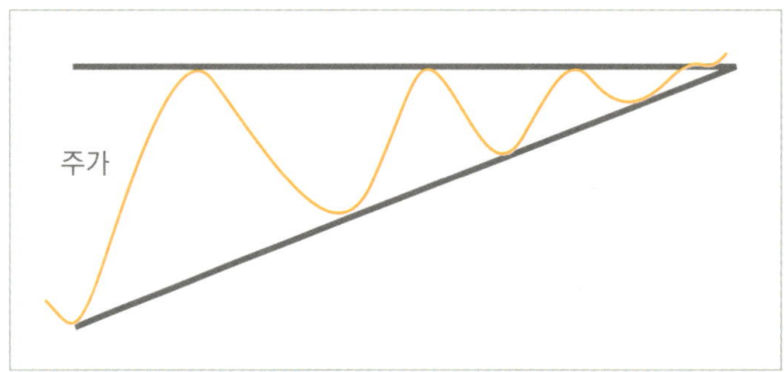

a. 모형의 고점경계선은 수평, 저점경계선은 상향하는 모양으로 주가가 상승추세 중에 매도물량이 쏟아져 나오지만 매수 세력에 의해 흡수되고 있음을 보여 준다.

b. 상향 직각삼각형 모형이 완성된 후 기존의 추세인 상향추세가 지속될 가능성이 높다.

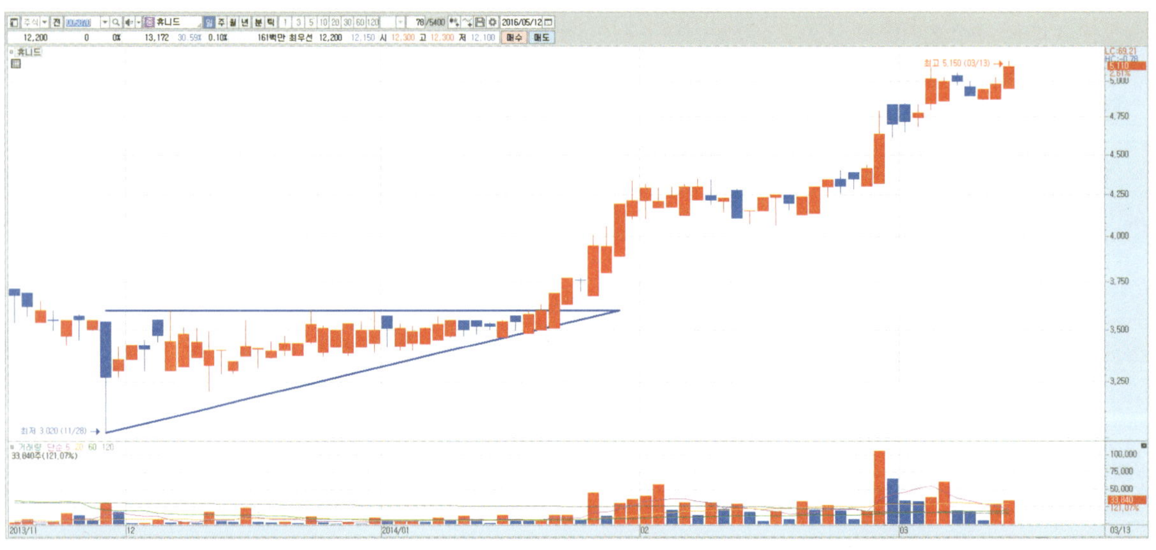

모형의 고점경계선이 강한 지지라인을 이루고 있다. 위 차트는 주가가 아래로 빠졌지만 매수세력이 매도물량을 흡수하며 주가를 띄우고 있다. 상향 직각삼각형을 이탈하면서 추세지속과 거래량이 함께 발생한다면 추세지속의 신뢰성이 높아진다.

실제로 휴니드의 주가는 이후 3,600원대에서 7,300원대까지 상향추세를 이루었다.

③ 하향 직각삼각형 모형

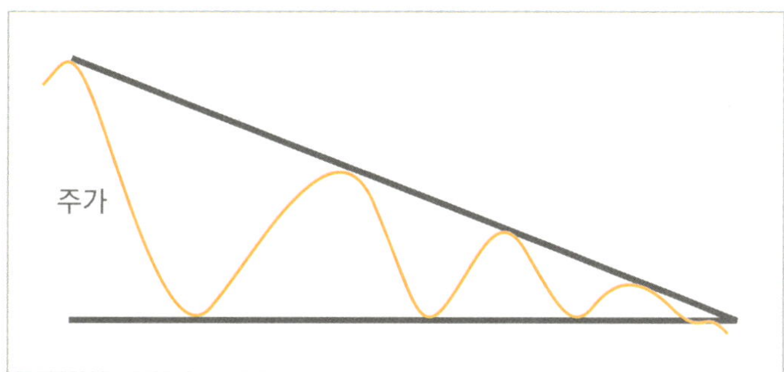

a. 모형의 고점경계선은 하향, 저점경계선은 수평을 이루는 모양으로 주가가 하락추세 중에 매수물량이
   매도세력에 의해 흡수되고 있음을 보여 준다.
b. 하향 직각삼각형 모형이 완성된 후 기존의 추세인 하향추세가 지속될 가능성이 높다.

상향 직각삼각형과는 반대로 매수물량이 매도세력에 흡수되고 있는 모형이다. (A) 구간에서 추세와 반대
로 주가가 약간 상승하긴 했지만 추가 거래량이 발생하지 않으면서 주가는 다시 하향지속추세로 9,000원
대에서 6,500원대까지 하락했다.

2) 깃대 패턴

① 상승 깃대모형

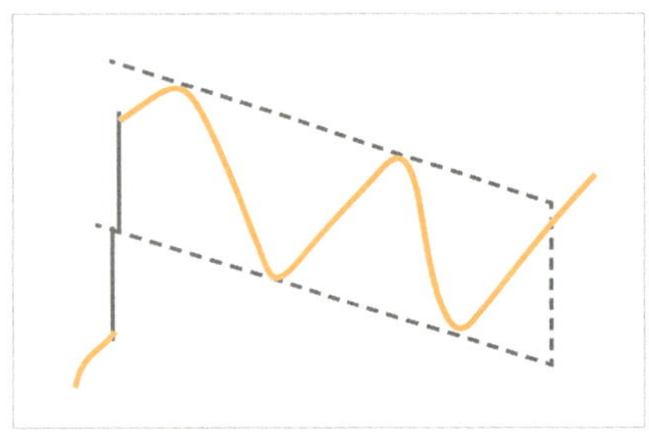

a. 주가가 수직에 가까울 정도의 기울기추세를 따라 상승을 보인 후 약 45° 각도의 방향으로 경사진 평행사변형 모양을 형성한다. 보편적 상승세 이후 확산 시세를 앞둔 시점에서 발생하는 이격 조정 과정이다.

b. 상승 깃대모형이 완성된 후 기존의 추세인 상향추세를 지속될 가능성이 높다.

② 하락 깃대모형

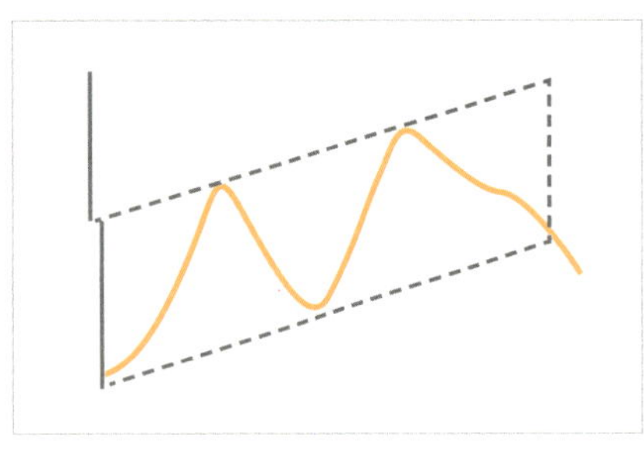

a. 주가가 수직에 가까울 정도의 기울기추세를 따라 하락을 보인 후 약 45° 각도의 방향으로 경사진 평행사변형 모양을 형성한다. 보편적 하락세 이후 구간 낙폭에 대한 반발 매수로 인한 구간 조정 과정이다.

b. 하락 깃대모형이 완성된 후 기존의 추세인 하향추세가 지속될 가능성이 높다.

3) 쐐기 패턴

① 상승 쐐기모형

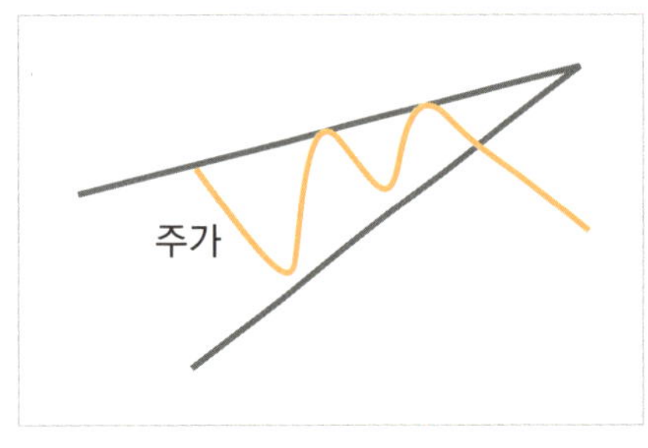

a. 주로 천장권에서 형성되며 저점과 고점이 모두 상승 기울기, 고점의 기울기가 갈수록 완만해진다.

b. 상승 쐐기 모형 패턴 완성 후, 주가의 하락반전 가능성이 있다.

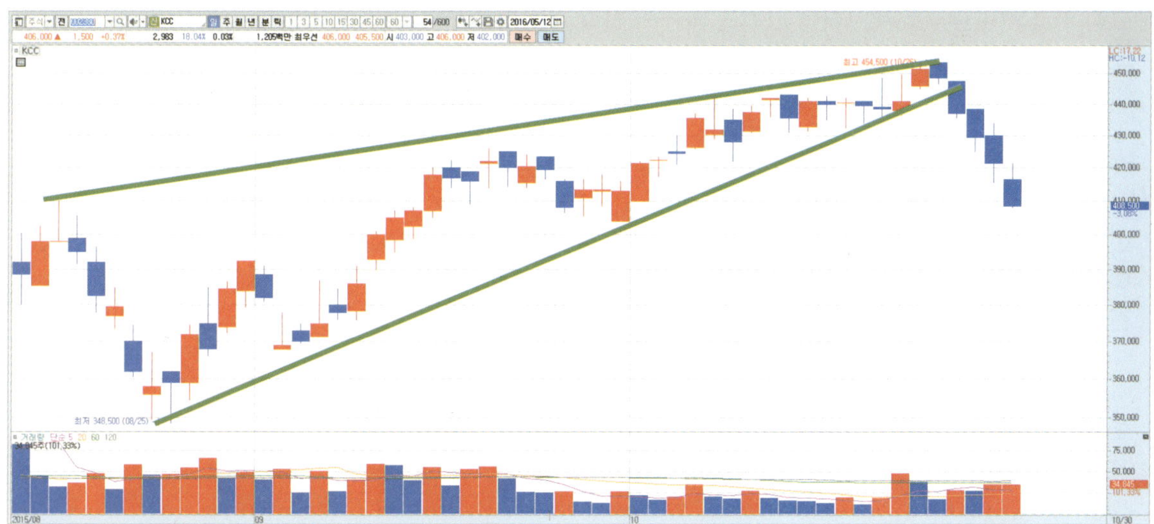

고점과 저점이 모두 상승하지만 고점 라인의 상승기울기가 완만하고 저점라인의 상승기울기가 급한 모습을 보여주고 있다. 투자자들의 추세확신구간을 벗어났다고 생각할 수도 있기 때문에 상승 쐐기모형의 끝자락에서는 상승추세 약화에 대한 공포감이 커지며 하락가능성이 높아진다.

② 하락 쐐기모형

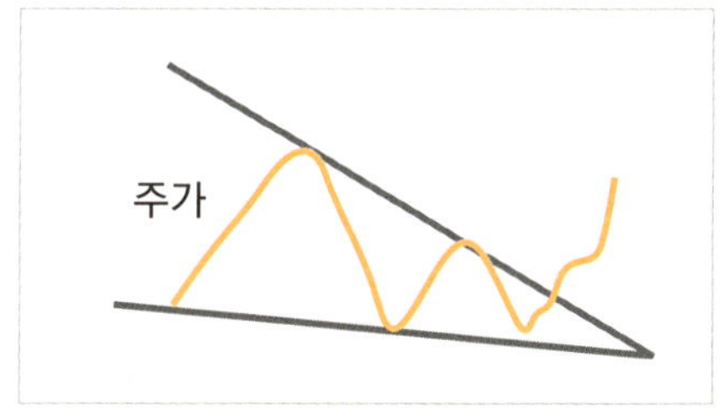

a. 주로 바닥권에서 형성되며 저점과 고점이 모두 하락 기울기, 저점의 기울기가 갈수록 완만해진다.
b. 하락 쐐기모형 패턴 완성 후, 주가의 상승반전 가능성이 있다.

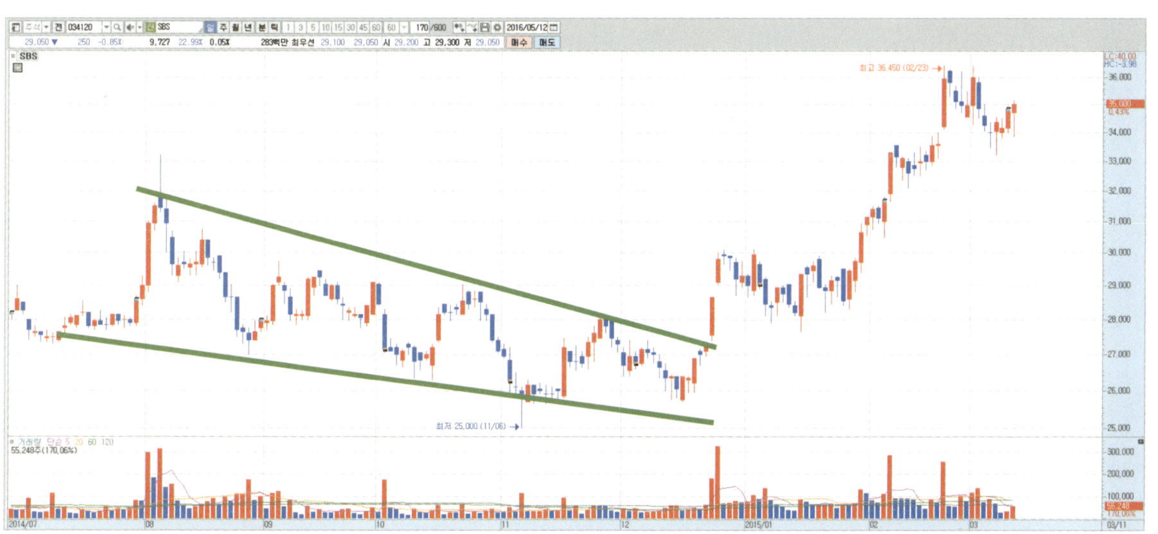

고점과 저점이 모두 하락하지만 고점의 라인의 하락 기울기가 급하고, 저점라인의 하락 기울기가 완만한 모습을 보여주고 있다. 투자자들이 추세확신구간을 벗어났다고 생각할 수도 있기 때문에 하락 쐐기모형의 끝자락에서는 하락추세 약화에 대한 기대감이 커지며 상승가능성이 있다.

하락 쐐기모형은 매수타이밍을 줄 수 있기 때문에 하락 쐐기의 패턴이 어느 정도 확인되면 매수세력이 들어올 수 있다. 그렇다고 주가가 쐐기의 끝까지 떨어지길 기다렸다가 매수하기에는 매수실패의 가능성이 있다. 하락쐐기형 꼭지점이 만들어지기 전이라도 평균거래량을 초과하며 고점을 치거나 고점을 뚫는 봉이 나오면 추세전환의 가능성이 높다(쐐기의 꼭지점까지 거래량 변화 없이 하락한다면 주가상승에 대한 주식의 매력이 부족하므로 하락추세가 지속될 수 있다).

4) 다이아몬드 패턴

① 상승 다이아몬드 모형

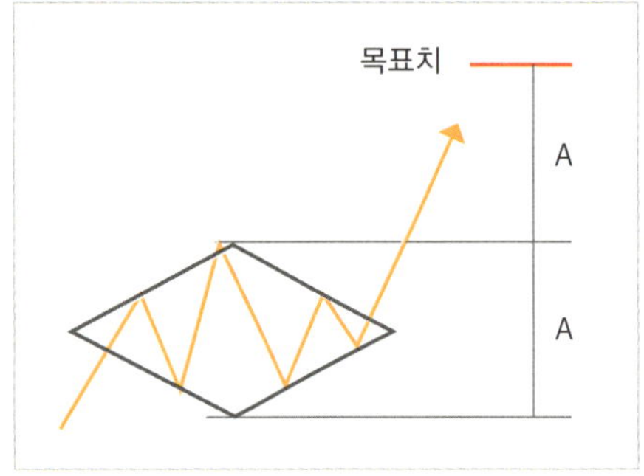

a. 역삼각형과 대칭삼각형이 합쳐진 모양
b. 주가의 큰 변동이 있은 후 많이 나타나는 패턴
c. 주가 상승 시 거래량이 증가
d. 상승추세가 가속화되는 막바지에 나타나며, 반전 패턴으로서 역할을 수행하는 경우도 존재

② 하락 다이아몬드 모형

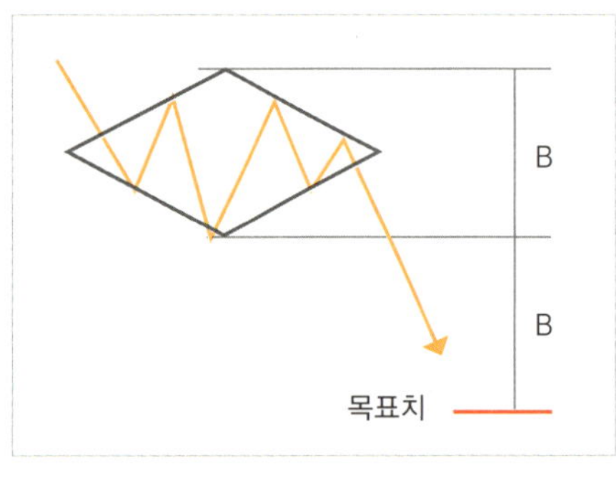

a. 역삼각형과 대칭삼각형이 합쳐진 모양
b. 주가의 큰 변동이 있은 후 많이 나타나는 패턴
c. 주가 하락 시 거래량이 감소
d. 하락추세가 가속화되는 막바지에 나타나며, 반전 패턴으로서 역할을 수행하는 경우도 존재

※ 다이아몬드 모형의 구간과 추세 목표치의 구간을 비슷하게 본다.

5) 직사각형 패턴

① 상승 직사각 모형

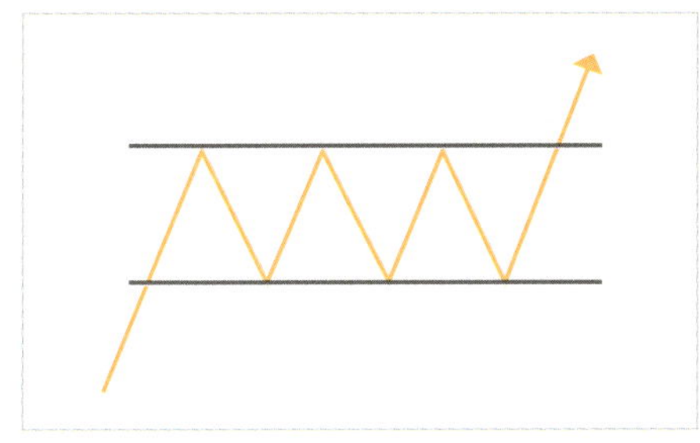

a. 주로 1~3개월 기간 동안 형성
b. 매도와 매수가 균형을 이루고 있으며, 거래가 활발하지 못한 경우 형성
c. 상승추세 → 일정기간 보합권 유지 → 저항선 돌파 후 계속적인 상승국면

② 하락 직사각 모형

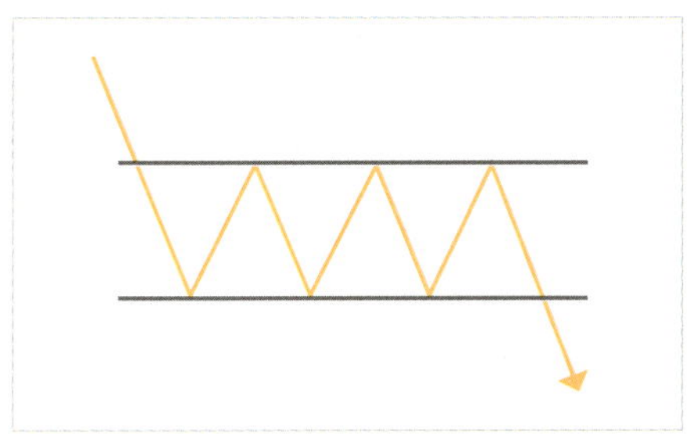

a. 주로 1~3개월 기간 동안 형성
b. 매도와 매수가 균형을 이루고 있으며, 거래가 활발하지 못한 경우 형성
c. 하락추세 → 일정기간 보합권 유지 → 지지선 돌파 후 계속적인 하락국면

4. 캔들패턴분석 3(갭, 되돌림)

1) 갭(Gap)이란?

차이를 의미하는 단어로, 주식시장에서 주가캔들이 전 캔들의 고가보다 높이 시작하여 상승하거나, 전 캔들의 저가보다 낮게 시작하여 하락하는 경우를 갭(Gap)이라고 한다.

이처럼 주가갭은 거래가 이루어지지 않으면서 손이 바뀌는 주가 범위를 의미하며, 보통 단기적인 변동에 의해서 메워지나 그렇지 못할 경우 소변동 혹은 2차 변동에 의해서라도 메워짐이 일반적이다.

2) 갭의 형태

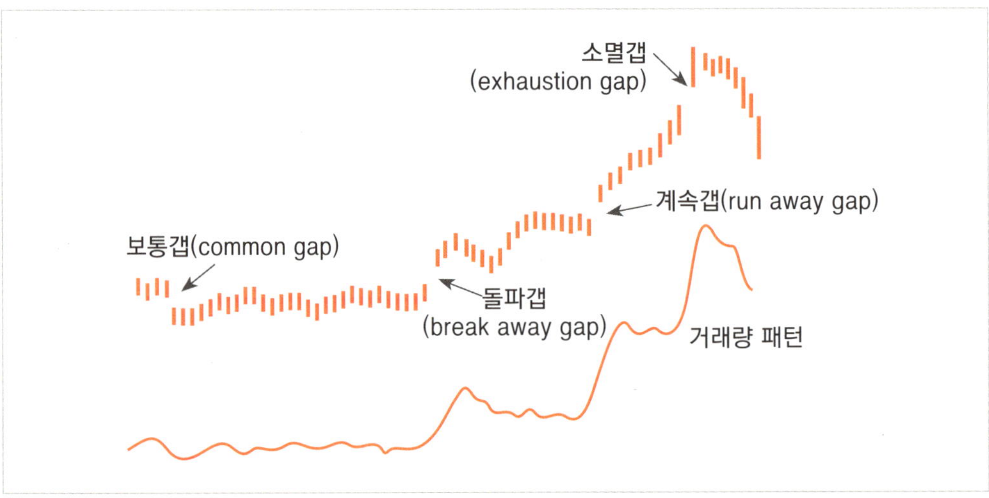

① 보통갭

반전모형보다는 강화모형에서 빈번히 나타난다. 모형을 형성할 때 만들어지는 경우 기술적 의미가 모호한 갭이다. 단기적인 변동에 의해서 메워지는 것이 일반적이다.

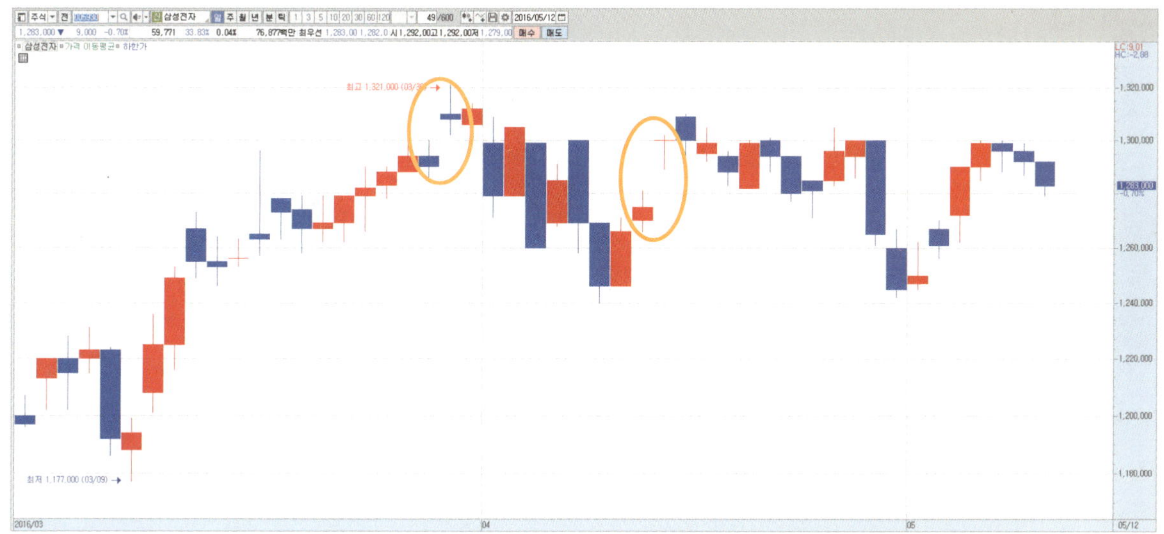

② 돌파갭

주가가 모형에서 완전히 벗어나서 결정적인 가격대를 돌파할 때 나타나는 주가갭을 뜻하며, 보통갭이 모형 내에서 나타난다면, 돌파갭은 모형을 벗어날 때 발생한다.

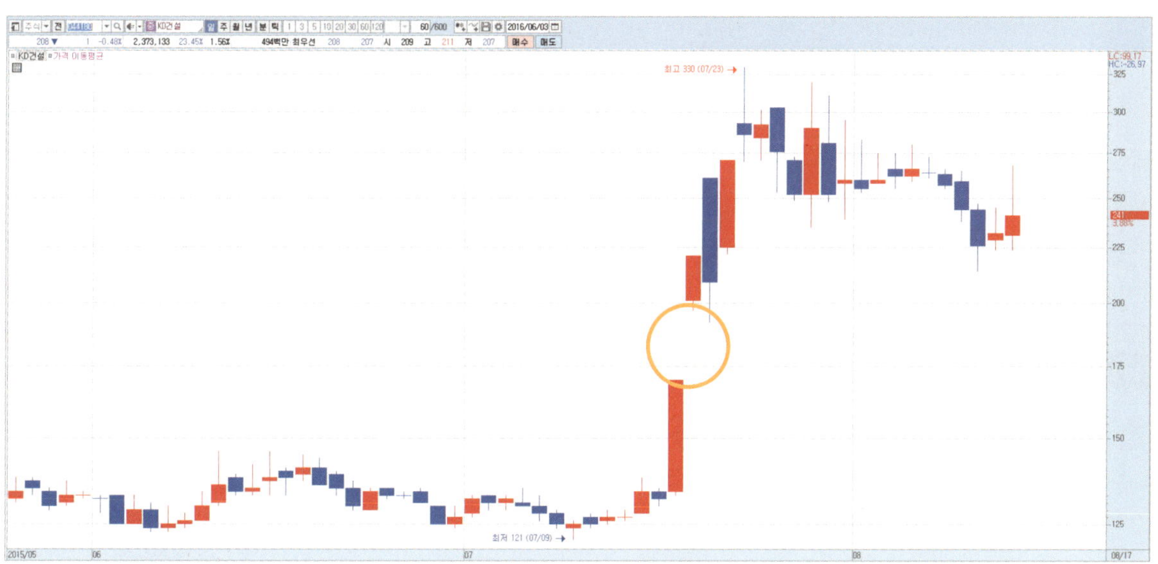

③ 계속갭

반전모형이나 강화모형에서 완전히 벗어나서 예상된 방향으로의 급격한 변화를 보이는 과정에서 나타난다. 주가변화의 예상폭을 측정하는 데 유용하다.

> **TIP!** 계속갭은 일반적으로 돌파갭 형성직전의 주가상승률에 해당하는 만큼 상승한다.

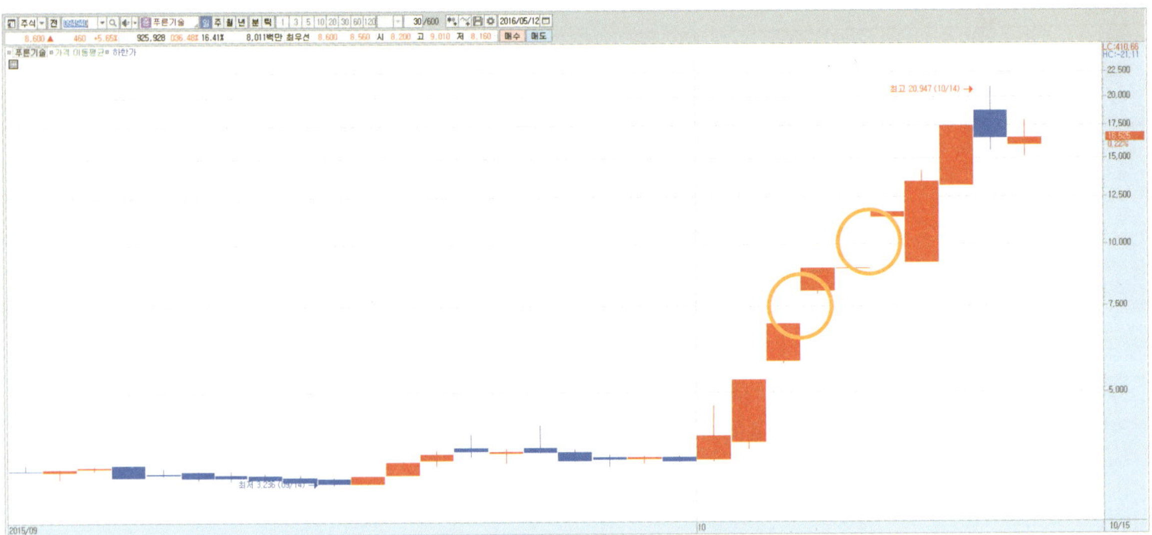

④ 소멸갭

소멸갭은 추세반전이 이루어지기 직전에 나타나는 경향이 있기 때문에 주가의 단기변동을 예고하는 기술적 의미를 지닌다. 과거의 평균 이상으로 거래량이 급격하게 증가하면서 나타나는 경향이 있다.

> **TIP!** 돌파갭 이후 → 최초의 갭은 계속갭으로 발전하는 경우가 많고 → 2 ~ 3번째 갭은 소멸갭으로 발전하는 경우가 많다. 소멸갭은 큰 가격 범위를 수반하는 것이 보통이며 계속갭은 상당한 시간이 경과한 후에 나타나는 2차 추세선에 의해서 메워지지만, 소멸갭은 단기간의 소추세선에 의해서 메워지는 경향이 있다.

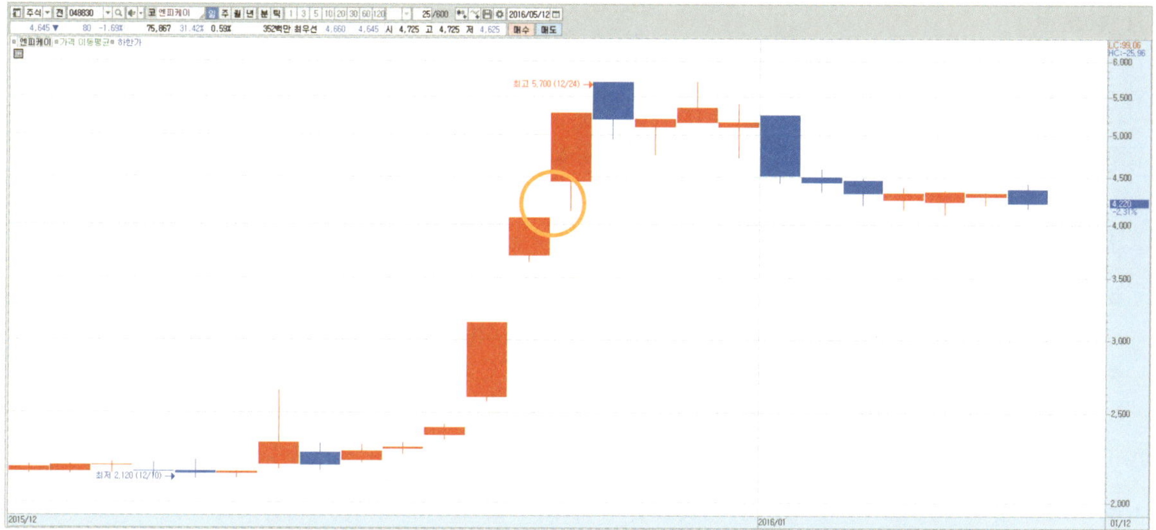

⑤ 섬꼴반전

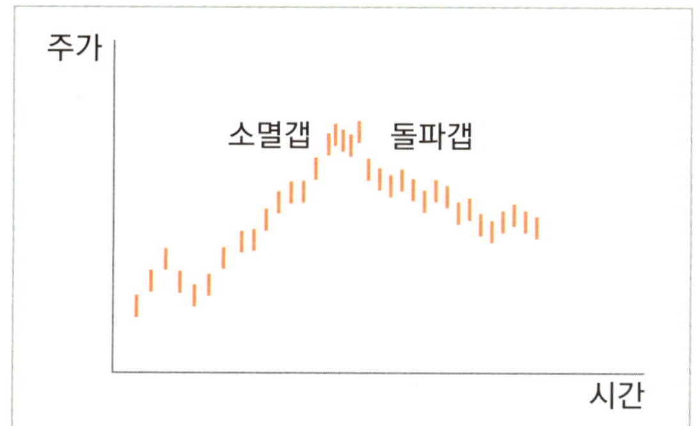

소멸갭과 돌파갭으로 이루어지는 두 개의 갭이 섬 모양으로 떠있는 것을 의미한다. 이런 형태가 나타나면 반전패턴을 의미하며, 만약 반전이 되지 않더라도 지금까지의 추세가 얼마 동안은 멈춘다는 신호로 해석한다.

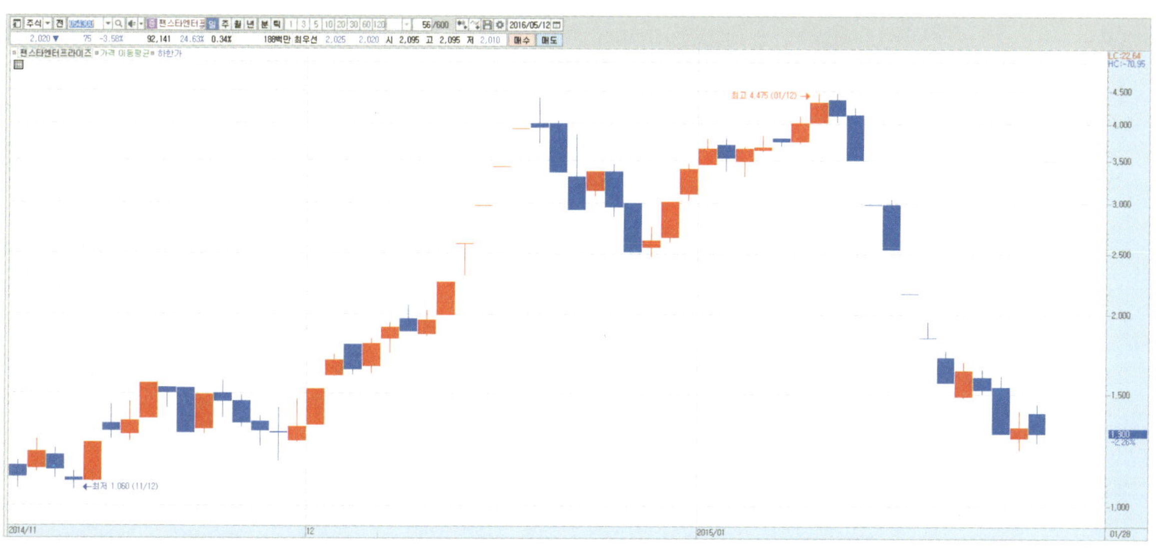

3) 되돌림

① 의미

주된 추세가 일단 멈추면 추세의 움직임과는 반대로 나타나는 시장가격의 움직임을 말한다.

② 비율

- 일반적으로 되돌림 비율은 50%이다. 예를 들어 A전자 주식이 1,000원에서 2,000원으로 올랐다고 한다면 상승폭의 절반인 1,500원 만큼까지는 하락할 수 있다는 의미가 된다.
- 33% (1/3), 66% (2/3) 등도 분석가에 따라 중요하게 본다.

③ 이용법

- 추세의 움직임이 끝나고 되돌림 움직임이 확인된다면, 각 비율에서 강한 저항선이나 지지선이 형성될 것을 예측할 수 있다
- 매수하려고 한 주식의 매수 시점을 놓쳤을 경우 되돌림을 이용한다면 단기저점 매매에 이용할 수 있다. 매도의 경우에도 되돌림을 이용하면 손실의 일부를 줄일 수 있는 매도 기회가 될 수 있다.
- 주추세를 반드시 확인해야 한다.

④ 트라이던트 시스템

- 되돌림 움직임을 이용하는 거래기법으로, 외환시장에서 딜러들 사이에서 널리 사용되고 있다.
- 모든 시장가격의 움직임은 바로 직전의 움직임과 거의 유사하게 나타난다는 것으로 가격을 예측하는 방법이다.
- 천장과 바닥을 잡으려고 노력하기보다는 전체의 추세 움직임 중에 절반을 취한다.
- 즉, 매입시점은 되돌림이 끝나고 새로운 추세의 25% 지점에서 결정되고, 매도시점은 새로운 추세의 75% 지점으로 결정된다.

5. 박스권 매매의 이해

① **저항** : 상승흐름을 방해하는 가격 선, 주식을 가지고 있는 사람은 대부분 팔고 싶어 하는 자리

매수추세가 저항을 만나면 매도물량을 맞게 되어 매도물량을 소화시키는 자리이다. 소화시킬 물량이 많을수록 강한 저항이 된다.

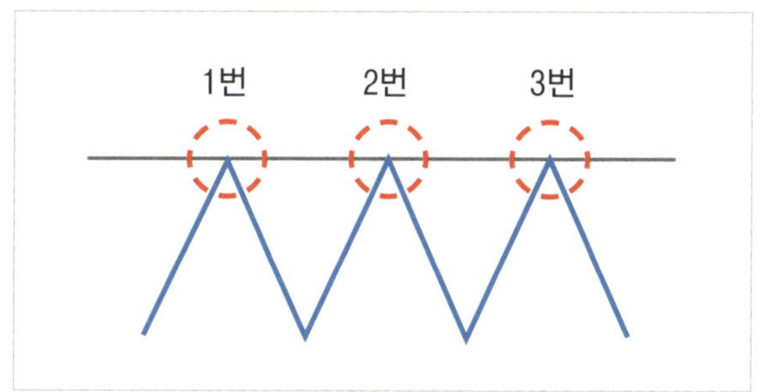

② **지지** : 하락흐름을 막는 가격 선, 주식을 하는 사람이 대부분 사고 싶어 하는 자리

매도추세가 지지를 만나면 매수물량을 맞게 되어 매수물량을 소화시키는 자리이다. 저가 매수세가 많이 붙을수록 강한 지지가 된다.

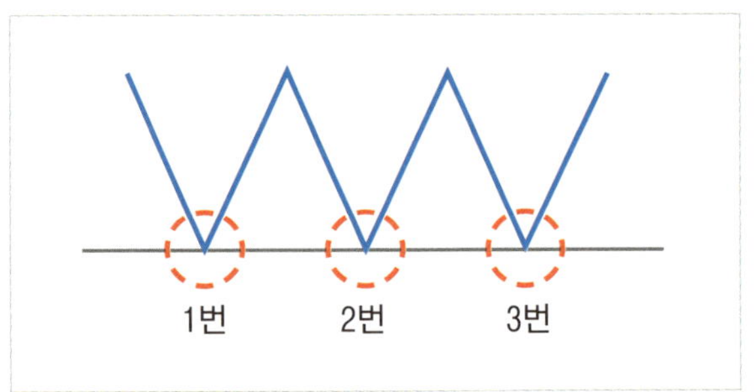

1) 저항과 지지

'열 번 찍어 안 넘어가는 나무 없다.' 라는 속담이 있다. 이 속담은 저항과 지지에도 인용될 수 있는 말이다.

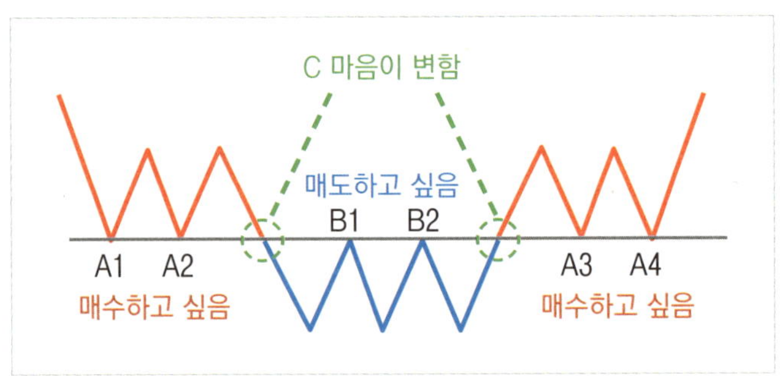

주식시장에 "절대진리"는 없다. 지지선도 언젠간 저항선이 되고 지지선도 저항선이 될 수 있다.

주가가 좌측 붉은 라인선에서 박스권을 이루고 있다면 검은선은 지지선이 된다.
A1에서 매도물량이 저가매수세를 만나 주가지지에 성공하고
A2에서 또 다시 매도물량이 저가매수를 소화시키지 못하고 반등했다.
A3에서는 어떨까? 지지선에서 주가를 계속 지지할수록 지지선이 견고하고 튼튼하다는 의미지만, 그 동안 저가매수의 물량이 지속적으로 소화됨으로써 지지선의 견고함도 약해질 수 있다. 추가적으로 투자자의 심리적인 요인도 적용된다면 지지선은 무너지게 된다.

지지선이 무너지면 어떻게 될까?

지지선이 무너지면 주가는 새로운 가격대를 만들게 되고 이전 가격대는 다시 올라가야 할 목표가 되면서 지지가 저항으로 바뀌게 된다. B1, B2는 저항에 막히는 주가의 모습을 보여준다.

2) 박스권?

주가가 일정한 가격범위 내에서 상승하거나 하락하며 박스의 모양으로 움직이는 것으로, 보합장 범위 안에 움직임이 나타나는 것이 특징이다.

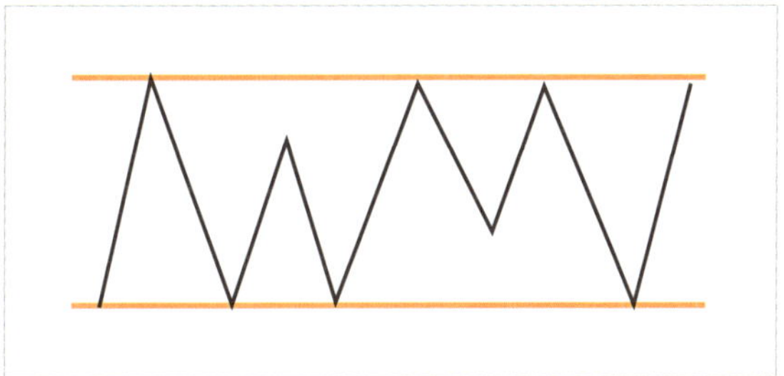

① 박스권 매매의 장점

박스권 상단 저항과 하단 지지를 이용한 매매가 가능하다.

- 지지선에서 매수 시점 고려 가능
- 저항선에서 청산 시점 고려 가능
- 박스권 상단 돌파 시 매수 시점 고려 가능
- 박스권 하단 돌파 시 매도 시점 고려 가능

② 박스권 매매의 단점

박스권 하단부터 상단까지의 주가수익률이 낮으면 박스권 매매를 하기 어렵다.

> ▶ **박스권 매매 시 주의사항**
>
> - **매수진입 시** : 가격이 박스권 하단 이탈 시 돌파갭이 출현할 가능성이 높고 그에 따른 손실이 발생할 수 있다.
> - **매도진입 시** : 가격이 박스권 상단 이탈 시 돌파갭이 출현할 가능성이 높고 그에 따른 손실이 발생할 수 있다.

박스권의 기간이 짧으면 박스권 신뢰도가 낮다.

6. 박스권 매매 흐름을 통한 매매방법

1) 박스권 매매를 통한 매매기법

박스권 매매 주가흐름

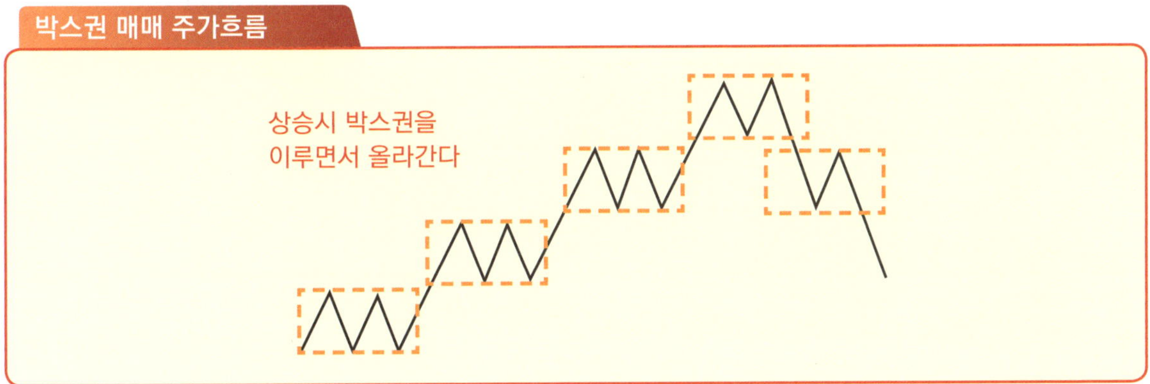

주가는 박스권을 이루면서 상승한다. 일봉이하 시간봉, 분봉을 이용하면 박스권 가격대의 흐름파악이 좀 더 쉬워진다.

박스권을 이루며 올라가는 차트는 쉽게 볼 수 있다. '계단을 치며 올라간다.'라고 말하기도 하며 5번의 상승 계단 이후 조정받거나, 추세가 바뀌는 경향이 있다.

2) 박스권 매수포인트

매수포인트

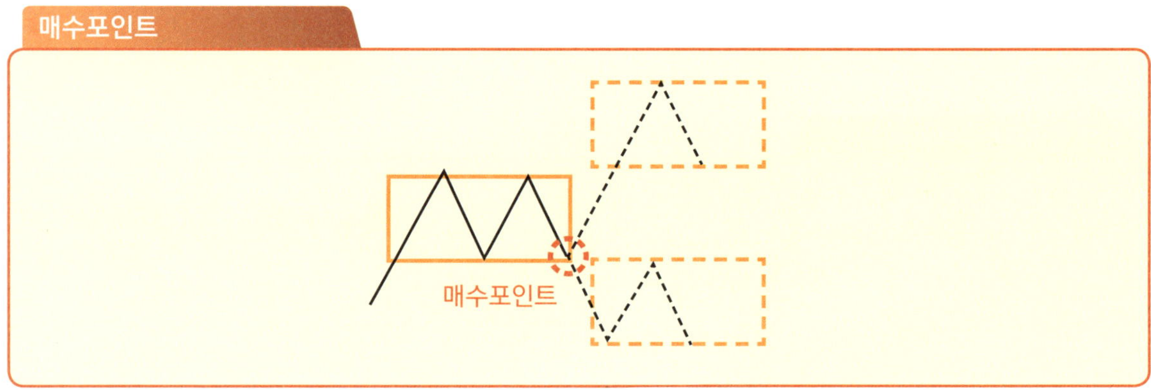

박스권 거래량 흐름을 비교해보면서 이탈의 지점을 잡아내자. 추세의 시작이 될 수도 있기 때문에 큰 수익을 볼 수도 있다.

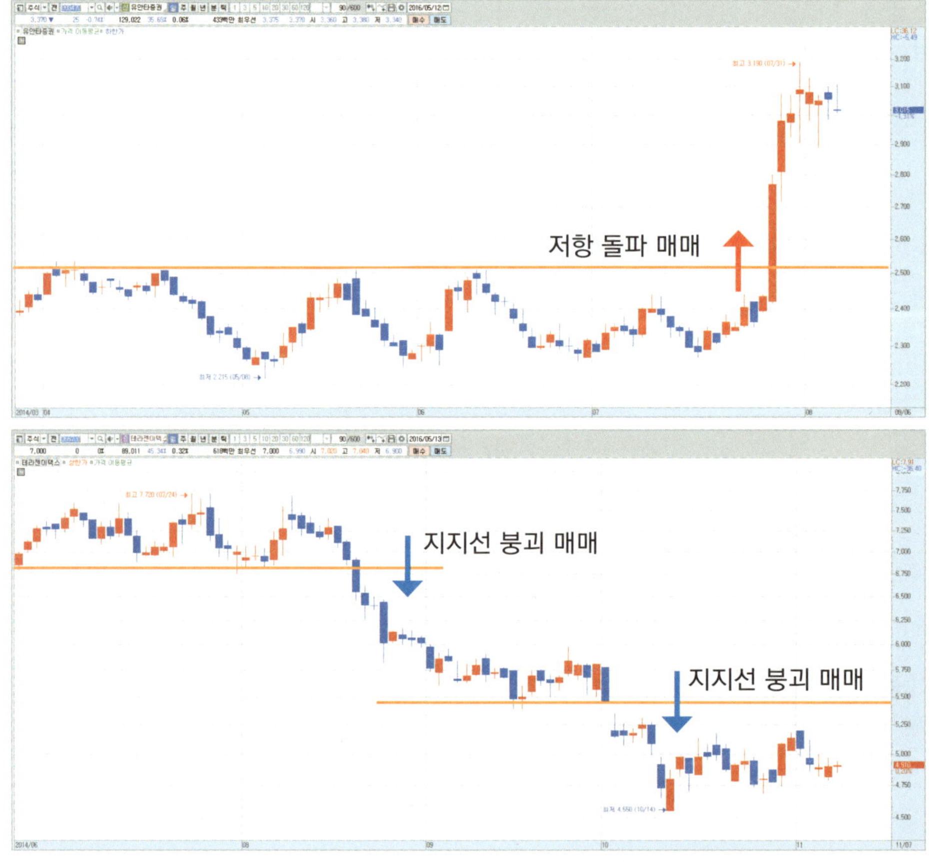

지지선 라인을 무너뜨리는 차트다. 주식거래는 지지선이 붕괴되었을 때 대응이 중요하다.

3) 미달되는 부분을 감안해서 호가를 나눠 매수하자

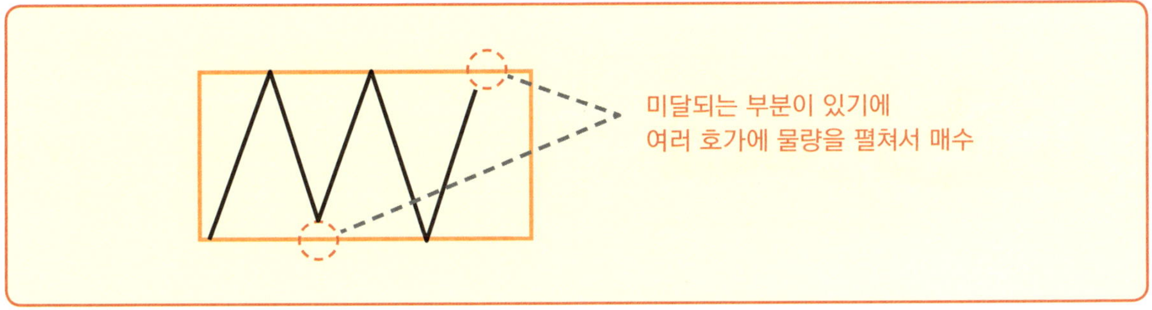

박스권 하단에서 매수를 하고 상단에서 매도를 하는 것은 차트분석의 기본이다. 하지만 대기물량이 많아 체결의 어려움이 있기 때문에 주가는 항상 완전히 바닥을 찍고 완전히 천장을 찍지 않는다. 분할 매수와 분할 매도를 통해 접근하여 계획에 가까운 거래를 할 수 있다.

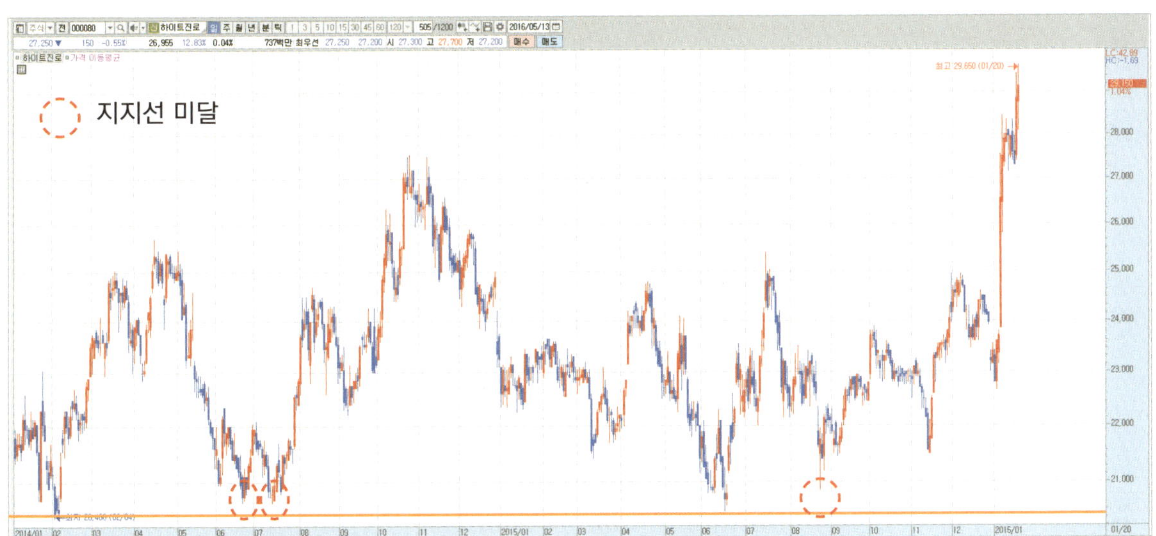

하이트진로의 2014년 1월부터 2016년 1월까지 2년간 박스권 주가 움직임을 나타낸 차트이다.
지지라인을 근접했을 때 매수를 했더라면 박스권 수익을 얻을 수 있지만 동그라미 친 부분은 지지선에 근접했지만 닿지 않았기 때문에 지지선에서 매수하기 위해 기다렸던 투자자는 매수기회조차 잡을 수 없었을 것이다.

4) 박스권 매매 주가흐름을 이용하라

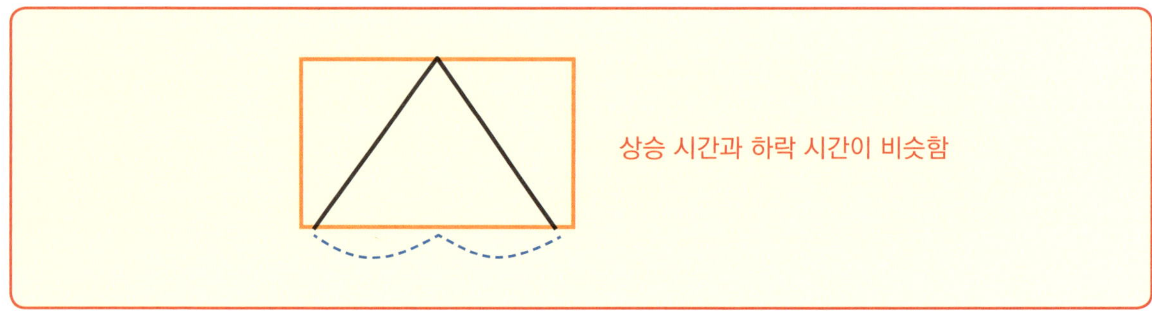

상승 시간과 하락 시간이 비슷한 점이 박스권에서의 특징이며, 상승한 기간보다 빠르게 지지선으로 다시 되돌아왔다면 지지가 무너질 가능성이 더 높고, 하락한 기간보다 빠르게 저항선으로 다시 되돌아왔다면 저항이 뚫릴 가능성이 높다.

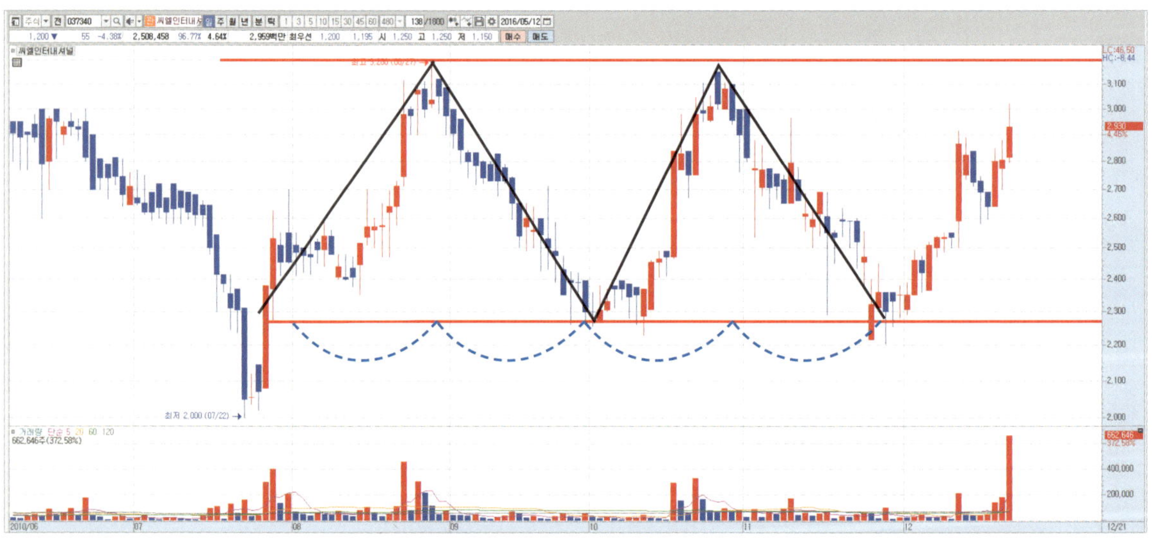

상승과 하락의 시간이 비슷한 박스권의 흐름을 보이는 차트다. 상승기간과 하락기간이 완전한 대칭을 이루지는 않지만, 일반적인 박스권 움직임에서는 대체로 비슷한 시간의 흐름을 보여준다.

기본적 분석과 기술적 분석, 정답은 무엇인가?

주식투자에 대해 무엇이 옳다, 틀리다는 판단은 무의미하다고 생각한다. 어떤 주식투자자도 이를 판단할 수 없고, 어쩌면 돈을 버는 매매만이 정답일지도 모른다. 보통 투자자들에게 방법 측면에서 주식투자를 어떻게 하고 있냐고 물으면 가치 분석과 기술분석, 크게 이 두 가지 범주에서 답을 하곤 한다. 이 둘 중 과연 무엇이 정답일까?

결론부터 말하자면 둘 다 정확한 정답은 아니다. 가치투자가 바탕이 되지 않는 기술 분석은 아무 의미가 없으며, 둘은 뗄 수 없는 밀접한 관계에 있기 때문이다. 다시 말해 어느 한쪽만 가지고는 성공할 수 없다는 것이 정답이라고 할 수 있다.

어떤 의미에서 보면 가치분석은 결국 기술분석과 하등 다를 바가 없다. 가치분석도 결국 기술 분석의 다른 이름일 뿐이라는 것이다. 차트를 보고 보조지표다 뭐다 보면서 연구하는 것과 기업분석을 하고 회계분석을 하고 경제 분석을 하는 게 뭐가 다른 것일까? 접근하는 방법만 틀릴 뿐이지, 결국은 다 똑같이 기술적인 분석이 아닌가?

생각해보면 대세상승기에는 아무나 돈을 갖다가 펀드에 맡겨도 누구나 돈을 벌고, 대세하락기에는 어떠한 가치분석가도 돈을 잃는다. 그렇다면 가치분석이 무슨 의미가 있겠는가? 바로 여기서 출발하게 된 것이 기술적 분석이다. 개인투자자 입장에서는 아무리 연구하고 노력해도 유명한 경제학자나 기관의 애널리스트보다 더 기본적 분석을 잘할 수 없기에, 결국 기술적 분석으로 갈 수 밖에 없다.

그럼 개인투자자가 기술적 분석을 통해서 주식 시장을 바라보는 눈은 어떻게 찾아야 할까? 결론부터 말하면 다른 방법은 없다. 오로지 자신의 노력을 통해서만 찾을 수 있다.

현재 우리가 기술적 분석에서 쓰고 있는 일련의 지표들은 투자에 있어 한 시대를 풍미했던 사람이 평생에 걸친 노하우와 연구를 통해서 만들어낸 것이다. 그런데 이를 단 한권의 책으로, 또 얼마간의 시간으로 전부 이해한다는 건 어불성설이다. 어떤 지표를 만들어놨으니까 그냥 이대로 해라, 이렇게 가르쳐주는 건 그냥 알려주는 것에 불과하다. 그냥 알고 있는 것 그 이상도, 그 이하도 아니다.

정말 중요한 건 그냥 책으로 읽어서 익히는 것이 아니다. 하나를 집요하게 붙잡고 이 캔들 하나가 진짜로 의미하는 게 무엇인지를 알기 위한 노력 끝에 그 의미를 진짜 깨우치는 것이다. 일련의 노력을 통해 겉에 보이는 것뿐만 아니라 진짜 의미를 깨닫고 이해할 수 있을 때, 투자의 이면을 정확히 꿰뚫어 보아 시장에서 성공할 수 있는 눈을 가지게 되는 것이다.

주식은 어느 하나만 가지고 되는 것도 아니고, 겉으로만 익혀서 되는 것도 아니며, 수많은 노력을 통해 그 의미를 진짜로 알고 그 모든 것을 조화롭게 이용할 수 있을 때 비로소 시장에서 살아남을 수 있는 훌륭한 투자자가 될 수 있다는 점을 꼭 기억하기 바란다.

– 청개구리투자클럽 칼럼 中

VI. 기초회계

1. 기초 금융 회계 개념잡기

▶ 회계란?

가정의 어머니가 집안의 수입과 지출을 가계부에 기록하면서 한 달 동안 가정의 돈의 흐름을 관리하곤 한다. 아버지의 월급을 수익으로 시작해 각종 비용을 하나씩 기입하면서 나중에 돈이 얼마나 남는지 계산해보고, 지출이 어느 정도였는지 판단할 수 있다.

가정뿐만 아니라 기업들도 모두 가계부를 작성한다. 하지만 기업은 움직이는 돈의 규모가 많고, 다양한 곳에서 돈이 나가고 들어오기 때문에 가정의 가계부보다 더 정교하게 작성되어야 한다. 이렇듯 기업에서 돈이 들어오고 나가는 흐름을 기록하는 과정을 회계라 한다.

기업은 회계를 통해 기업의 경영 상태를 확인해 볼 수 있고, 기업의 투자자는 재무 상태를 분석해 투자를 결정할 수 있다. 기업이 회계를 작성하는 방식은 가계부와 다르다. 일명 '복식부기'라는 방식으로 돈의 흐름을 기록하고, 정리한다.

1) 복식부기의 기원

● 복식부기의 발자취

〈중세 유럽 시장의 모습〉

① 12세기경 이슬람 상인들의 거래에서 시작되었다는 기원설이 있다.
② 베네치아와 제노바의 상인들을 통해 유럽에 소개되었다.

③ 19세기 영국에서 현대회계의 기본이 형성되었다.
④ 일본에서도 메이지 6년(1873)에 미국의 부기교과서를 번역해 도입하였다.

2) 복식부기의 특징

차변		대변	
계정과목	금액	계정과목	금액

① 거래의 이(二)면성

- 부기적 거래에는 원인 측면과 결과 측면이 있다.
- 하나의 거래에 대해 두 가지 측면을 모두 반영한다. 돈이 들어왔으면 돈이 들어온 것이 끝이 아니라, 반대편에 어디서/왜 돈이 들어왔는지에 대한 내용도 함께 기입한다.

② 대변(오른쪽)과 차변(왼쪽)을 나눠서 원인과 결과의 관점으로 기입한다.

- 보통 대변(오른쪽)을 원인, 차변(왼쪽)을 결과로 기입한다.

③ 회사 결산보고에는 복식부기의 원칙에 의해서 작성한다(재무상태표, 손익계산서 등).

3) 복식부기의 원리

① 특정시점의 재산을 보여주는 방법(저량) : **재무상태표**를 통해 나타낸다.

자산 = 부채 + 자본(자본 = 자산 − 부채)

기업이 보유하고 있는 재산은 자산과 부채, 자본으로 나뉜다. 자산이 부채와 자본으로 합쳐졌다는 점은 쉽게 이해할 수 있다. 개인이 자동차(자산)를 구입할 때 자기가 가지고 있던 돈(자본)과 은행에 대출(부채)을 받는다. 자동차라는 자산은 자기 돈이라는 자본과 은행의 대출이라는 부채가 합쳐진 가치와 같다. 자산, 부채, 자본은 연초, 연말 등 특정 시점에서 존재하는 재산을 나타내기 때문에 저량의 개념이다.

차변	대변
자산 증가, 부채 감소, 자본 감소	부채 증가, 자본 증가, 자산 감소

a. 자산 = 부채 + 자본이라는 공식에 따라 차변은 자산의 증가, 대변은 부채, 자본의 증가를 나타낸다. 반대로 차변에는 부채와 자본의 감소, 대변은 자산의 감소를 표시한다.

b. 대변은 원인을 나타내고, 차변은 결과를 나타낸다 했기 때문에 대변의 결과가 차변이라고 이해하면 된다.

〈예시〉 (차)현금/(대)차입금(대출) → (차)자산 증가/(대)부채증가 – 기업은 대출을 통해서 현금을 조달했다.

(차)차입금/(대)현금 → (차)부채감소/(대)자산감소 – 기업은 현금을 지불해서 과거 빌렸던 돈(차입금)을 갚았다.

차변은 돈이 들어오는 개념, 대변은 돈이 나가는 개념이라고 이해하면 재무상태표를 쉽게 이해할 수 있다. 보통 야구에서 투수와 포수의 위치로 비유하곤 한다.

② 일정 기간동안 이익을 보여주는 방법(유량) : 손익계산서를 통해 나타낸다.

수익 = 비용 + 당기 순이익(당기 순이익 = 수익 – 비용)

재무상태표가 특정 시점에 자산, 부채, 자본의 크기를 보여준다면 손익계산서의 수익과 비용은 '일정 기간(보통 1년)' 동안의 흐름을 집계해서 나타낸다.

> **▶ 수익과 이익의 차이**
>
> • 수익 : 순수하게 기업이 벌어들인 돈의 총합을 말한다.
> • 이익 : 벌어들인 수익에서 각종 비용을 다 제외하고 남은 돈을 말한다.

차변	대변
비용의 발생	수익의 발생

a. 차변에는 비용의 발생, 대변에는 수익의 발생을 표시한다.

> 〈예시〉 하루 동안 아르바이트를 해서 10만 원을 벌었다.
>   (차)현금 10만 원/(대)용역 수익 10만 원 → (차)자산증가/(대)수익발생
>
>   직원에게 월급 200만 원을 지급했다.
>   (차)급여 200만 원/(대)현금 200만 원 → (차)비용발생/(대)자산감소

③ 복식부기의 원리(시산표)

시산표	
자산	• 부채
	• 자본
비용	• 수익

- 유량과 저량식을 연결(기말순자산 − 기수순자산 = 당기순이익)
- 시산표를 통해 나타낸다. 시산표는 단순하게 재무상태표, 손익계산서의 내용을 차변, 대변에 맞추어 합친 것에 불과하다.
- 시산표(재무상태표 + 손익계산서)

④ 복식부기로 작성한 기업의 결산보고서

대차 대조표(저량)		손익계산서(유량)	
자산	• 부채	비용	• 수익
	• 자본		
	• **누적 순이익**	당기 순이익	

손익계산서상의 수익에서 비용을 뺀 금액이 그 기간 동안(당기) 벌어들인 이익이 된다. 손익계산서의 당기 순이익은 재무상태표의 자본항목으로 추가되고, 자본의 증가는 자산의 증가로 이어지기 때문에 기업 가치는 더욱 커지게 된다.

3) 복식부기의 장점(예시)

〈예시〉

장진수 씨는 퇴직금 1억 원으로 소규모 개인 창업을 하였다. 내부 인테리어 비용과 필요자금을 회사명으로 은행에서 1억 원을 대출 받아 총 2억 원으로 사업을 시작하였다. 장진수 씨는 1년 동안 1억 원의 물건 1개를 구매 후 2억 원에 판매하였다.

① 단식부기로 기입

기초잔액	2억 원
수입	2억 원
지출	−1억 원
기말잔액	3억 원

a. 퇴직금 1억 원과 대출금 1억 원을 합쳐 기초잔액 2억 원이 생겼다.
b. 물건을 2억 원에 팔았기 때문에 수입으로 2억 원이 생겼다.
c. 물건은 1억 원을 주고 사온 것이기 때문에 지출 1억 원이 발생했다.
d. 기초잔액(2억 원) + 수입(2억 원) − 지출(1억 원) = 기말잔액(3억 원)

② 복식부기로 기입

복식부기를 사용하면 단식부기와 달리 자산이 어디서 유입되고 나갔으며, 그 원인이 무엇인지 세세하게 기록하고 이해할 수 있다.

구분	차변	대변	비고
a. 창업 시(퇴직금)	현금 1억 원	자본금 1억 원	자산증가, 자본증가
b. 은행 대출 시	현금 1억 원	차입금 1억 원	자산증가, 부채증가
c. 물건 구매 시	재고자산 1억 원	현금 1억 원	자산증가, 자산감소
d. 물건 판매 시	현금 2억 원	매출 2억 원	자산증가, 수익발생
	매출원가 1억 원	재고자산 1억 원	비용발생, 자산감소

a. 창업 시 퇴직금으로 받은 현금 1억 원은 자기 돈이기 때문에 자본금으로 잡힌다. → (차)자산증가/(대)자본증가

b. 은행에서 대출한 현금 1억 원은 빌린 돈, 즉 부채지만 현금이 유입되었기 때문에 자산도 증가한다. → (차)자산증가/(대)자본증가

c. 물건 구매 시 현금 1억 원을 지불하고 물건이라는 자산을 취득한다. → (차)자산증가/(대)자산감소

d. 물건을 판매할 때는 두 가지 상황이 발생한다.
   - 첫째, 물건을 팔면서 현금 2억 원을 받았기 때문에 수익이 발생하면서 자산이 증가한다. → (차)자산증가/(대)수익발생
   - 둘째, 물건은 1억 원을 주고 사온 것이기 때문에 물건이라는 자산이 사라지면서 비용으로 처리한다. → (차)비용발생/(대)자산감소

③ 재무상태표와 손익계산서에 정리

재무 상태표		손익 계산서
자산 : 현금 3억 원	부채 : 차입금 1억 원 자본 : 자본금 1억 원, 이익잉여금 1억 원 ←	매출액 2억 원, 매출원가(1억 원), 당기순이익 1억 원

a. 물건을 팔아 생긴 수익 2억 원은 매출로, 팔 물건을 사기 위해 지불한 비용 1억 원은 매출원가로 계산해 실제 순이익은 1억 원이 발생하였다.

b. 손익계산서에서 발생한 순이익 1억 원은 자기 돈이기 때문에 재무상태표의 자본으로 포함된다.

c. 재무상태표에서는 퇴직금으로 받은 1억 원(자본금)과 은행에서 차입한 1억 원(차입금)으로 구성된 현금 2억 원이 있었고, 물건을 팔아 생긴 순이익 1억 원이 합쳐져 총 3억 원의 현금(자산)이 생기게 된다.

d. 손익계산서에서는 기업이 일정 기간, 얼마만큼 돈을 벌어들였는가가 나타나고, 재무상태표에서는 이러한 기업 활동의 결과로 지금 기업의 재산이 어느 정도이고, 어떻게 구성이 되어 있는지 나타난다.

4) 기초 회계 개념

① 발생주의와 현금주의

a. 발생주의
   - 현금의 유/출입에 무관하게 거래가 발생한 시점을 기준으로 회계장부에 기록하는 방법이다.
   - 대부분의 기업과 국가가 발생주의 회계원칙을 기본으로 삼고 있다.
   - 현금주의를 적용하면 기업의 가치를 제대로 반영하지 못하는 경우가 생기기 때문에 발생주의를 통해 모든 거래와 재무상 움직임을 반영하고자 한다.

b. 현금주의
   - 현금의 유출입이 실제 발생하였을 때 회계장부에 기록하는 방법이다.
   - 발생주의에 비해 작성과 이해가 간단하다.

- 현금흐름이 중요한 산업에서는 현금주의로 표현된 재무제표가 더 효과적일 수 있다(카지노, 로또, 경마 사업 등).

〈예시〉

A기업은 1,000억 원 가량의 제품 판매 계약을 체결했다. 제품 판매는 내년에 이루어지고, A기업은 필요한 제품을 생산하기 위해 200억 원의 비용을 지출했다.

- 현금주의 : 1,000억 원의 수익이 내년에 발생할 것이 확실하지만 올해 회계에는 기록되지 않고, 단순히 발생된 비용 200억 원만 기록된다. 앞으로 발생될 수익을 모른 채 비용이 늘어나면 재무 상황이 악화되고 기업의 가치는 떨어지게 된다. 기업 활동이 제대로 반영되지 못한 상황이다.
- 발생주의 : 계약을 체결한 시점에 1,000억 원에 대한 수익을 회계에 반영하기 때문에 비용이 발생했다 하더라도 그 용도를 이해하고, 앞으로 발생할 수익과 상계시켜 실제 기업이 벌어들일 수익을 정확히 계산, 파악할 수 있다.

---

② 발생주의에서 수익을 인식하는 시점

다음 두 가지 요건이 모두 충족되는 시점에서 수익으로 인식한다(실현주의).

a. 수익이 실현되었거나 실현 가능한 시점
   - 실제로 현금이 들어오거나 특정 시점에 현금이 들어올 것이 확실시 되는 시점에 수익으로 인식한다.

〈예시〉

물건을 판매하고 신용카드로 결제를 받았다. 당장 현금이 들어온 것은 아니지만 카드사를 통해 월말에 현금이 들어올 것이 확실시 되기 때문에 수익으로 인식하여도 문제없다.

---

b. 구매자에게 가득요건(결정적인 노력)이 완료된 시점
   - 수익이 발생하기 위해서는 대가를 받을 만한 제품이나 서비스를 제공했을 때 가능하다.
   - 제품이 판매했을 때는 확실히 가치를 전달했기 때문에 수익으로 인식하는 것이 쉬우나, 용역이나 서비스와 같은 무형의 가치는 회계기준에 따라 어느 정도 서비스나 용역이 완료되었을 때, 수익으로 인식할 수 있다.

2. 재무제표 이해하기

> ▶ 매출액만 잘 나오는 기업이 좋은 기업일까?
>
> 기본적 분석으로 투자하려면 배우자를 고르듯 꼼꼼히 재산 및 지속적인 수입을 고려하여 판단해야 한다.

1) 기업을 평가하는 기준

① 기업의 현재의 재산을 보는 지표는 재무상태표
② 기업의 일정기간 동안의 수입을 보는 지표는 손익계산서
③ 현재까지의 실적은 재무보고서를 통해 확인 가능

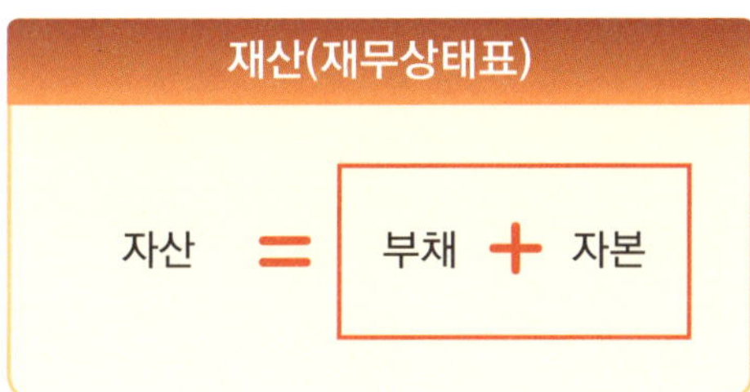

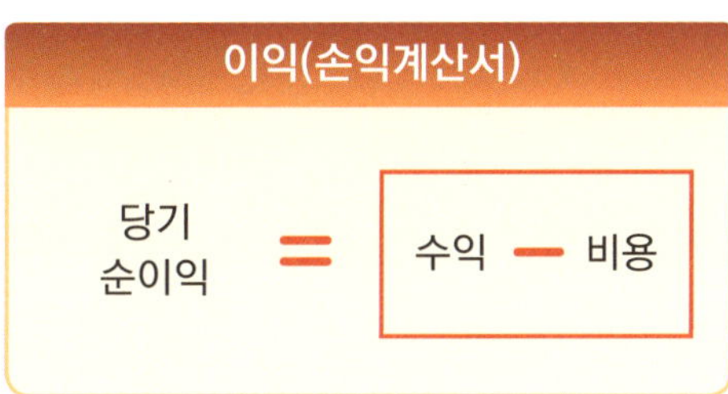

- 자산은 부채와 자본의 합이다.
- 재무상태표에서는 자산, 부채, 자본으로 구성되어 있고, 기업의 특정 시점 재산 상태를 보여준다(저량).
- 수익에서 비용을 차감하면 당기 순이익이 나온다. 손익계산서는 수익과 비용으로 구성되어 있고, 위에서 아래로 금액들을 빼고 더해서 남은 최종 금액이 당기 순이익이며, 특정 기간 동안 기업이 벌어들인 돈의 흐름을 보여준다(유량).

2) 재무상태표

재무상태표는 자산과 부채, 자본으로 구성되어 있다.

재무상태표	
• 자산 유동자산 : 현금 및 현금성 자산, 단기금융자산, 재고자산 비유동자산 : 장기금융자산, 기계/토지/부동산, 무형자산	• 부채 유동부채, 비유동부채
	• 자본 자본금, 주식발행초과금, 이익잉여금, 기타포괄누계액

① 자산

자산은 유동자산과 비유동자산으로 분류된다.

> **a. 유동자산은 보통 1년 이내에 현금화할 수 있는 자산을 말한다.**
> - 현금 및 현금성 자산, 단기금융자산, 매출채권, 재고자산 등이 이에 속한다.
> - 기업에게 유동자산이 많다는 점은 그만큼 현금 유동성이 높고, 변수에 대한 유연한 구조를 가지고 지니고 있다고 판단할 수 있다.
>
> **b. 비유동자산은 1년 이내에 현금화가 어려운 자산을 말한다.**
> - 장기금융자산, 유형자산, 무형자산
> - 금융자산은 1년을 기점으로 유동자산과 비유동자산으로 나뉜다. 유형자산은 기계, 토지, 부동산 등이 속하며, 무형자산은 소프트웨어, 지적재산권, 특허권 등 눈에 보이지 않지만 자산으로 인정해주는 것들을 말한다.

② 부채

부채는 자산과 마찬가지로 유동부채와 비유동부채로 분류할 수 있다.

> **a. 유동부채는 보통 1년 이내에 현금화할 수 있는 부채를 말한다.**
> - 매입채무, 단기차입금, 미지급비용 등이 속한다.
>
> **b. 비유동부채는 1년 이내에 현금화가 어려운 부채를 말한다.**
> - 회사채 발행, 금융리스부채, 급여부채 등이 속한다.

③ 자본

자본은 자산에서 부채를 차감한 부분으로 크게 네가지로 분류된다.

> **a. 자본금(보통주, 우선주)**
> - 회사가 발행한 '주식수 × 액면가액'을 말한다.
> - 자본금은 크게 보통주 자본금과 우선주 자본금으로 나누어져 있고, 대부분의 기업은 보통주를 많이 발행한다.
>
> **b. 주식발행초과금**
> - 주식을 발행할 때, 자본금을 초과하는 부분을 말한다.
> - 가령 1만 주를 발행했고, 발행가액이 5,000원이지만, 가치평가로 인해 1만 원에 발행되었다면, 자본금은 1만 주 × 5,000원 = 5,000만 원이지만, 실제로 받은 돈은 1만 주 × 1만 원 = 1억 원이 되므로, 자본금을 제외한 나머지 '1억 원 – 5,000만 원 = 5,000만 원'은 주식발행초과금으로 장부에 기록된다.

c. 이익잉여금

- 매년 발생되는 손익계산서 상의 당기순이익이 재무상태표의 이익잉여금 항목으로 이동한다.
- 이익잉여금이 높다면 주주에게 돌아갈 몫이 많아진다. 이익잉여금을 바탕으로 주주에게 분배할 배당금을 결정하게 된다.

d. 기타포괄누계액

- 손익계산서에는 당기순이익뿐만 아니라 기타포괄손익이라는 항목이 있다. 당기순이익이 재무상태표 자본 상에 이익잉여금으로 쌓인다면, 기타포괄손익은 기타포괄누계액이라는 항목에 쌓이게 된다.
- 기타포괄손익은 이익잉여금과 다르게 주주에게 배당금으로 활용될 수 없다. 대신 이익이 확정되면 이익잉여금으로 옮겨갈 수 있기 때문에 주주 입장에서는 이익잉여금과 기타포괄누계액이 많은 기업이 좋다.

3) 손익계산서

손익계산서는 수익과 비용으로 구성되어 있다.

▶ 손익계산서 구성 항목

매출액	한 해(혹은 분기)에 판매한 물건과 서비스의 총금액
− 매출원가	물건과 서비스를 만들고 파는데 든 비용
= 매출총이익	매출액에서 매출원가를 뺀 금액
− 판매비와 관리비	물건을 보관/운송하거나 판매/관리하는 데 드는 비용으로 급여, 복리후생비, 광고비 등
= 영업이익	한 기업의 핵심영업활동(본업)에서 발생한 이익, 가장 중요한 성과지표 중 하나
± 영업외 손익	영업활동 이외에 발생한 이익으로 이자, 배당, 외환, 유가증권 처분 등에서 발생
− 법인세 비용 등	기업에서 내는 세금 등
= 당기 순이익	본업과 부업에서 발생한 이익을 합하고 세금 등을 제외한 이익

① 매출액(상품가격 × 판매가격)

- 한 해(혹은 분기) 동안 판매한 물건과 서비스의 총금액을 말한다. 경제학에서 말하는 'P(가격) × Q(수량)'으로 계산한다.
- 손익계산서의 가장 상단에 존재하고 매출액을 시작으로 각종 수익과 비용을 반영하며 당기 순이익을 계산한다.

② 매출원가(기초상품재고 + 당기구매액 – 기말상품재고)

- 물건과 서비스를 만들고 파는 데 든 비용을 말한다.
- 흔히 말하는 원가로 이해하면 쉽고, 매출액에서 매출원가를 빼야 기업이 벌어들인 이익에 가까워진다.

③ 판매비와 관리비

- 물건을 보관/운송하거나 판매/관리하는 데 드는 비용으로 급여, 복리후생비, 광고비 등이 속한다.
- 물건과 서비스를 만들고 파는 직접적인 비용을 제외한 제품의 판매와 관리에 필요한 마케팅비, 보관비용, 운송비, 급여 등이 포함된다.

④ 금융수익/비용

- 기업의 영업활동과 관계없이 발생한 이익/비용을 말한다.
- 금융수익은 금융상품에 투자한 후 수취하는 이자수익, 배당수익, 처분이익 등과 기업이 보유한 외화자산/부채에서 발생한 외화환산이익으로 구분된다.
- 금융비용은 차입금에 대한 이자비용, 금융상품 처분손실, 평가손실과 외화자산/부채에서 발생하는 환산손실과 차손 등으로 구성된다.
- 당연히 금융수익이 금융비용보다 많은 것이 좋고, 특히 '이자비용'이 적어야 주주에게 돌아가는 몫이 많아진다.
- 기업도 영업활동뿐만 아니라 투자활동을 같이 하기 때문에 영업과 비영업 활동의 구분을 확실히 지어야 기업을 훨씬 효과적으로 분석할 수 있다.

⑤ 기타수익/비용

- 영업 외의 활동에서 발생하는 수익/비용으로 보통 유 · 무형자산과 관계가 있다. 부동산의 임대업, 유 · 무형자산의 평가 이익/손실 등이 주로 속한다.

⑥ 법인세비용

- 기업도 벌어들인 돈에 세금을 내야 한다. 법인세는 기업이 국가에 내는 세금이고, 세법에 따른 세율로 계산되어 세액이 정해진다.

4) 손익계산서 구성이익

① 매출총이익 = 매출액 – 매출원가

– 매출액에서 매출원가만을 제외한 금액으로 단순히 물건을 판매했을 때 얻은 수익을 말한다.

② 영업이익 = 매출총이익 – 판매관리비

– 매출총이익에서 물건을 판매하기 위해 기업이 지불한 판매관리비를 제한 금액으로 실질적으로 기업이 정상적인 영업활동을 통해 벌어들인 금액을 말한다.
– 국내 주식시장에서는 영업이익으로 기업 가치를 평가하는 경우가 많아 가장 중요한 기업의 성과지표로 활용된다.

③ 세전이익 = 영업이익 – 비영업손익 – 이자비용

– 영업이익에서 기업이 영업활동과 관계없이 들어온 돈과 비용을 제외한 금액을 말한다. 기업의 투자활동, 부채로 인한 비용이 어느 정도인지 가늠할 수 있다.

④ 당기순이익 = 세전이익 – 법인세

– 세전이익에서 정부에 납부해야 할 법인세를 제한 금액으로, 당기순이익을 바탕으로 주주에게 돌아갈 몫이 결정된다.
– 이자비용은 채권자라는 이해관계자에게 지불하는 비용, 법인세는 정부라는 이해관계자에게 지불해야 하는 비용이다.

> ▶ 주식 분석 시 어떤 이익이 가장 중요할까?
>
> 경제시장에서 기업과 이해관계자에게 분배하기 직전의 이익인 영업이익이 기업가치에 가장 중요한 이익이다.

3. 재무비율 구하기 1

▶ **분석을 위해서는 비교대상이 있어야 한다.**

지금까지 공부한 재무제표를 실제로 투자 지표로서 활용하기 위해서는 분석을 하여야 한다. 이 때, 단순 해당 기업에 대한 분석보다는 다른 동종 기업, 업종 전체와 비교를 통해서 분석을 실시해야 좀 더 투자에 올바른 지표가 도출될 수 있다. 가령 어떤 A, B기업이 모두 1억 원의 이익을 창출했는데, A기업의 자산은 2억 원이고, B기업의 자산이 100억 원이라면 A기업이 더 큰 수익을 이루었다고 판단할 수 있다. 이때 비교 분석을 위해 활용되는 것이 재무비율이고, 재무비율을 통해 기업이 가진 여러 가치를 타당하게 분석할 수 있다. 따라서 재무비율을 사용하는 이유와 방법은 아래와 같다.

- 재무제표 숫자로는 투자에 아무런 답을 주지 못한다.
- 비교대상은 주가 또는 동일업종 경쟁기업이다.

1) 재무비율 분석 : 경쟁기업과 비교 방법

① 양적 분석으로 재무제표들을 구성하고 있는 항목들 간의 관계를 이용한다.
② 분석기업이 동종업계의 기업보다 우량한 기업인지 부실한 기업인지 파악하는 방법이다.
③ 일반적으로 수익성, 안정성, 활동성, 성장성, 유동성의 지표로 분류된다.

2) 수익성 지표

기업이 보유하고 있는 재산을 가지고 얼마만큼의 수익을 올리는지 알아보는 분석으로 기업의 투자대비 얼마나 잉여가치를 창출하는지를 평가할 수 있다.

① 총자산이익률(ROA)

회사의 전체 자산을 이용하여 기업이 이익을 얼마나 창출하는지 알아보는 지표이다.

총자산이익률 = 당기순이익 / 총자산 [총자산 = 부채 + 자본]

총자산은 자기자본과 타인자본의 합, 즉 부채와 자본의 합과 같다. 부채와 자본의 합은 자산이므로 '총자산 = 자산'으로 이해해도 된다. 총자산이익률이 높다는 말은 자기가 가진 재산에 비해 벌어들인 이익이 많다는 뜻이기 때문에 높을수록 수익성도 좋다고 평가할 수 있다.

> 〈예시〉 올해 똑같이 1억 원의 당기순이익을 벌어들인 기업 A, B가 있다. A기업은 자산이 2억 원이고, B기업은 자산이 100억 원이다. 이 둘의 총자산이익률(ROA)는 얼마이고, 어떤 기업이 더 수익성이 좋다고 판단할 수 있는가?

〈풀이〉 A기업 : 1억 원 / 2억 원 = 0.5, B기업 : 1억 원 / 100억 원 = 0.01

A기업이 B기업보다 총자산이익률이 더 높다. 그렇기 때문에 같은 1억 원의 이익을 벌어도 적은 재산으로 이익을 창출한 A기업이 B기업보다 더욱 수익성이 좋다고 판단할 수 있다.

② 자기자본이익률(ROE)

수익성지표로 가장 많이 사용하는 비율로, 순수한 자기 자본 대비 기업이 창출한 이익을 알아보는 지표이다.

> 자기자본이익률 = 당기순이익 / 자기자본 [자기자본 = 총자본(자산) − 타인자본(부채)]

ROE는 자기자본(주주지분)을 활용해 1년간 얼마를 벌어들였는가를 나타내기 때문에 높을수록 효율적인 영업활동을 했다는 뜻이 된다. 일반적으로 ROE가 회사채수익률보다 높으면 양호하다고 평가하고, 주주 입장에서는 시중금리보다 높아야 기업투자의 의미가 생긴다.

기업의 실적을 확인할 때, ROE는 가장 중요한 수익성 지표로 평가된다.

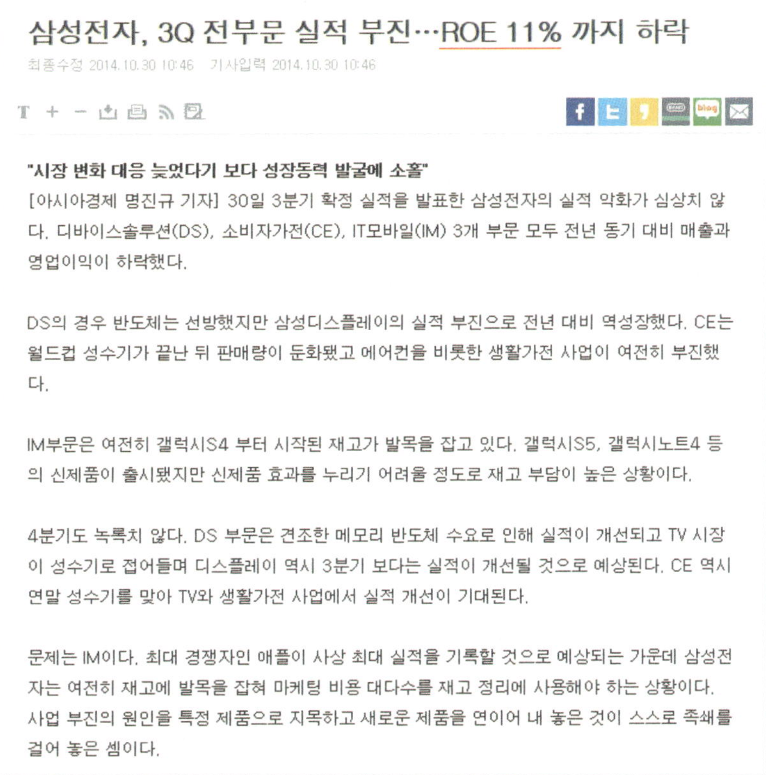

삼성전자, 3Q 전부문 실적 부진…ROE 11% 까지 하락

최종수정 2014.10.30 10:46   기사입력 2014.10.30 10:46

"시장 변화 대응 늦었다기 보다 성장동력 발굴에 소홀"

[아시아경제 명진규 기자] 30일 3분기 확정 실적을 발표한 삼성전자의 실적 악화가 심상치 않다. 디바이스솔루션(DS), 소비자가전(CE), IT모바일(IM) 3개 부문 모두 전년 동기 대비 매출과 영업이익이 하락했다.

DS의 경우 반도체는 선방했지만 삼성디스플레이의 실적 부진으로 전년 대비 역성장했다. CE는 월드컵 성수기가 끝난 뒤 판매량이 둔화됐고 에어컨을 비롯한 생활가전 사업이 여전히 부진했다.

IM부문은 여전히 갤럭시S4 부터 시작된 재고가 발목을 잡고 있다. 갤럭시S5, 갤럭시노트4 등의 신제품이 출시됐지만 신제품 효과를 누리기 어려울 정도로 재고 부담이 높은 상황이다.

4분기도 녹록치 않다. DS 부문은 견조한 메모리 반도체 수요로 인해 실적이 개선되고 TV 시장이 성수기로 접어들며 디스플레이 역시 3분기 보다는 실적이 개선될 것으로 예상된다. CE 역시 연말 성수기를 맞아 TV와 생활가전 사업에서 실적 개선이 기대된다.

문제는 IM이다. 최대 경쟁자인 애플이 사상 최대 실적을 기록할 것으로 예상되는 가운데 삼성전자는 여전히 재고에 발목을 잡혀 마케팅 비용 대다수를 재고 정리에 사용해야 하는 상황이다. 사업 부진의 원인을 특정 제품으로 지목하고 새로운 제품을 연이어 내 놓은 것이 스스로 족쇄를 걸어 놓은 셈이다.

③ 매출액이익률

a. 매출액순이익률

$$\text{매출액순이익률} = \text{당기순이익} / \text{매출액}$$

- 재무상태표의 총자본, 자기자본이 아닌 손익계산서 상의 매출액과 당기순이익을 비교함으로써 기업이 벌어들인 전체 수익에서 순이익이 차지하는 비율을 보여준다.
- 매출액순이익률이 높을수록 비용이 크게 나가지 않았다는 뜻이기 때문에 기업의 수익성이 양호하다고 평가한다.

b. 매출액영업이익률

$$\text{매출액영업이익률} = \text{영업이익} / \text{매출액}$$

- 기업의 경영활동에서 매출액에 대한 영업이익의 관계를 나타내는 비율로서 제조 및 판매활동과 직접 관계가 없는 영업 외 손익을 제외한 순수한 영업이익만을 매출액과 대비한 것이므로, 곧 판매마진을 나타낸다고 볼 수 있다.
- 매출액영업이익률이 높을수록 기업의 주된 영업활동의 능률이 높다고 판단할 수 있다.

④ 수익성 비율(사례 : 현대차)

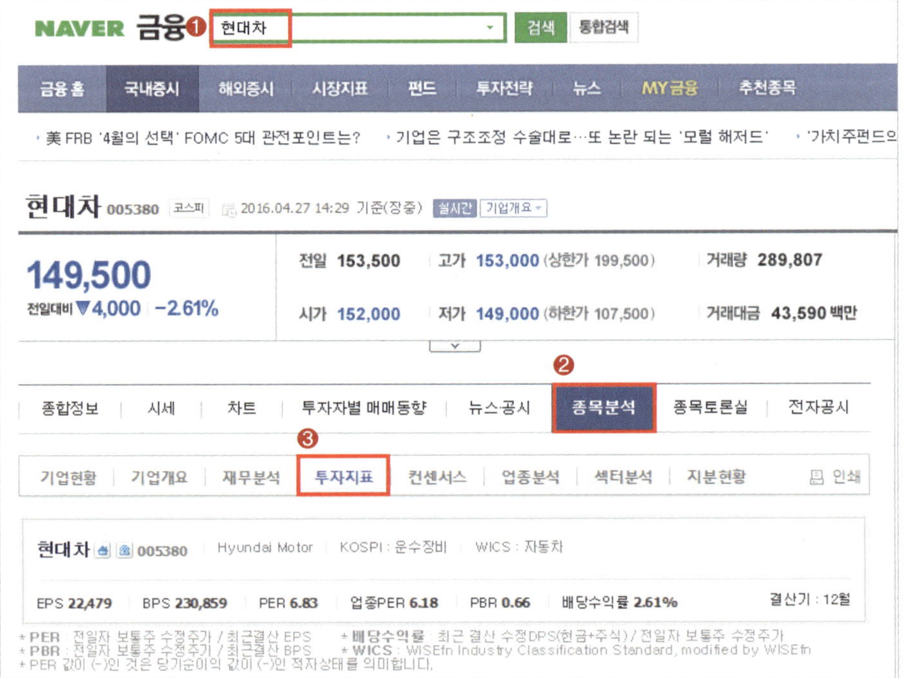

⟨http://finance.naver.com/⟩

기업의 재무비율은 네이버증권에서 쉽게 찾아볼 수 있다(네이버증권 → 종목명 → 종목분석 → 투자지표).

항목	2011/12 (IFRS연결)	2012/12 (IFRS연결)	2013/12 (IFRS연결)	2014/12 (IFRS연결)	2015/12 (IFRS연결)	전년대비 (YoY)
➕ 매출총이익률	24.29	23.09	22.27	21.43	19.85	-1.58
➕ 영업이익률	10.32	9.99	9.52	8.46	6.91	-1.54
➕ 순이익률	10.42	10.73	10.30	8.57	7.08	-1.49
➕ EBITDA마진율	16.48	16.54	16.04	13.61	11.99	-1.63
➕ ROE	23.78	21.11	17.80	13.41	10.72	-2.68
➕ ROA	7.12	7.85	7.05	5.45	4.17	-1.29
➕ ROIC	24.26	24.41	20.86	15.78	9.47	-6.31

* 재무실적 업데이트는 검수 및 주석반영으로 공시 이후 약 일주일 정도 소요되며, 기업별로 다르게 적용됨

ⓐ 총자산이익률(ROA)
현대차의 ROA를 살펴보면 2012년부터 계속해서 비율이 감소하고 있음을 알 수 있다. 이는 자산이 계속해서 감소하거나 이익이 감소하고 있다고 판단할 수 있으며, 점차 떨어지고 있기 때문에 2011년에 비해 2015년은 수익성이 나빠졌다고 판단할 수 있다.

ⓑ 자기자본이익률(ROE)
ROE를 살펴보면 2011년 약 24%를 기록한 후 계속 떨어지면서 2015년에는 약 11%의 수준을 보여주고 있다. 자기자본(주주지분)에 비해 이익이 줄어들었다고 볼 수 있다. 하지만 2015년에도 11%의 ROE를 기록하고 있다는 점은 대기업임을 감안했을 때 높은 수준이고, 투자자 입장에서도 시중금리(1.5%)보다 훨씬 높기 때문에 아직까지는 투자할만한 가치가 충분하다고 판단할 수 있다.

ⓒ 매출액이익률
매출총이익률을 살펴보면 역시 2011년에 24% 수준에서 점차 감소하며 2015년 19% 수준까지 떨어졌다. 매출액이 줄어들었거나, 매출원가가 늘어난 결과라고 할 수 있다. 매출액 대비 영업이익률 또한 계속해서 떨어지고 있다. 매출액 대비 영업이익률의 비중이 줄어들고 있다는 말은 판매마진이 줄어들고 있다고 분석할 수 있다. 매출액 대비 순이익률은 다른 지표보다 좀 더 견고한 모습을 보이고 있다. 2013년까지 10%대를 유지하고 있었고, 2014년, 2015년 하락하면서 7% 수준을 유지하고 있다. 순이익률도 떨어지고 있어, 주주에게 돌아갈 몫이 점점 줄어들고 있다고 볼 수 있다.

3) 안정성 지표

- 안정성 분석은 특정 시점의 재무상태표와 손익계산서의 수치를 이용하여 기업의 안정성을 파악하는 분석을 말한다.
- 기업이 부채상환에 대해 부담을 분석하는 방법이 담겨져 있다.
- 경기변동이나 외부충격에 적절하게 대처할 수 있는 능력을 파악할 수 있다.
- 과도한 부채는 기업의 도산이나 부도 발생 사유가 될 수 있다.

① 부채비율

부채비율 = 타인자본 / 자기자본

- 안정성 지표 중에 가장 중요하고 많이 사용하는 비율로 자본대비 부채의 비율을 나타내는 것이다.
- 자기자본이 주주의 지분과 기업 내부의 자금으로 구성되어 있다면 타인자본은 빌린 돈, 즉 부채로 구성되어 있다.
- 부채비율이 높다는 말은 부채가 상대적으로 많다는 뜻이고, 이는 차입금, 채권 등 외부로부터 조달한 자금이 많다는 점을 뜻한다. 그만큼 기업이 갚아야 할 돈이 많다는 소리고, 안정성 측면에서는 다소 부실할 수 있다.
- 기업의 재무안정성을 평가하는 데 가장 많이 활용되는 지표이다.

작년 코스피 상장사 재무안정성 개선…부채비율 5.06%p↓

송고시간 | 2016/04/11 06:00

[연합뉴스 자료사진]

(서울=연합뉴스) 장하나 기자 = 작년 유가증권시장(코스피) 상장기업들의 재무안정성이 대체로 전년보다 개선된 것으로 나타났다.

11일 한국거래소와 한국상장회사협의회에 따르면 코스피 12월 결산법인 718곳 중 자본잠식회사 등을 제외한 629곳의 작년 말 부채비율은 121.12%로, 2014년 말보다 5.06% 포인트 떨어졌다.

② 자기자본비율

자기자본비율 = 자기자본 / 총자본

- 부채비율의 반대 개념으로 총자본에서 타인자본 대신 자기자본의 비율이 어느 정도인지 가늠하는 안정성 비율이다.
- 보통 은행에서 많이 적용하는 개념으로 흔히 말하는 'BIS비율'이다. 은행은 고객의 예금을 안전하게 보관해야 하기 때문에 자기자본비율이 굉장히 중요하다.
- 자기자본비율이 높을수록 부채가 적다는 뜻이기 때문에 기업의 재무상태는 안정화되어 있다고 볼 수 있다.

③ 재무레버리지

재무레버리지 = 총자본 / 자기자본

- 총자본은 타인자본과 자기자본의 합이기 때문에 재무레버리지가 높으면 그만큼 타인자본의 비중이 많다는 의미이다. 타인자본 비중이 높으면 나가는 이자비용이 많으므로 안정성이 떨어질 수 있다.

④ 고정비율

고정비율 = 고정자산 / 자기자본

- 여기서 말하는 고정자산은 유동성이 없는 자산들, 유형자산, 무형자산 등이 속한다.

⑤ 이자보상비율

이자보상비율 = 영업이익 / 이자비용

- 이자비용을 영업이익으로 나눈 값으로 이자보상비율은 기업의 채무상환능력을 나타내는 지표로 활용된다.
- 기업이 영업이익으로 이자비용을 얼마나 감당할 수 있는지 판단할 수 있으며 이자를 감당할 수 있는지, 또는 감당한 후 얼마나 여유가 생기는지 알 수 있는 지표이다.
- 이자보상비율이 1이면 영업이익이 이자비용으로 다 사용되고, 1보다 크면 이자를 갚고 여유가 생긴다는 것을 알 수 있다.
- 보통 1.5배 이상이면 이자지급 능력이 충분하다고 판단한다.

⑥ 안정성 비율(사례 : 현대자동차)

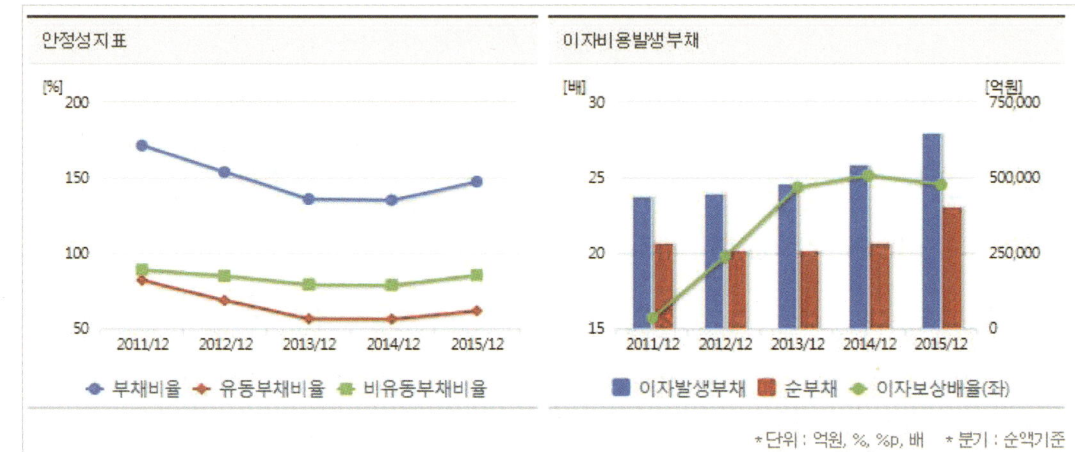

* 단위 : 억원, %, %p, 배   * 분기 : 순액기준

항목	2011/12 (IFRS연결)	2012/12 (IFRS연결)	2013/12 (IFRS연결)	2014/12 (IFRS연결)	2015/12 (IFRS연결)	전년대비 (YoY)
ⓐ 부채비율	171.48	153.64	135.80	135.11	147.26	12.15
유동부채비율	82.24	68.53	56.41	56.18	61.62	5.44
비유동부채비율	89.24	85.11	79.39	78.93	85.63	6.71
순부채비율	70.34	54.30	45.55	45.23	60.73	15.50
유동비율	88.26	103.49	118.04	120.88	106.16	-14.73
당좌비율	69.45	82.79	95.81	99.67	83.72	-15.94
ⓑ 이자보상배율	15.69	19.78	24.37	25.15	24.53	-0.62
금융비용부담률	0.66	0.51	0.39	0.34	0.28	-0.05
자본유보율	2,443.10	2,965.24	3,519.49	3,947.93	4,268.35	320.42

* 재무실적 업데이트는 검수 및 주석반영으로 공시 이후 약 일주일 정도 소요되며, 기업별로 다르게 적용됨
* 비율간 전년대비는 [당기]-[전기]로 계산된 %p 데이터

ⓐ 부채비율
 – 현대자동차의 부채비율은 100%가 넘지만 매년 점차 줄어들고 있다. 보통 150% 수준의 부채비율을 기업이 보유하고 있으면 안정적이라고 평가할 수 있는데, 현대자동차의 경우 부채비율이 100%가 넘지만 상당히 안정적이라고 할 수 있다. 추세를 보면 지속적으로 부채비율이 하락해왔다는 점에서 계속해서 재무의 안정성은 높아지고 있다고 볼 수 있다.

ⓑ 이자보상비율
 – 현대자동차의 이자보상비율은 2015년 24배로 2014년에 비해 소폭 하락했지만, 2011년부터 비교하면 크게 증가하고 있다. 이자보상비율이 24배라는 말은 현재의 현대자동차 영업이익으로 이자비용을 24번 갚을 수 있을 만큼 자금의 여력이 많다는 의미이다. 보통 2배 수준을 안전하다고 평가했을 때, 24배의 이자보상비율은 현대자동차의 여유 자금 여력이 뛰어나다는 것을 의미한다.

4) 성장성 비율

기업의 한 해 경영규모 및 기업활동의 성과가 전년도에 비하여 얼마만큼 증가하였는가를 보여주는 지표이다. 보통 기준년도를 바탕으로 일정 기간 동안 하나의 항목이 얼마나 증가하였는지를 통해 판단한다.

$$\left(\frac{P_1 - P_0}{P_0} \right)$$

① 총자산증가율

(기말총자산 − 기초총자산) / 기초총자산

– 1년 동안 자산의 증가율을 통해서 기업이 얼마나 재산을 늘렸는지 알 수 있다.

② 영업이익증가율

(당기영업이익 − 전기영업이익) / 전기영업이익

– 영업이익이 증가하면 그만큼 기업의 활동이 성공적이었고, 큰 성장을 이루었다고 판단할 수 있다.

③ 순이익증가율

(당기순이익 − 전기순이익) / 전기순이익

④ 성장성 비율(사례 : 현대자동차)

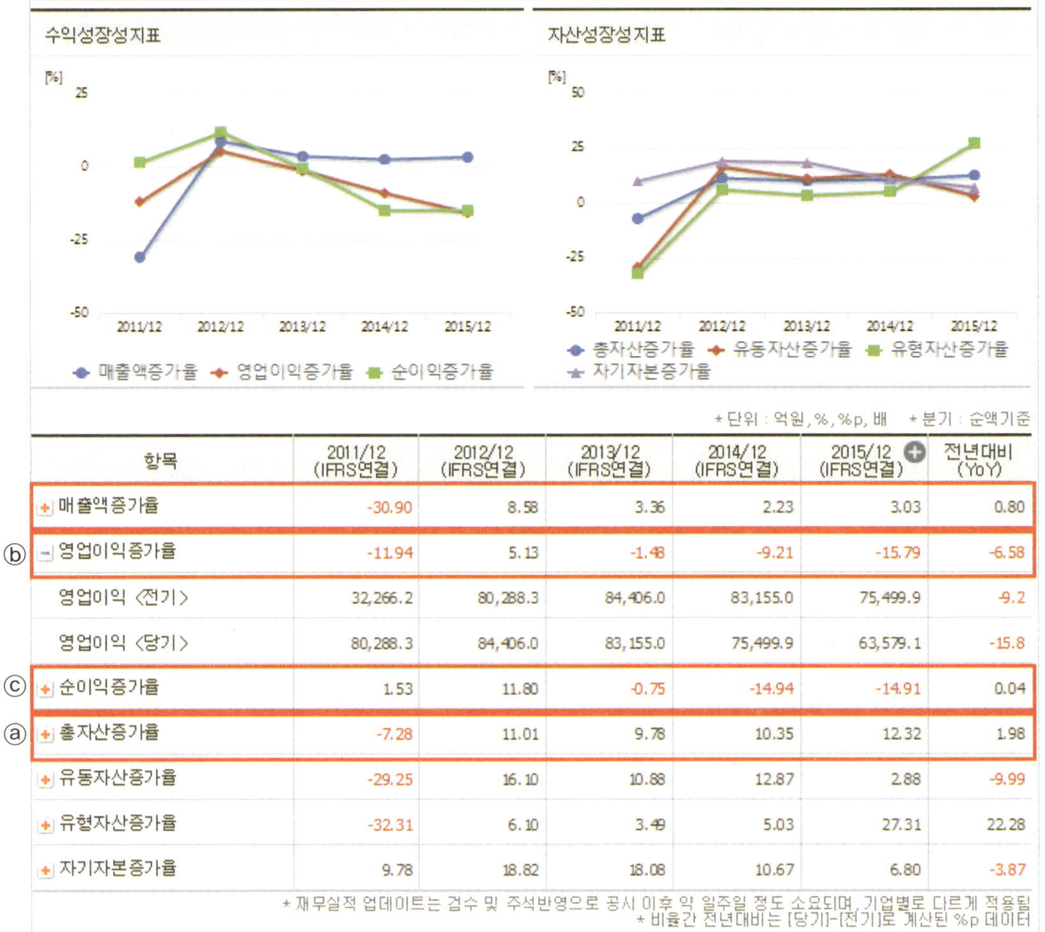

* 단위 : 억원,%,%p,배   * 분기 : 순액기준

항목	2011/12 (IFRS연결)	2012/12 (IFRS연결)	2013/12 (IFRS연결)	2014/12 (IFRS연결)	2015/12 (IFRS연결)	전년대비 (YoY)
매출액증가율	-30.90	8.58	3.36	2.23	3.03	0.80
ⓑ 영업이익증가율	-11.94	5.13	-1.48	-9.21	-15.79	-6.58
영업이익 〈전기〉	32,266.2	80,288.3	84,406.0	83,155.0	75,499.9	-9.2
영업이익 〈당기〉	80,288.3	84,406.0	83,155.0	75,499.9	63,579.1	-15.8
ⓒ 순이익증가율	1.53	11.80	-0.75	-14.94	-14.91	0.04
ⓐ 총자산증가율	-7.28	11.01	9.78	10.35	12.32	1.98
유동자산증가율	-29.25	16.10	10.88	12.87	2.88	-9.99
유형자산증가율	-32.31	6.10	3.49	5.03	27.31	22.28
자기자본증가율	9.78	18.82	18.08	10.67	6.80	-3.87

* 재무실적 업데이트는 검수 및 주석반영으로 공시 이후 약 일주일 정도 소요되며, 기업별로 다르게 적용됨
* 비율간 전년대비는 [당기]-[전기]로 계산된 %p 데이터

ⓐ 총자산증가율
　현대자동차의 총자산증가율은 2011년 -7%로 재산이 줄었다가 이후 계속해서 증가하고 있다. 기업의 재산이 매년 증가하면서 재무 구조가 안정되고 있고, 자산 성장성이 좋다고 분석할 수 있다.

ⓑ 영업이익증가율
　영업이익증가율은 계속해서 크게 하락하고 있다. 2015년에는 -16% 수준까지 떨어지면서 매년 영업 활동이 악화되고 있음을 확인할 수 있다.

ⓒ 순이익증가율
　순이익증가율 또한 영업이익증가율과 비슷한 흐름으로 하락하고 있다. 매년 이익 증가율이 줄어들면서 사업이 악화되고, 수익이 과거만큼 나오지 않고 있고, 성장이 멈추었다고 볼 수 있다.

※영업이익증가율과 순이익증가율은 매년 크게 하락하고 있지만, 매출액은 조금씩이나마 증가하고 있다. 물건의 판매는 잘 이루어지지만 그에 따른 원가가 증가하였거나, 판매를 위한 마케팅비 등 판매관리비가 크게 증가했다고 유추할 수 있다.

4. 재무비율 구하기 2(심화)

주가는 미래의 기업의 가치에 따라 평가된다. 따라서 과거의 기업의 실적을 재무제표를 이용하여 미래의 실적을 분석하는 것이 시장에서 저평가된 종목 찾기에 중요하다. '재무비율 구하기 심화편'에서는 일반적으로 기본적 분석에 많이 쓰이는 ROE, PER, PBR에서 한 단계 더 나아가 미래의 기업가치를 평가하는 방법을 배워본다.

1) 유동성 비율

● 기업의 자산을 필요한 시기에 손실 없이 화폐로 바꿀 수 있는 안정성을 측정하는 지표를 말한다.
● 안정성 비율과 더불어 기업 재무구조의 건전성을 판단하는 지표이다.
● 일반적으로 기업의 단기적인 재무능력을 판단한다.

① 유동비율

유동자산 / 유동부채

a. 유동성 비율로 가장 많이 활용되는 지표이다.
b. 유동자산이 유동부채에 비해 어느 정도 차지하고 있는지 판단하는 지표이며, 비율이 클수록 기업의 재무유동성이 크다고 볼 수 있다. 일반적으로 200%의 유동비율을 유지하는 것이 이상적이라고 여긴다.
c. 유동비율이 높을수록 예기치 못한 사태에 기업이 유연하게 대처할 수 있는 힘이 있고, 신용상태도 양호하다고 판단한다.

건설업계 유동비율 내리막…유동성 위기 도래하나

10대 건설사 7곳 감소…국내·외 수주 여건 악화
"미청구공사 등 리스크 상존으로 위기 맞을 수도"

입력 : 2016-0·

[뉴스토마토 성재용기자] 지난해 대부분 대형 건설사들의 유동비율이 전년에 비해 줄어든 것으로 나타났다. 여전히 미청구공사 등 잠재위험이 상존하는 만큼 위기가 우려된다는 전망이 나오고 있다.

14일 주요 건설기업 24곳의 지난해 별도기준 사업보고서를 전수조사한 결과 평균 유동비율이 120.3%로, 전년에 비해 12.17%p 줄어든 것으로 나타났다.

유동비율은 기업이 보유하는 지급능력 또는 그 신용능력을 나타내는 것으로, 신용분석적 관점에서 가장 중요한 지표 중 하나다. 이 비율이 높을수록 그만큼 기업의 재무유동성은 크며 일반적으로 200% 이상으로 유지되는 것이 이상적이다. 다만 업종, 기업규모, 경기 동향 등 고려해야 하는 만큼 표준비율이 절대적인 것은 아니다.

조사대상 24곳 가운데 9곳을 제외한 15개 기업이 전년보다 유동비율이 줄어들었다. 특히 소위 10대 건설사로 꼽히는 대형건설사들의 감소세가 두드러졌다. 합병 이슈로 전년 실적과 비교가 어려운 삼성물산(000830)을 제외한 9개사 가운데 포스코건설(+15%p)과 현대산업(012630)개발(+12%p)을 제외한 7개사 모두 유동비율이 감소했다.

이들의 평균 유동비율은 151%로, 전년(157%)보다 6%p 줄었다. 대림산업(000210)(-23.7%p), 롯데건설(-23.6%p), 대우건설(047040)(-21%p) 등은 평균 이상의 감소율을 나타냈으며 SK건설(-3%p), GS건설(006360)(-2%p), 현대건설(000720)(-0.3%p), 현대엔지니어링(-0.1%p) 등도 하락세를 보였다.

〈건설업의 유동비율의 하락을 바탕으로 유동성 위기를 염려하는 기사〉

② 당좌비율

(유동자산 – 재고자산) / 유동부채

- 유동비율에서 유동자산 대신 유동자산에서 재고자산을 제외한 금액을 대입시킨 비율로, 유동비율보다 더 엄격하게 유동성을 판단하고자 할 때 활용된다.
- 유동자산에서 재고자산을 제외하면 현금 및 현금성 자산, 매출채권 등 기업이 가지고 있는 영업 외 유동성 높은 자산의 비율을 구할 수 있고, 이를 바탕으로 영업에 지장을 주지 않는 범위 내에서 얼마나 유동성 있게 대처할 수 있는지 판단하기 위해 당좌비율이 사용된다.

③ 현금비율

현금성자산 / 유동부채

- 당좌비율보다도 더 세밀한 비율로서 기업이 가진 유동자산 중에서 현금 및 현금성 자산만을 가지고 유동성 정도를 판단하는 지표이다.

④ 유동성 비율(사례 : 현대자동차)

각종 재무비율은 네이버증권을 통해서 찾아볼 수 있고, HTS의 '기업정보'에서도 쉽게 정보를 구할 수 있다.

IFRS(연결)	2011/12	2012/12	2013/12	2014/12	2015/12
안정성비율					
유동비율 ? −	88.3	103.5	118.0	120.9	106.2
유동자산	292,687	339,801	376,775	425,271	437,519
유동부채	331,635	328,357	319,197	351,797	412,135

a. 2011년 유동비율은 88%로 유동부채가 유동자산보다 많은 상태이다. 기업의 지급여력 측면에서 유동성 문제가 발생할 수 있다.

b. 2012년 이후로 유동비율은 100%이상을 유지하며 2015년까지 이어오고 있다. 유동성 문제를 해결했다고 볼 수 있고, 자산이 엄청나게 많은 대기업의 입장에서 100%의 유동비율은 굉장히 준수한 상태라고 판단할 수 있다.

2) 활동성 비율

기업의 재산으로 얼마나 기업의 제품을 잘 판매하는지 여부를 분석하는 지표로, 자산을 이용해서 물건을 생산해 얼마나 잘 판매하는지 확인할 수 있다. 활동성은 보통 얼마나 기업이 자산을 잘 사용하는지를 알아보는 지표로 보통 회전율로 표현한다. 회전율이 높다면 현재의 재산을 잘 활용하고 있다고 판단할 수 있다.

① 총자산회전율

> **매출액 / 총자산(회)**

기업이 가진 전체 자산과 매출액을 비교하는 지표로, 자산을 활용하여 매출액을 얼마나 잘 만들어 내는지 확인할 수 있다.

〈예시〉 A기업은 총자산으로 1억 원이 있고, 그 해 매출이 10억 원이 나왔다. 총자산회전율은 얼마인가?

〈풀이〉 단순하게 10억 원 / 1억 원 = 10(회)로 계산할 수 있다. 쉽게 말해 A기업은 자산을 10번이나 굴려서 지금의 매출을 만들어 냈다고 판단할 수 있고, 얼마나 기업이 자산을 잘 활용하고 활발하게 영업 활동을 해왔는지 알 수 있다.

② 고정자산회전율

매출액 / 고정자산(회)

기업이 가진 자산 중에서 유동자산을 제외한 유형자산, 무형자산만을 이용해 회전율을 판단하는 지표로 기업이 제품을 생산하는 데 실질적으로 필요한 공장, 기계, 토지, 특허권 등 자산을 바탕으로 매출을 얼마나 많이 만들어 냈는지 확인할 수 있다.

③ 활동성 비율[1](사례 : 현대자동차)

활동성비율					
총자산회전율	0.8	0.7	0.7	0.6	0.6
총부채회전율	1.2	1.2	1.2	1.1	1.0
총자본회전율	2.1	1.9	1.7	1.5	1.4
순운전자본회전율	2.6	2.5	2.3	2.1	1.8

현대자동차의 총자산회전율을 살펴보면 0.6 ~ 0.8 수준으로 1보다는 작은 수치이다. 단순하게 1보다 작기 때문에 자산을 효율적으로 활용하지 않은 것처럼 보이지만 현대자동차가 가진 자산의 규모를 가늠해 보았을 때, 결코 적은 수치가 아니다.
이렇듯, 재무비율을 분석할 때는 동종 업계의 다른 기업과 비교를 하거나, 동일 기업의 비율 변화를 살펴보며 분석하는 것이 더 효과적이다.

3) 활동성 비율(심화)

활동성 지표를 통한 기업의 유동성을 분석하는 것이다.

① 현금화주기(Cash Conversion Cycle)

현금화주기(Cash Conversion Cycle) = 매출채권회수기간 + 재고자산보유기간 - 매입채무지급기간

a. 기업이 제품을 생산해서 판매하고 대금을 받는 과정에서 발생된 채권으로 나중에 받을 돈이라고 볼 수 있다. 매출채권이 발생하고 돈으로 회수하는 기간이 짧아진다면 기업은 그만큼 물건을 판매하고 현금을 얻는 기간이 짧아지므로 매출채권회수기간이 짧을수록 현금화 능력이 좋다고 볼 수 있다.

---

1 활동성 비율 : 재무상태표 항목과 손익계산서의 항목 간의 비교이다. 하지만 재무상태표는 저량의 개념이고, 손익계산서는 유량의 개념이라 수치를 그대로 가져다가 사용할 수 없다. 그래서 재무상태표 상의 자산 항목은 기초와 기말 금액의 평균으로 대입하고 비율을 계산한다.

b. 재고자산을 오래 보유하지 않고 빨리 판매하여 현금으로 만든다면 기업 입장에서는 현금화 능력이 좋다고 볼 수 있다. 재고자산보유기간이 짧을수록 즉각적으로 물건을 판매하여 현금을 창출한다는 뜻이므로, 재고자산보유기간은 짧을수록 좋다.

c. 매입채무는 매출채권과 반대로 물건을 사와서 대금을 나중에 치러야하는 외상이라고 볼 수 있다. 매입채무의 지급은 기업의 돈이 나가는 활동이기 때문에 최대한 늦출수록 현금을 오래 보유할 수 있다. 따라서 매입채무지급기간이 길수록 현금화 능력이 좋다고 볼 수 있다.

② 매출채권회전율

매출액 / 매출채권(회)

매출채권이 영업활동을 통하여 현금인 매출액으로 회전되는 속도를 말한다. 매출채권회전율이 높다면 매출채권이 순조롭게 회수되고 있다는 뜻이며, 그만큼 현금화가 쉽다고 분석할 수 있다.

③ 매출채권회수기간

365 / 매출채권회전율

매출채권이 회수되는데 평균 며칠이 걸리는지 기간을 계산하는 공식이다.

④ 매입채무회전율

매출원가 / 매입채권(회)

매입채무를 갚는 속도를 나타낸 비율로, 높을수록 기업의 지급능력이 양호한 상태임을 나타낸다.

⑤ 매입채무지급기간

365 / 매입채권회전율

매입채무를 지급하는 데 평균 며칠이 걸리는지 기간을 계산하는 공식이다.

⑥ 재고자산회전율

매출액 / 재고자산(회)

재고자산이 현금인 매출액으로 바뀌는 주기를 나타난 지표로 높으면 재고자산이 쌓일 틈도 없이 판매가 된다는 말로 기업의 영업이 활발하고, 재고자산 축적으로 인한 비용이 감소되기 때문에 기업에게 긍정적이다.

⑦ 재고자산회수기간

365 / 재고자산회전율

재고자산이 회전되는 평균 기간을 나타낸 지표이다.

⑧ 활동성 비율(심화)(사례 : 현대자동차)

2013년, 2014년 현금화주기 계산하기

IFRS(연결)	2012/12	2013/12	2014/12	2015/12
자산	**1,215,378**	**1,334,215**	**1,472,251**	**1,653,679**
유동자산 ▬	339,801	376,775	425,271	437,519
재고자산	67,729	70,731	74,172	91,990
유동생물자산				
유동금융자산	124,934	153,831	188,869	172,397
매출채권및기타유동채권	63,949	69,666	78,967	86,149
매입채무및기타유동채무	145,721	146,249	149,676	164,603

IFRS(연결)	2012/12	2013/12	2014/12	2015/12	전년동기	전년동기(%)
매출액	**844,697**	**873,076**	**892,563**	**919,587**	**892,563**	**3.0**
매출원가	649,673	678,595	701,263	737,013	701,263	5.1

a. 매출채권회수기간
- 2013년 : 매출채권회전율 = 매출액 / 매출채권 = 873,076 / ((63,949 + 69,666) / 2) = 13.068회
  → 매출채권회수기간 = 365 / 13.068 = 27.9일
- 2014년 : 매출채권회전율 = 매출액 / 매출채권 = 892,563 / ((69,666 + 78,967) / 2) = 12.01회
  → 매출채권회수기간 = 365 / 12.01 = 30.4일

b. 재고자산회수기간
- 2013년 : 재고자산회전율 = 매출액 / 재고자산 = 873,076 / ((67,729 + 70,731) / 2) = 12.611회
  → 재고자산회수기간 = 365 / 12.34 = 28.9일
- 2014년 : 재고자산회전율 = 매출액 / 재고자산 = 892,563 / ((70,731 + 74,172) / 2) = 12.319회
  → 재고자산회수기간 = 365 / 12.319 = 29.6일

c. 매입채무지급기간
- 2013년 : 매입채무회전율 = 매출원가 / 매입채무 = 678,595 / ((145,721 + 146,249) / 2) = 4.648회
  → 매입채무지급기간 = 365 / 4.648 = 78.5일
- 2014년 : 매입채무회전율 = 매출원가 / 매입채무 = 701,263 / ((146,249 + 149,676) / 2) = 4.739회
  → 매입채무지급기간 = 365 / 4.739 = 77일

d. 현금화주기
- 2013년 : 매출채권회수기간 + 재고자산회수기간 − 매입채무지급 = 27.9 + 28.9 − 78.5 = −21.7일
- 2014년 : 매출채권회수기간 + 재고자산회수기간 − 매입채무지급 = 30.4 + 29.6 − 77 = −17일
  → 현금화주기가 (−)로 나오는 경우는 이례적이다. 현대자동차의 경우는 오히려 현금을 더 쥐고 있었던 기간이 21.7일, 17일이라는 뜻이고 이 기간 동안 단기 투자를 하여도 나오는 이자가 어마어마할 것이다. 그만큼 현대자동차는 유동성이 좋다고 볼 수 있다.

4) 듀퐁 분석(DuPont analysis)

- 화학업체인 듀퐁사에서 고안한 분석법이다.
- 기존의 ROE를 기본으로 확장시켜 보다 세부적으로 기업을 분석한다.
- 자산이용능력, 원가통제능력, 자본조달 안정성을 분석한다.
- 분석 시에 경영능력 호전/악화를 살펴보는 것이 중요하다.

① 듀퐁 분석 공식

기존의 ROE = 당기순이익 / 자기자본

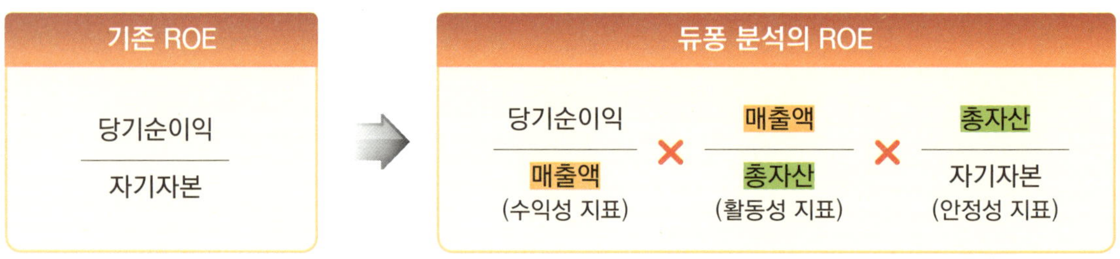

기존 ROE

$$\frac{당기순이익}{자기자본}$$

듀퐁 분석의 ROE

$$\frac{당기순이익}{매출액} \times \frac{매출액}{총자산} \times \frac{총자산}{자기자본}$$

(수익성 지표)　(활동성 지표)　(안정성 지표)

② 듀퐁 분석 예제

기존 ROE와 듀퐁 ROE를 이용하여 해당기업을 분석할 때, 어떤 차이가 있을까?

년도	2013	2014	2015
당기순이익	21.5억 원	22.3억 원	21.9억 원
매출액	305억 원	350억 원	410억 원
자기자본	119억 원	124억 원	126억 원
자산	230억 원	290억 원	350억 원

a. 기존 ROE

- 2013년 = 당기순이익 / 자기자본 = 21.5 / 119 = 0.1807 = 18.07%
- 2014년 = 당기순이익 / 자기자본 = 22.3 / 124 = 0.1798 = 17.98%
- 2015년 = 당기순이익 / 자기자본 = 21.9 / 126 = 0.1738 = 17.38%

b. 듀퐁 ROE $= \dfrac{당기순이익}{매출액} \times \dfrac{매출액}{총자산} \times \dfrac{총자산}{자기자본}$

- 2013년 $= \dfrac{21.5}{305} \times \dfrac{305}{230} \times \dfrac{230}{119} = 0.0705 \times 1.3261 \times 1.9328 = 18.07\%$
- 2014년 $= \dfrac{22.3}{350} \times \dfrac{350}{290} \times \dfrac{290}{124} = 0.0637 \times 1.2069 \times 2.3387 = 17.98\%$
- 2015년 $= \dfrac{21.9}{410} \times \dfrac{410}{350} \times \dfrac{350}{126} = 0.0534 \times 1.1714 \times 2.7778 = 17.38\%$

년도	2013	2014	2015
ⓐ 기존 ROE	18.07%	17.98%	17.38%
ⓑ 수익성지표	7.05%	6.37%	5.34%
ⓒ 활동성지표	133%	121%	117%
ⓓ 안정성지표	193%	233%	277%

ⓐ : 기존 ROE 수치로는 수익성변화 부분이 미미하여 별다른 ROE 변화를 찾기가 어렵다.

ⓑ : 하지만, 세부항목으로 수익성지표는 약 25%감소하였다.

ⓒ : 기업의 활발한 영업활동도 다소 감소하는 것을 발견할 수 있다.

ⓓ : 자기자본에 비하여 총자산(자기자본 + 부채)의 비율이 약 45% 상승하여 기간 중에 부채발행이 늘어났다는 것을 발견할 수 있다.

즉, 해당 기업의 ROE는 부채비율의 증가로 인하여 유지되었고 수익성과 활동성은 악화되었다는 것을 확인할 수 있다. 앞으로 경기가 좋아진다면 레버리지효과로 매출액은 향상될 수 있겠지만, 수익성과 활동성의 개선없이 경기가 안 좋아진다면 기업은 경영에 큰 타격을 받게 될 것이다.

촛불은 꺼지기 전이 가장 밝다.

회광반조(回光返照)라는 말이 있다. 해가 지기 직전 잠깐 하늘이 밝아진다는 뜻으로, 일이나 사람이 기력이 다하기 전 잠깐 기세를 회복하는 것을 말한다. 이에 비견할 만한 투자격언으로 '촛불은 꺼지기 전이 가장 밝다.'라는 속담이 있다. 활활 타오르던 촛불은 마지막 꺼지기 직전에 심지까지 태우면서 가장 밝은 빛을 내다가 이내 꺼져버리고 만다. 이와 같이 사람들이 달려들어 누구나 사려고 덤비는 종목은 이미 그곳이 천정이며, 잠시 시간이 지나면 끝없는 폭락을 예고하게 된다는 뜻이다.

시세가 처음 출발할 때는 그 움직임이 완만하나 주가상승이 어느 정도 진행되면 일반 투자자들이 가세해 상승속도가 빨라지고 눈에 띄게 상승하면 마침내 일반 대중 투자자들이 몰려와서 주가는 폭등세로 바뀐다. 이때 빠져나올 준비 없이 머무르게 되면 끝없는 수렁으로 굴러 떨어진다는 것이다.

월가에는 '강세장은 비관 속에서 태어나 회의 속에서 자라고 낙관 속에서 성숙하여 행복감 속에서 사라져간다.'는 유명한 격언이 있다. 주가는 극도의 비관적인 분위기 속에서 상승의 싹을 틔우는 반면, 모두가 상승의지에 대한 확신을 가지고 있을 때 하락세로 반전된다. 시세가 화려하면 화려할수록 그 이후의 엄청난 후유증에 대비하여 적절한 수준에서 욕심을 자제하는 것이 성공적인 투자가 될 것이다.

만화로 보는 투자격언

Ⅶ. 자산관리

1. 왕초보 투자자들의 올바른 투자 순서

수많은 투자자가 주식시장에 참가한다. 이들의 목적은 각양각색으로, 내 집 마련을 위한 꿈을 이루기 위해 주식 투자를 하거나 노후자금 마련, 자녀의 학자금 마련 등 수많은 투자 목적이 있다. 하지만 이들의 공통된 목적은 주식 투자를 통해 수익을 만들고자 하는 데 있다. 대부분의 개인 투자자들이 가진 주식 투자의 문제는 자신의 상황을 제대로 파악하지 않은 채 맹목적으로 높은 수익을 추구한다는 점이다. 자신이 주식 투자를 통해 이루고자 하는 목적, 내가 가지고 있는 자금, 원하는 목표 수익까지 철저하게 계획을 세워야 험난한 주식시장에서 살아남을 수 있다.

▶ 어느 순서가 맞을까?

확장하고 **운영**하고 **건설**하고 **계획**하자	**계획**하고 **건설**하고 **운영**하고 **확장**하자

VS

- 건물을 짓기 위해서는 먼저 어떤 건물을 어떻게 지을지 계획을 하게 된다. 이후 계획에 맞춰 건설을 하고, 완성된 건물을 운영하여 그 결과물로 더 크게 확장을 시도한다. 건물을 지을 때도 무너지지 않게 꼼꼼한 설계를 하고, 어떠한 목적으로 건설하는지 계획을 수립하는 과정을 먼저 실행한다.

- 하지만 주식투자에 뛰어든 개인 투자자들은 주식 투자에 대한 계획도 없이 수익을 먼저 기대하면서 자산을 키우고자 하는 마음부터 앞세운다. 일단 내가 벌어들일 수익을 먼저 생각하기 때문에 무리하게 자산을 운용하고 실패를 맛보고 나서야 올바른 투자에 대한 계획을 세우게 되는 마치 '소 잃고 외양간 고치기'와 같은 우를 범하게 된다.

올바른 주식 투자를 하기 위해서는 먼저 철저한 계획 속에 건설과 운영을 하고, 이를 통해 얻는 결과물로 더 큰 수익을 향해 확장하려는 마음가짐이 필요하다.

1) 투자 계획 수립하기

① 투자계획서 작성

투자를 시작하기 전 가장 중요한 것은 나의 투자성향을 먼저 살피는 것이다.

> • 내가 운용하는 전체 자금에서 +10%의 수익을 만드는 것이다.
> • 내가 운용하는 전체 자금에서 −10%의 손실까지만 감내하는 것이다.

a. 대부분의 투자자들이 수익을 목표로 투자에 임한다. "내가 운영하는 자금에서 10% 수익이 발생하면 주식 투자를 멈춘다."라는 식의 목표는 수익에 초점이 맞추어져 있다.
b. 하지만 올바른 투자 성향을 알아보기 위해서는 수익보다는 손실의 개념에서 접근하는 것이 좋다. 내가 운용할 수 있는 자금에서 어느 정도까지 손실을 감내할 수 있는지 설정하는 것이 투자 계획 수립에 더 중요하다.

내가 감수할 수 있는 리스크의 한계를 분명히 하고 적당한 투자자산을 찾는 것이 우선적으로 고려되어야 한다.

② 투자정책서 작성

> ▶ '투자정책서'란?
> • 실질적인 투자에 앞서 해야 할 일을 정리하는 계획서를 말한다.
> • 투자의 목적과 제약, 유동성, 세금효과, 투자의 기간 등을 고려해야 한다.

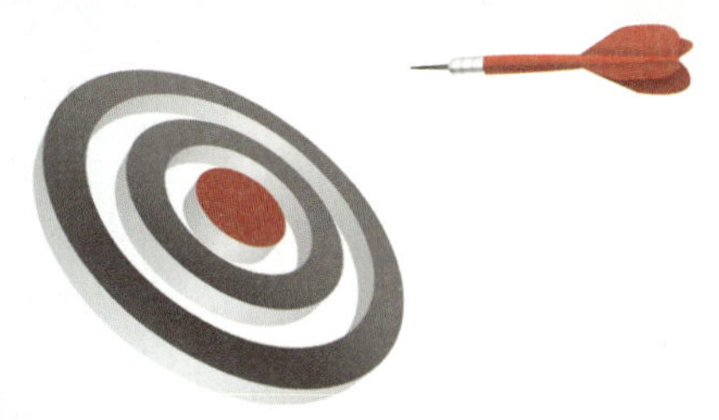

마켓 · **빚내서 주식투자, 7조원 넘었다**

안중현 기자 ˅

기사   100자평(0)   ⬇ ✉ 🖨 ＋크게 －작게

입력 : 2016.04.20 03:07

돈 빌려 주식 사고 오르면 차익… 저금리·박스권에 신용거래 늘어
신용융자 잔액 올해 들어 최고치

폭락장 오면 돈도 주식도 잃어… '투기적 거래' 손실 위험성 알아야

주식투자를 위해 빚을 낸 액수가 7개월여 만에 7조원을 다시 넘어섰다. 저금리 기조가 이어지는 데다 주가 등락 폭이 미미하자 개인 투자자들이 수익률을 높이기 위해 빚을 내서 주식을 사는 고육지책(苦肉之策)을 쓰는 것으로 풀이된다. 그러나 시장에서는 과도한 신용거래에 대한 우려의 목소리도 나온다.

19일 금융투자협회에 따르면 지난 15일 기준으로 신용거래융자 잔액은 7조912억원에 달한다. 신용융자는 투자자가 주식을 사기 위해 증권사에서 빌린 돈이다. 지난 8일 작년 8월 이후 7개월여 만에 7조원을 넘어선 이후 7조원대를 계속 유지하고 있다. 올 들어 가장 적었던 2월 19일(6조2740억원)과 비교하면 10%나 늘었다.

신용융자는 통상적으로 주가가 오를 것으로 예상한 투자자가 늘어나면서 돈을 빌려 주식을 살 때 늘어난다. 만약 주가가 오르면 이를 팔아 차익을 남길 수 있다. 하지만 투자 판단이 빗나가 폭락장이 오면 한순간에 큰 손실을 볼 수 있다.

〈무리한 주식투자를 시도하는 개인투자자들이 증가하고 있다.〉

6개월 뒤에 돌려줄 보증금 5,000만 원으로 주식 투자를 한다면 5,000만 원은 최대한 지키되 6개월이라는 짧은 기간 동안 수익을 추구해야 한다. 보수적이고 안전한 우량주에 투자하면서 큰 수익에 욕심내지 않는 전략이 투자 전에 수립되어야 한다.
수익이나 원금에 쫓기지 않고 편안한 주식 투자를 하기 위해서는 나만의 투자 상황을 모두 고려해야 한다!

③ 투자의 목적을 분명하게 하라!

- 투자계획서를 통해 자신의 투자성향을 파악하고, 투자정책서를 통해 자신이 보유한 투자 상황을 파악했다면, 본격적인 투자에 앞서 자신이 투자를 통해 얻고자 하는 목적을 분명히 하여야 한다.
- 투자의 목적은 다양하다. 물가상승(인플레이션)에 따른 화폐가치를 보존하고자 투자하는 인플레이션 헷지인지, 자녀의 결혼자금인지, 노후자금인지, 자산의 증식인지 투자를 통해 이루고자 하는 목적에 대한 세부적인 내용을 계획할 필요가 있다.

▶ 노후자금이란?

노후자금의 형성이 투자의 목적일 경우 결코 위험자산에 전부 투자하지 말아야 한다. 노후자금은 말 그대로 은퇴 후 자신 및 가정을 뒷받침해줄 최후의 안전판이다. 이런 소중한 노후자금을 높은 수익에만 추구하여 모두 위험자산인 주식에 투자한다면 위험이 그만큼 커지게 된다. 안전자산과 위험자산의 비중을 조율하며 적절한 투자를 추구할 줄 알아야 한다.

[GAM] 100억대 자산가, '주식·채권'으로 노후자금 마련

'2015 한국 부자 보고서(Korean Wealth Report)' 발표

기사입력 : 2015년10월01일 19:28　최종수정 : 2015년10월01일 19:28

[뉴스핌=이에라 기자] 거액 자산가일수록 주식과 채권 투자로 노후 생활 자금을 마련하는 것으로 조사됐다.

1일 KEB하나은행이 발표한 '2015 한국 부자 보고서(Korean Wealth Report)'에 따르면 100억원 이상 자산가의 주식 채권 노후자금 활용 비중은 66.7%로 가장 높게 나타났다. 이는 10억~30억 미만 자산가(29.5%)에 비해 두배 이상 높은 수치다.

금융자산 30억~50억원 미만 자산가 중 주식과 채권을 노후생활 자금원으로 활용하고 있는 경우는 31.9%였고, 50억~100억 미만 자산가는 40.6%였다.

이번 설문은 금융자산 10억원 이상을 보유한 KEB하나은행 PB고객 1099명을 대상으로 지난 6월부터 2개월간 진행했다.

대규모 자산가들도 노후자금을 전부 주식에 투자하지 않는다. 안전자산인 채권과 혼합하여 최소한의 안전장치를 만든 후 주식을 통해 추가 수익을 추구한다.

a. 예시1 : 주식 + 채권 혼합 노후자금(은퇴자금) 포트폴리오

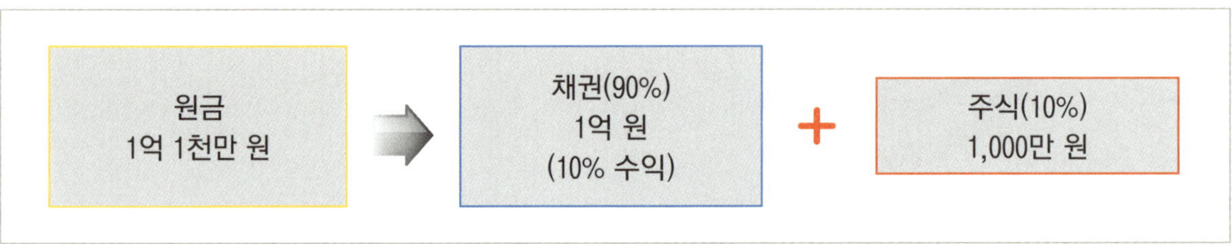

원금 1억 1천만 원을 채권과 주식에 투자한다. 10%의 고정 수익이 발생하는 채권에 1억 원을 투자하고 나머지 1,000만 원으로 주식에 운용한다. 주식에서 손실만 입어 1,000만 원을 모두 잃었다 하더라도, 채권에서 고정 수익으로 1,000만 원이 발생되기 때문에 원금에는 아무런 지장을 주지 않는다. 원금을 안전하게 지킬 수 있고, 주식투자로 추가 수익까지 추구할 수 있는 대표적인 노후자금 운용 방법이다.

b. 예시2 : 내 집 마련 운용(5년 후 내 집 마련 목표)

**5년 후 내 집 마련 목표
좀 더 투기적 계획 필요**

내 집 마련 계획은 얼마든지 수정이 가능하다. 기간을 5년에서 7년, 10년으로 조정이 가능하고, 이에 따라 좀 더 유연한 투자가 가능해진다. 또한 확보된 금액에 따라 은행 대출 규모도 조정이 가능하므로, 주식 투자에 대한 실패도 감당할 수 있고, 더 큰 자금으로 투자할 수 있는 기회의 폭도 넓어진다. 따라서 계산되고 절제된 위험에 대해서는 보다 적극적으로 감수할 수 있어 주식 비중을 높이는 것도 한 방법이 될 수 있다.

c. 예시3 : 100만 원의 종자돈을 가진 20대 샐러리맨이 30대에 집을 사야겠다?!

100만 원이라는 적은 종자돈으로 내 집 마련을 하기 위해서는 엄청난 수익들이 연달아 달성되어야 한다. 그러기 위해서는 굉장히 공격적인 투자인 투기적 거래를 시행하게 될 것이다. 투기적 거래를 통해 종자돈을 불리하고자 하는 생각은 나쁘지 않다. 하지만 매번 큰 수익을 낼 수도 없고, 금액 자체가 너무 적기 때문에 이러한 생각은 불가능에 가깝다고 다들 생각할 것이다. 100만 원이라는 적은 돈으로 추구할 수 있는 현실적인 목표를 설정하고 이에 따른 효율적인 자산 배분을 하는 것이 주식 투자에 중요하다.

투자의 목적을 이루기 위해서는 리스크와 기대수익의 조합을 조율한 후 투자자산을 선택하는 것이 올바른 투자 순서이다!

2) 올바른 투자 계획 설정하기

① 피라미드 포트폴리오

자신이 보유한 자금의 중요도를 설정하여 투자 상황과 투자 비중을 결정할 수 있다.

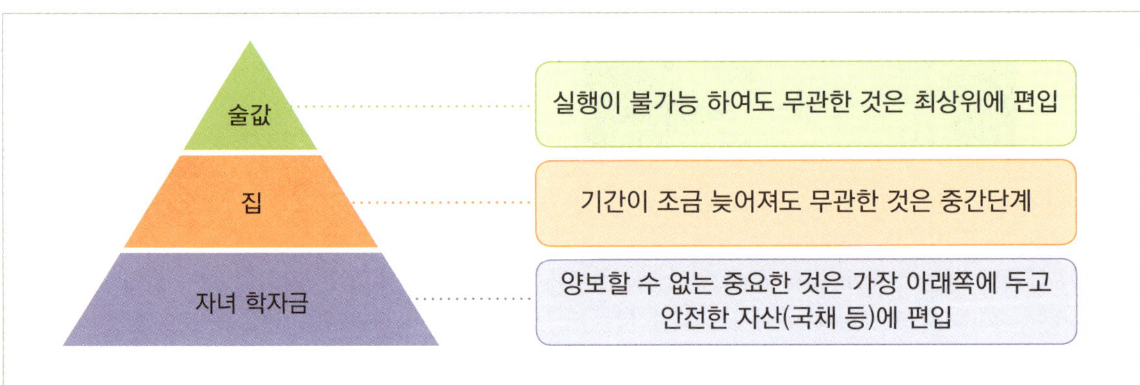

a. 가장 최하단에 위치한 자녀 학자금의 경우 절대 손실이 발생하거나 다른 지출로 양보할 수 없는 중요한 자금이다. 이런 자금은 위험한 주식보다 안전 자산인 국채 등에 투자하여 최소한의 수익을 확실하게 추구하는 것이 현명하다.

b. 내 집 마련은 중요하지만 기간에 따라 시기를 늦춰도 큰 문제가 되질 않는다. 중간에 해당되는 자금은 다소 공격적으로 위험 자산의 비중을 늘리면서 높은 수익을 추구할 수 있다.

c. 최상단의 술값과 같은 자금은 없어도 지장이 전혀 없다. 개인적인 유흥이나 여가에 필요한 자금을 이용해 100% 위험 자산에 투자하여 높은 수익을 추구하는 편이 좋다. 손실이 발생하더라도 큰 타격이 없고, 바로 충원할 수 있기 때문이다.

② 실현 가능한 투자의 목적 수립

<table>
<tr>
<td>목표는 작게 그리고 자주
세우는 것이 좋다!
100만 원으로 1년 내에
집을 사겠다 NO!</td>
<td>투자에 대한 제약사항 체크의
가장 중요한 것은
나이와 재산상태</td>
</tr>
</table>

나이가 어린 사회초년생의 경우 다소 공격적인 투자를 하더라도 회생이 가능하기 때문에 위험 자산의 비중을 높일 수 있지만, 중장년층에게는 책임질 가정과 중요 자금이 많이 필요하기 때문에 안전자산의 비중을 높이는 편이 좋다.

가령, 10년 이내에 집 장만에 도전하는 등 더 높은 수익을 원한다면 "자본수익을 추구"하는 것이 좋다. 통상적 은행 이자율보다 높은 수익률을 추구할 수 있는 방법으로 계획을 수립하여 '고 위험, 고 수익'을 추구할 수 있다.

③ 지기(知己)

투자를 결정하기 위해서는 스스로를 잘 아는 것보다 중요한 것은 없다. 하지만 자신에 대해 스스로 정확하게 알고 있는 사람은 거의 없다. 투자계획서, 투자정책서를 꼼꼼하게 작성해보면서 자신의 투자 성향, 투자 상황, 목표를 구체적으로 수립하고 이해하는 것이 굉장히 중요하다.

나에 대해서만 제대로 안다고 해도 투자에서는 절반을 이긴 것이나 다름없다. 특히, 자신의 리스크 선호도에 따라 투자자산을 배분해보고 불편하면 수정 과정을 거쳐 완벽한 투자 상태를 만들어야 한다.

a. 나는 어떤 사람인가?

전문가에게 질문하지 말고, 스스로 물어보자. "내가 과연 얼마 만큼의 수익률을 추구할 수 있는 사람일까?"

- 자신의 성향에 대해 정확하게 판단하지 못하고 있다면 시장이 생각대로 움직이지 않을 경우 상당한 패닉에 빠질 가능성이 높고, 이는 투자의 실패로 빠질 우려가 있다.
- 자신이 상당한 위험을 감내할 수 있는 위험 선호자라 판단했는데, 실제로 주가가 약간만 흔들리고 자산의 손실이 커지게 되면 당황하는 것처럼, 자신의 투자 성향 판단은 수없이 되돌아 봐야 한다.

자신의 성향에 맞는 투자를 위해 스스로의 위험 선호도에 대한 수준을 파악해야 한다. 그러기 위해서는 손실 가능성을 먼저 정하고, 손실을 감수하는 대가로 기대할 수 있는 기대수익률을 결정하는 것이 올바른 순서이다.

b. 리스크에 대한 목표 설정

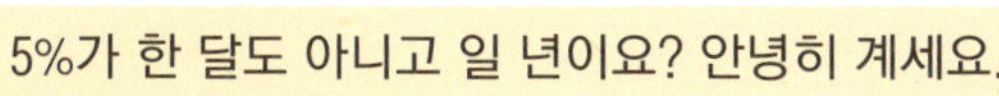

높은 수익을 보기 위해서는 그만큼 높은 손실 또한 감내해야 한다. 손실이 적어진다면 당연히 발생하는 기대수익도 줄어들게 된다. 투자는 리스크와의 싸움이다. 투자활동에서 가장 중요한 것은 목표수익률을 먼저 정하는 것이 아니라 리스크에 대한 목표를 정하는 것이다.

④ Risk – 리스크에 대한 목표 설정

a. 손실률과 손실액
손실은 비율보다 액수로 정해 놓는 것이 좋다!

> 1억 원의 10%는 1,000만 원이지만, 5억 원의 10%는 5,000만 원이다. 비율로 설정하게 되면 생각보다 많은 자금이 손실로 잡히게 되고 이는 실제로도 큰 성과를 거두기 힘들다. 감수할 수 있는 총액이 정해지면 그 손실을 감수하고 얻을 수 있는 최대기대수익을 계산해라. 만약 최대 손실을 3억 원으로 할 경우 기대 수익은 5억 원 이상으로 설정하는 등 손실보다는 기대수익이 더 커지도록 리스크와 기대수익을 설정해야 한다.

b. 리스크에 대한 목표 설정 시 고려사항
유동성의 정도, 월별 수입, 투자 예상기간, 법적인 규제나 제약 등을 고려한다.

고수익 전문직의 경우 Risk tolerance[1] 보다 다소 높은 리스크를 감수하고 투자 자산을 찾는 것이 바람직하다. 이들은 위험에 빠지더라도 수입으로 위험을 어느 정도 상쇄할 수 있기 때문이다. 반대로 수입이 전혀 없을 경우에는 안전한 자산에 대한 투자 비중을 늘리는 것이 좋다.

> 월수입 1,000만 원인 투자자는 매달 500만 원 정도의 여유자금이 생긴다. 2,000만 원의 원금으로 목돈 마련을 위한 투자를 한다면 500만 원의 손실이 발생해도 복구가 가능하다.
> 이런 투자자의 경우에는 다소 높은 리스크를 통해 고수익을 추구하는 것이 좋다.

⑤ 투자자산의 성격 고려

투자자산의 배분에서 가장 중요한 것은 투자자산의 성격이다. 내가 가지고 있는 자산이 내가 번 돈인지, 상속 받은 자산인지에 따라 리스크 선호도는 달라진다.

a. 본인 자산 : 돈을 잃어도 다시 자산을 만들 수 있는 자신감이 있어 높은 위험을 감수할 수 있다.
b. 상속 자산 : 돈을 잃어서는 안 된다는 강박관념에 사로잡힐 수 있다. 이런 경우는 안전자산의 비중을 높여 위험을 최소화하는 것이 좋다.

---

1 Risk tolerance(손실을 감내할 수 있는 정도) :
포트폴리오를 구성해주고 자산을 운용하는 전문적인 펀드매니저도 고객의 투자 자산을 구성할 때, 성향을 가장 먼저 파악한다. 그 중에서도 손실을 견딜 수 있는 정도인 Risk tolerance(위험에 대한 인내심)을 가장 중요한 요소 중 하나로 판단하고 투자자의 손실 가능 여부를 반드시 체크한다.

2. 기대수익 및 위험 1편

1) 최적투자결정의 체계

투자가치 = f(기대수익, 위험)

투자가치는 자신이 기대하는 미래의 수익 예상치와 위험의 관계로 결정된다. 현대 포트폴리오 이론에서는 투자대상들의 투자가치를 기대수익과 위험으로 평가한다.

〈예시〉 다음 각각 A주식, B주식, C주식, D주식에 대한 기대수익과 위험이 있다.

구분	A	B	C	D
기대수익	10	10	15	17
위험	5	10	12	12

① A와 B를 비교하면 기대되는 수익은 10으로 똑같다. 하지만 A주식은 위험이 5밖에 되지 않는데 비해, B주식은 10의 위험을 가지고 있다. 같은 양의 수익을 벌어들일 것으로 기대된다면 투자자들은 당연히 위험이 작은 A주식을 선택하게 된다.

② C와 D를 비교하면 위험이 두 주식 모두 12로 같다. 하지만 C는 15의 수익밖에 제공하지 못하지만, D는 17의 수익을 제공해줄 수 있다. 같은 위험을 부담한다면 더 많은 수익을 기대할 수 있는 D주식을 선택하게 된다.

③ 선택되지 못한 B와 C를 제외하고, A와 D를 비교하면 투자자들은 어떤 주식을 선택해야 할지 판단할 수 없다. A주식은 수익이 적지만 그만큼 위험도 적다. 반면 D주식은 위험은 크지만 그만큼 기대되는 수익이 높다. 이때, 투자자들은 자신이 감내할 수 있는 위험 성향에 따라 A주식을 선택할 수도, D주식을 선택할 수도 있다(여유자금이 많아 위험을 감수하고 높은 수익을 추구하는 투자자는 D주식을 선택, 자녀 학자금 등 소중한 자금을 운용하는 사람은 위험이 작은 A를 선택하게 된다).

다음과 같이 기대수익과 위험에 따라 선택되는 주식과 도태되는 주식 사이에는 '지배원리의 원칙'이 작용한다. 투자자들은 같은 기대수익이면 더 낮은 위험을 선호하고, 같은 위험이면 더 높은 수익을 추구하게 된다. 이러한 과정으로 선택된 주식들이 가장 효율적인 투자자산군이라 할 수 있다.

2) 투자수익률

① 단일기간 투자수익률

> 투자수익률 = (기말의 부 – 기초의 부) / 기초의 부

단순한 수익률 계산은 기말과 기초의 차이만을 비교하면 되지만, 주식투자에서는 이런 시세차익과 더불어 배당으로 나오는 소득도 반영해줘야 한다.

> 주식투자수익 = 배당소득 + 시세차익

〈예시〉 투자자 A씨는 L주식을 15년 5월 1일에 1,000원을 투자하여 16년 4월 30일에 1,500원에 매도하였다(16년 3월에 배당금 100원을 받았다). A씨의 투자수익률은?

〈풀이〉 주식투자수익 = 배당소득 + 시세차익 = 100 + (1,500 – 1,000) = 600원
A씨의 투자수익률 = 600 / 1,000 = 60%

② 다기간 투자수익률

투자는 한 기간에만 이루어지지 않기 때문에 여러 기간에 걸쳐 생겨난 수익률을 평가하기 위해 1기간으로 조정할 필요가 있다. 이때 가장 많이 사용되는 것이 산술평균수익률과 기하평균수익률이다.

산술평균수익률, 기하평균수익률

산술평균수익률 = (R1 + R2 + R3...) / N
기하평균수익률 = $\sqrt[N]{(1+R1)(1+R2)(1+R3)} - 1$

- 산술평균수익률은 하나의 기간에 손실이 있는 경우 수익률 왜곡이 있다.
- 기하평균수익률은 재투자되어 증식을 고려한 수익률이므로 다기간 수익률 계산 시 산술평균수익률보다 더 적절하다.

〈예시〉 A씨는 첫 해 초 1,000만 원을 투자하였는데, 1년 후 가격상승으로 2,000만 원이 되었다가 둘째 해 말에는 가격하락으로 1,000만 원이 되었다.

〈풀이〉 첫 해 수익률 : (2,000 – 1,000) / 1,000 = 100%,
둘째 해 수익률 : (1,000 – 2,000) / 2,000 = –50%

*산술평균수익률 (100 + (–50)) / 2 = 25%
*기하평균수익률 $\sqrt{(1+1)(1+(-0.5))} - 1 = 0\%$

산술평균으로 계산했을 때 수익률은 25%지만, 기하평균으로 구한 수익률은 0%이다. 실제로 1,000만 원을 투자해 2년 뒤 다시 원금 1,000만 원으로 돌아왔기 때문에 수익률은 0%로 기하평균이 더 정확하다. 예시에서 보듯이 산술평균은 투자 수익률계산에서 오류가 많이 발생하기 때문에 기하평균수익률을 통해 보다 정확한 수익률을 계산한다.

3) 기대수익률

자산이나 포트폴리오에서 기대되는 수익률의 가치 또는 평균값으로, 특정 자산의 기대수익률은 실현가능 수익률을 실현확률로 곱하여 합한 값을 말한다.

- 미래의 투자 수익률을 예측한다.
- 실제로 실현될 가능성을 나눠서 각각의 확률을 예측한다.
- 미래투자수익률을 발생할 확률로 곱한 후 합으로 구한다.
- 포트폴리오 기대수익률은 각 개별 종목의 비중을 곱한 후 합으로 구한다.

① 기대수익률[1] 구해보기

구분	확률	주식A	주식B	주식C
경기상승	20%	10%	5%	15%
현재수준	50%	5%	3%	5%
경기하락	30%	−5%	3%	−10%

a. 주식A 기대수익률 : $(0.2 \times 0.1) + (0.5 \times 0.05) + (0.3 \times (−0.05)) = 0.03(3\%)$
b. 주식B 기대수익률 : $(0.2 \times 0.05) + (0.5 \times 0.03) + (0.3 \times 0.03) = 0.034(3.4\%)$
c. 주식C 기대수익률 : $(0.2 \times 0.15) + (0.5 \times 0.05) + (0.3 \times (−0.1)) = 0.025(2.5\%)$

---

1 기대수익률 = (경기상승 확률 × 기대수익 확률) + (현재수준 확률 × 기대수익 확률) + (경기하락 확률 × 기대수익 확률)

② 포트폴리오의 기대수익률[2]

구분	확률	주식A	주식B	주식C
경기상승	20%	10%	5%	15%
현재수준	50%	5%	3%	5%
경기하락	30%	−5%	3%	−10%

(A의 비중 20%, B의 비중 30%, C의 50%)

▶ 포트폴리오의 기대수익률은 어떻게 될까?

포트폴리오 각 주식의 기대수익률에 비중을 곱하여 포트폴리오의 기대수익률을 구할 수 있다.
= 주식A의 기대수익률(3%) × 주식A의 비중(20%) + 주식B의 기대수익률(3.4%) × 주식B의 비중(30%) +
  주식C의 기대수익률(2.5%) × 주식C의 비중(50%)

= 0.03 × 0.2 + 0.034 × 0.3 + 0.025 × 0.5
= 0.006 + 0.0102 + 0.0125
= 0.0287(2.9%)

따라서 포트폴리오의 기대수익률은 약 2.9%이다.

---

2 포트폴리오의 기대수익률
  = (A의 비중 × A주식 기대수익률) + (B의 비중 × B주식 기대수익률) + (C의 비중 × C주식 기대수익률)

3. 기대수익 및 위험 2편

● 투자자산별 수익률 비교

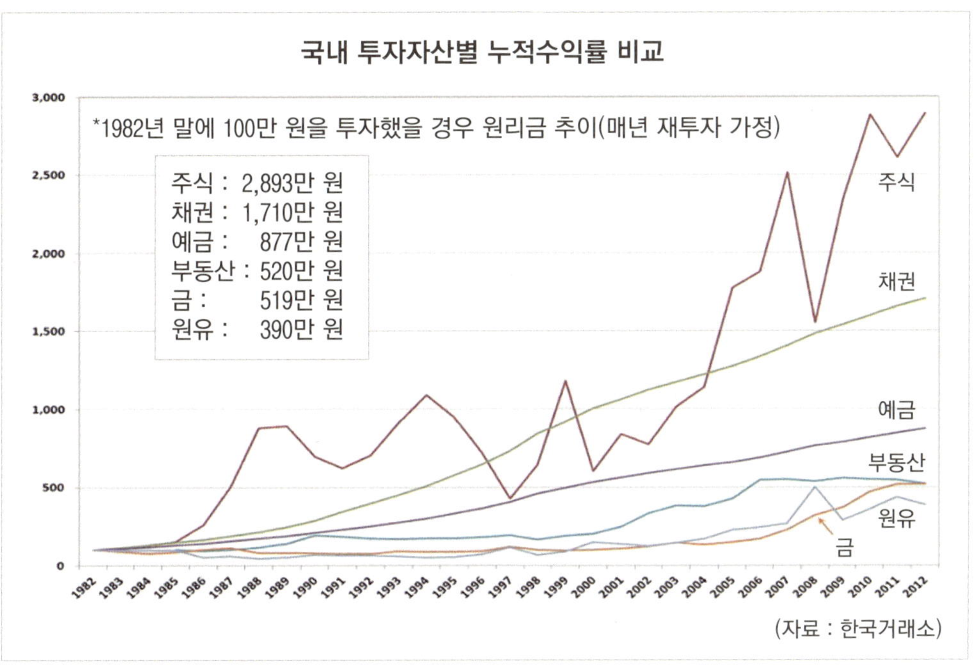

한국거래소에서 발표한 각 투자자산별 누적수익률 비교표를 살펴보면 주식이 압도적으로 높은 수익률을 보여주고 있다는 것을 확인할 수 있다. 1982년 말에 100만 원 투자했을 때 원리금 차이가 채권과 비교해도 1,000만 원이 넘게 날 정도로 주식의 수익률은 다른 투자자산을 압도한다. 하지만 그래프의 흐름을 살펴보면 다른 자산과 달리 주식의 수익률 곡선은 상승과 하락을 반복하는 형태를 보이고 있다. 안정적으로 수익이 창출되는 것이 아니라 떨어지면서 손실이 발생하는 구간도 존재한다는 것이다.

그렇다면 앞으로 주식의 수익률 움직임은 어떠할까? 상승할 수도 있고, 하락할 수도 있다. 어느 방향으로 움직일지 모르는 주식의 흐름 때문에 수익과 더불어서 중요하게 생각하는 투자지표가 위험이다.

1) 위험

위험이란 투자 시 얻게 되는 불확실성을 말한다.

● 불확실성이란 가격의 움직임을 예측할 수 없다는 것을 뜻한다. 예금이나 채권의 경우 일정한 수익이 고정으로 제공되기 때문에 내가 얻을 수 있는 수익을 거의 확실하게 예측할 수 있다. 하지만 주식은 언제, 얼마나 상승하고 하락할지 알 수 없기 때문에 그만큼 미래의 결과를 불확실하게 만든다. 당연히 예금, 채권보다 주식이 더 큰 불확실성을 가지고 있고 위험도 더 높다고 볼 수 있다.

● 재무이론에서는 어떤 투자안에서 실현될 수익률의 척도로 기대수익률(평균수익률)을 사용하며, 위험의 척도로는 수익률의 분산 또는 표준편차를 사용한다. 위험이 크다는 것은 분산 또는 표준편차가 크다고 할 수 있기 때문에 그만큼 숫자간의 괴리가 클수록 불확실성은 커지고 위험도 커지게 된다.

〈예시〉 Q : 다음 중 100만 원을 투자 시 가장 위험한 투자는?
  A : 0원이 될 가능성이 100%인 투자
  B : 50만 원 또는 150만 원이 될 가능성이 각각 50%인 투자
  C : 90만 원 또는 110만 원이 될 가능성이 각각 50%인 투자

〈풀이〉 가장 위험한 투자는 불확실성이 큰 투자안이다. 얼핏 보면 A투자안이 가장 위험해 보이지만 A투자안은 결과가 확실하다. 100%의 확률로 0원이 되기 때문에 투자를 하지 않으면 그만이다. 반면에 B와 C는 50%의 확률로 수익과 손실이 발생하기 때문에 위험을 가지고 있다고 할 수 있다. 그 중에서도 C투자안은 변동폭이 ±10% 수준이지만 B투자안은 ±50%로 가격 간의 괴리가 더욱 크다. 변동폭이 크기 때문에 그만큼 어디로 주가가 움직일지 확실하지 않다. 불확실성이 훨씬 큰 B투자안이 가장 위험한 투자안이다.

① 변동성

- 예상하는 기대수익률이 실제 기대수익률에서 벗어나는 정도를 말한다.
- 변동성이 클수록 위험이 증가한다.
- 표준편차는 각각의 평균에서의 차이를 확률로 곱한 후 더한 값(분산)에 제곱근하여 구한다.
- HTS나 각종 증권 포털 사이트에서 쉽게 베타(β)값이라는 수치로 알아볼 수 있다.

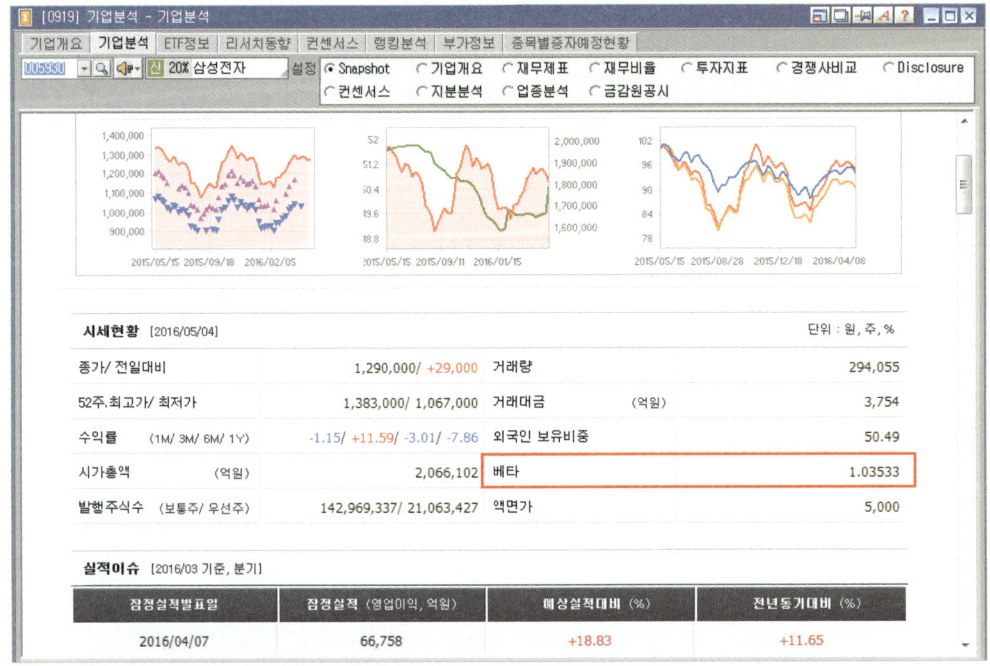

〈HTS에서 확인한 베타(사진은 영웅문3, 영웅문4로 대체 가능)〉

● VIX지수(공포지수)

공포지수로서 지수의 변동성을 알아볼 수 있는 가장 중요한 지표이다. 본래 시카고 옵션거래소에서 거래되는 S&P500 지수옵션의 변동성을 나타내는 지표로, 증시지수와는 반대로 움직이기 때문에 공포지수라 부른다.

〈VIX(공포지수)〉

② 자산가치평가

- 투자자산의 가치 평가를 말한다.
- 기대수익과 위험을 바탕으로 평가한다.
- 기대수익과 비례, 위험과 반비례한다(기대수익이 높을수록, 위험이 낮을수록 높게 평가).
- 기대수익과 위험은 상충관계에 있어, 기대수익이 높다면 위험도 함께 동반한다(High risk, High return).

③ 위험의 측정

- 미래의 불확실성이 있는 투자로부터 발생하는 예상 손실 가능성을 측정한다.
- 미래 기대수익률이 아직 실현되지 않은 가능성이다.
- 위험의 정도를 금융에서는 표준편차, 베타로 측정한다.

  a. 표준편차 : 각각의 값이 평균값에서 떨어진 정도를 보여주는 지표이다.
    표준편차가 크다는 말은 기대했던 평균값에서 떨어질 가능성이 크다는 말이기 때문에 그만큼 큰 변동성을 나타내므로 위험은 커진다.

b. 베타 : 시장 전체의 변동성을 '1'로 하였을 때의 개별주식의 민감도 값을 말한다.
개별 주식의 베타가 '1'이면 시장의 움직임과 동일하게 움직이고, 1보다 크면 더 민감하기 때문에 시장보다 크게 움직인다. 반대로 베타가 1보다 작으면 시장의 움직임에 둔하게 반응한다고 볼 수 있다.

2) 체계적 위험 vs 비체계적 위험

① 체계적 위험

- 경제 변수에 기인하여 모든 위험자산에 영향을 미치는 변동성을 말한다(이자율위험, 구매력 위험, 환위험).
- 체계적위험은 거시 경제에 미치는 요인들이기 때문에 모든 기업(주식)들이 모두 영향을 받는 위험이다.

② 비체계적 위험

- 고유위험이라고 하며 개별 자산에 발생하는 위험을 말한다(사업위험, 재무위험, 유동성위험).
- 기업이 가진 고유의 위험이고, 기업마다 가진 비체계적 위험은 모두 다르다.

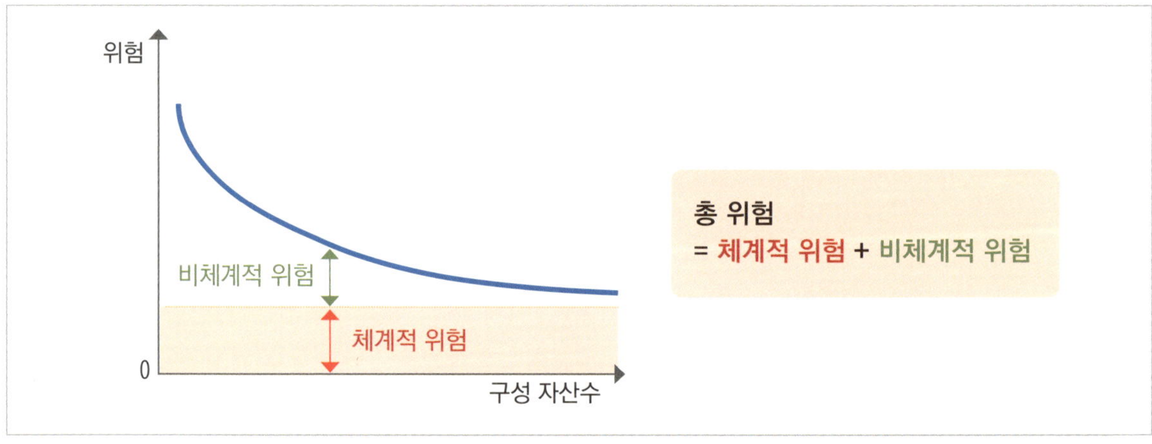

- 위험은 체계적 위험과 비체계적 위험으로 구성되어 있고, 보통 포트폴리오에 많은 종목을 보유할수록 개별 종목의 기업 고유 위험인 비체계적 위험은 줄일 수 있다(분산효과).

3) 투자에서의 무위험

① 무위험 자산

- 이론상 미래의 현금흐름이 변동할 위험이 없는 자산을 말한다.
- 일반적으로 국공채나 정부가 지급 보증한 채권을 대용한다.
- 국가나 정부, 지방자치단체가 파산하거나 지급 불능 상태가 되는 경우는 거의 없기 때문에 이들이 발행한 채권은 위험이 거의 없는 무위험 자산으로 인식하는 것이 일반적이다.

② 무위험 이자율

- 화폐의 시간적 가치를 고려한 것으로써 투자에 있어서 위험이 전혀 내포되지 않은 순수한 투자의 기대 수익률을 말한다.
- 일반적으로 무위험 자산이 가지고 있는 수익률로 이해할 수 있고, 무위험 자산과 이자율은 다른 위험 자산과 결합했을 때, 상대적으로 위험을 줄일 수 있는 투자를 할 수 있기 때문에 리스크 감소를 위해 고안된 이론적 개념이라 할 수 있다.

4. 기초자산배분설계

흔히들 주식투자를 생각하면 굉장히 위험한 투자라고 인식하는 경향이 있다. 주식이 가진 특성이 워낙 큰 변동성을 지니고 있어서 대박이 날 수도, 쪽박이 날 수도 있지만 이는 주식이 가진 단면만 이해하고 있었기 때문에 가진 고정관념이라고 볼 수 있다. 한 주식만 놓고 보았을 때는 당연히 주가의 움직임을 예측하기 힘들기 때문에 그만큼 위험을 내포하고 있지만, 주식 종류를 늘리고, 채권 등 다양한 투자 자산과 결합하게 된다면 그 만큼 위험은 줄어들게 된다. 이러한 투자 원리를 분산 투자라고 하며, 분산 투자는 주식 투자의 기본 중의 기본이다.

● 포트폴리오 이론 : "달걀을 한 바구니에 담지 말라(Don't put all your eggs in one basket)"

● 포트폴리오를 구성하는 자산을 동일한 위험(상관관계가 높은)의 자산들로 포함시키면 일련의 외부충격에 큰 타격을 입는다.
● 서로 연관성이 높은 주식들로 포트폴리오를 구성하게 되면(ex. 건설주와 건자재주) 건설업에 큰 불황이 닥쳤을 경우, 모두 동반해서 주가가 폭락할 가능성이 높아진다. 이러한 충격에 대비하기 위해 주식을 구성할 때는 서로 연관성이 다른 종목들(경기 민감주와 경기 방어주)로 구성하여 위험을 줄이는 전략이 필요하다.

1) 자산배분 관련 용어

① 포트폴리오

간단한 서류가방이나 자료 수집철을 뜻하는 말로 금융에서는 금융 회사나 개인이 보유하고 있는 금융 자산의 목록을 말한다. 즉, 자신의 계좌에 담겨진 주식이나 채권, 부동산 등의 목록과 투자 비중을 말한다.

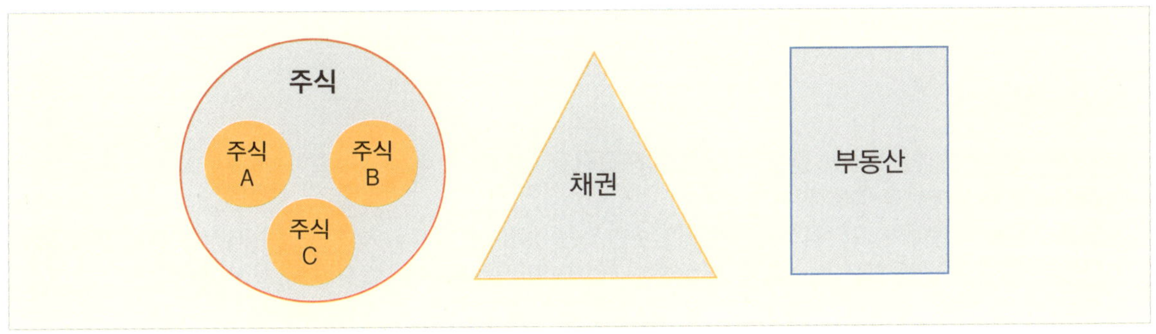

〈포트폴리오〉

② 상관관계(−1 ≤ ρ ≤ 1)

- 한쪽이 변화가 되었을 때, 다른 한쪽이 변화되는 관계 정도를 말한다.
- 같은 방향으로 변하면 양의 상관관계, 반대 방향으로 변하면 음의 상관관계라 한다.
- 포트폴리오를 구성할 때 주식들이 서로 다른 음의 상관관계를 가지고 있다면, 한 주식이 하락하더라도 나머지 주식들이 반대로 상승하기 때문에 위험과 손실을 줄일 수 있다.

③ 자산집단

- 비슷한 성질을 가진 투자물의 집단을 말한다.
- 대표적인 자산집단은 주식, 채권, 부동산, MMF 등이 있다. 각 자산집단은 영향을 받는 요인들이 다르다(ex. 금리가 변하면 다른 자산집단보다 채권이 가장 크게 영향을 받으며 변동성을 보인다).

④ 투자자산

- 해당 자산을 보유함으로써 미래의 수익을 기대할 수 있는 자산을 말한다.
- 자산집단에 속하는 개별 자산들을 말한다(개별 주식, 종류가 다른 채권 등).
- 투자 : 특정 자산을 보유함으로써 미래에 수익이 발생할 것이라고 기대하는 것

▶ **자산배분은 '투자자산관리'의 핵심 솔루션**

투자자산 선택의 3단계	
1단계	분산투자(자산배분)의 방법
2단계	개별종목 선택
3단계	투자시점의 선택

투자를 결정하기에 앞서 어떠한 주식에 투자할 것인가보다 더 중요한 단계가 자산을 배분하는 과정이다. 분산투자를 통해 자신의 포트폴리오에 구성할 자산의 종류와 성격을 정하고 난 뒤, 기술적 분석, 기본적 분석 등을 이용해 투자 가치가 높은 개별 종목을 선택하는 것이 올바른 투자 전략이다.

2) 자산배분

① 자산배분이란?

- 기대수익률과 위험 수준이 다양한 여러 자산집단을 대상으로 투자자금을 배분하여 최적의 자산 포트폴리오를 구성하는 과정을 말한다.
- 높은 기대수익률에는 그만큼 높은 위험이 수반되는 것이 당연하다. 자산배분은 자신의 적절한 목표 수익률과 감내 가능한 위험의 수준을 조절하는 과정이기 때문에 가장 중요한 투자 단계이다.
- 주식이라는 자산 내에서 투자대상이 될 수 있는 종목을 국가별, 업종별, 스타일별로 자금을 배분하는 과정이다(분산투자 목적).

> **▶ 스타일별 자산배분**
>
> 주식의 각종 성격에 따라 가치주, 성장주로 자산을 배분할 수 있고, PER, PBR 등 다양한 투자 지표를 이용해 마음껏 자산을 구성할 수 있다.

② 자산배분의 중요성

a. 위험을 최소화하고, 미래 재무목표를 달성하기 위해서 중요하다.
  - 투자대상 자산군이 증가한다. 현재는 투자할 수 있는 자산의 종류가 많아지면서 주식 뿐만 아니라 파생상품을 통해서도 하나의 자산군을 형성할 수 있고, 대안투자(부동산, 농산물)로도 자산배분이 가능해진다.
  - 투자위험에 대한 관리 필요성이 증대해지고 있다.
  - 투자수익률 결정에 자산배분 효과가 절대적인 영향력을 미친다는 연구결과가 발표되었다(마코위츠가 포트폴리오 이론으로 분산투자의 이로움을 밝혀냈고, 샤프 교수가 이를 입증하였다).

b. 업종별 베타계수(자산배분 시 개별 주식 종목을 선택하는 지표)

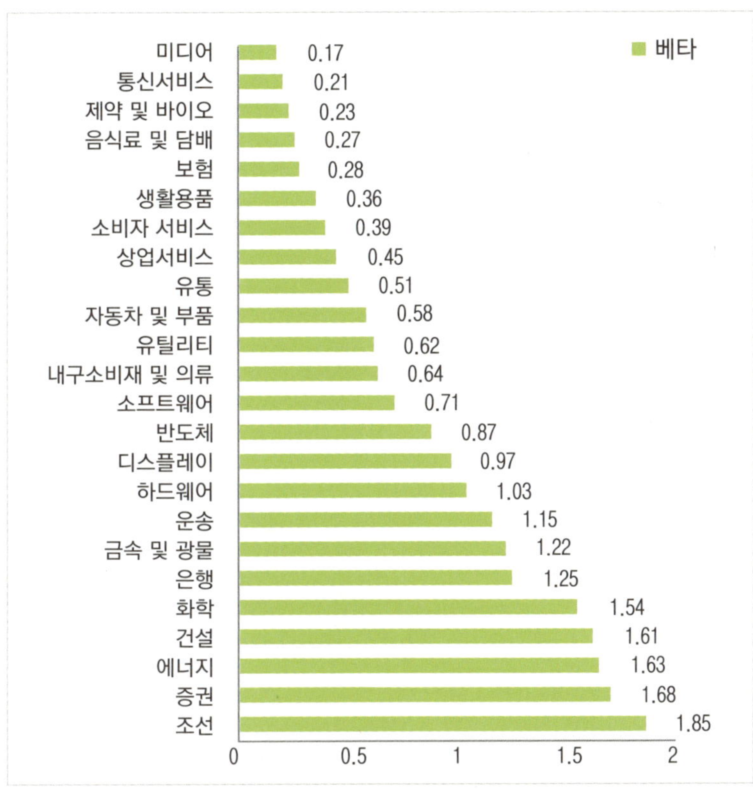

- 베타계수 : 개별증권이나 업종의 수익이 증권시장 전체(ex. KOSPI)의 움직임에 대해서 얼마나 민감하게 반응하는지 나타내는 지표이다.
- 베타는 '1'을 기준으로 1보다 크면 시장보다 민감하게(더 크게) 움직이고, 1보다 작으면 시장보다 덜 민감하게(더 작게) 움직인다.
- 강세 국면에서는 고베타 종목에 편입, 약세 국면에는 저베타 종목에 편입한다.

3) 투자자산 선택의 3단계

① 포트폴리오의 분산투자(자산배분)

| 1 | 분산투자(자산배분) 방법 |

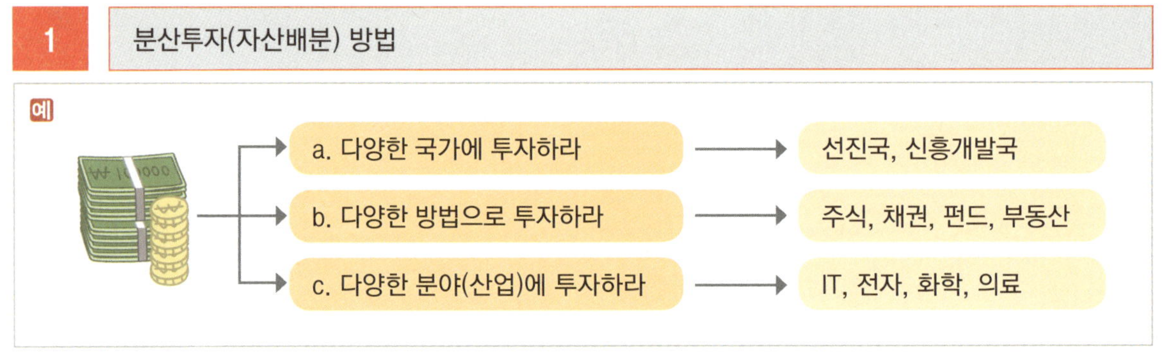

a. 다양한 국가에 투자하라(선진국, 신흥개발국)
- 국내 코스피, 코스닥에만 국한하지 말고, 선진국, 신흥개발국 등 다양한 국가의 주식 시장에 투자하면 그에 따른 분산투자 효과가 있다.
- 예를 들어, 북핵으로 인한 대북리스크가 발생하면 국내 증시는 대부분 하락한다. 하지만 다른 국가의 주식에는 큰 영향이 없기 때문에 국가별 분산투자는 우리나라가 보유한 고유 위험을 줄일 수 있는 방법이다.

b. 다양한 방법으로 투자하라(주식, 채권, 펀드, 부동산)
- 주식시장 뿐만 아니라 채권시장, 부동산시장 등 자산군이 다양해지기 때문에 주식시장이 하락해도 다른 자산군에서 상승할 수 있다.

c. 다양한 분야(산업)에 투자하라(IT, 전자, 화학, 의료)
- 업종별로 성장성이 다르고, 경기의 영향을 받는 차이가 존재한다. 베타를 이용해 업종별로 분산투자를 할 수도 있고, 성장하는 산업과 경기에 둔감한 산업의 종목들로 포트폴리오를 구성해 분산투자를 꾀할 수 있다.

② 개별종목 선택

분산투자를 위해 자산배분과정이 끝났다면 개별종목을 선택할 차례이다.

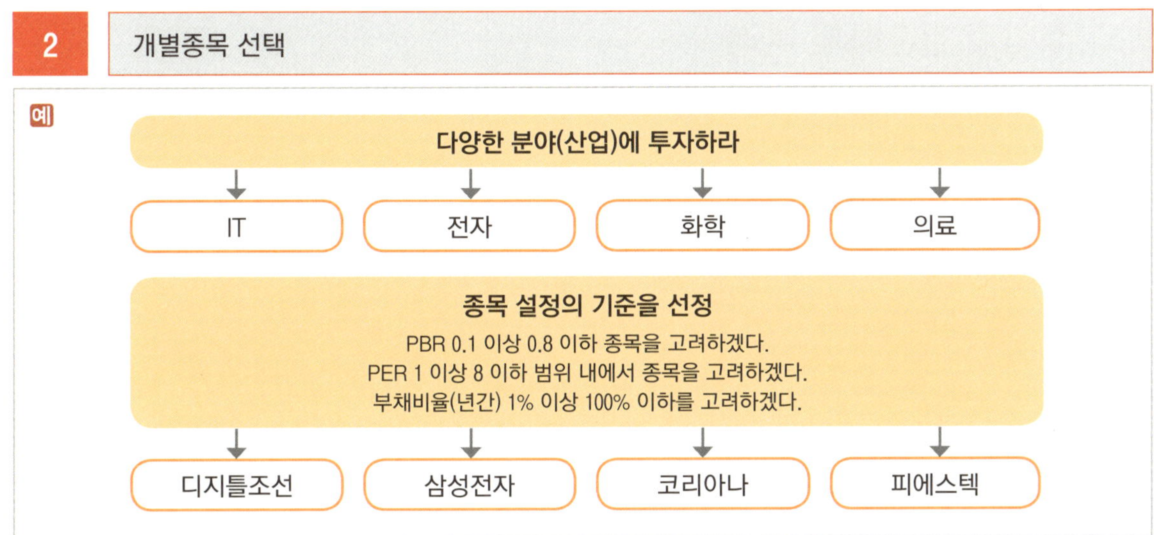

분야별로 자신의 스타일에 맞게 업종(산업)을 구성했다면 구체적인 종목설정 기준을 통해 개별종목을 선정한다. 가치주, 성장주에 따라 PER, PBR이 종목 선택의 기준이 될 수 있고, 안정성을 고려한 부채비율이 기준이 되어 종목을 선택할 수도 있다.

③ 투자시점 선택

투자할 개별종목까지 선택을 마쳤으면 적절한 투자 시점을 결정해야 한다.

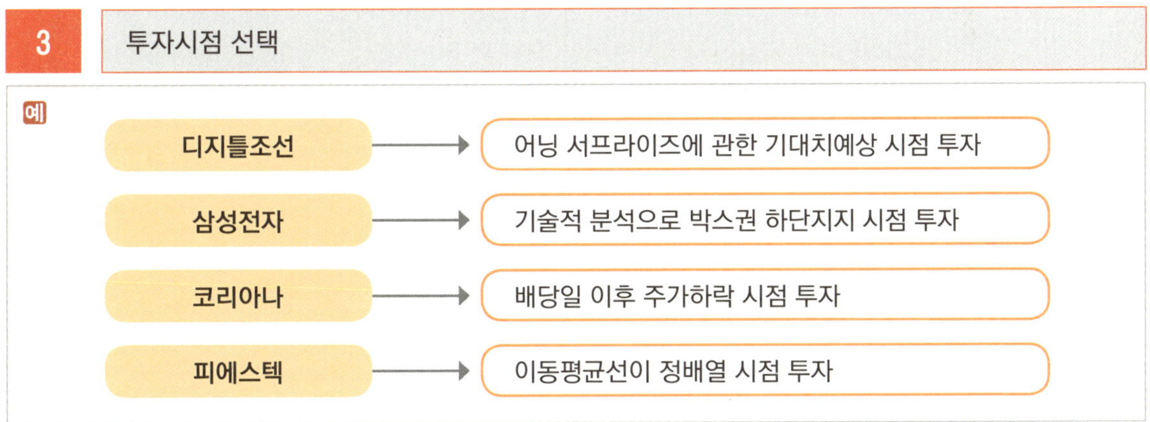

임의로 선택한 4개의 개별종목의 투자시점을 결정하는 단계에서 기업별 이슈가 각각 존재한다. 실적 시즌을 이용해 실적 발표 전에 투자를 진행하거나, 기술적 분석을 통해 차트의 움직임이 좋아지는 시점에서 투자를 결정할 수 있다. 또한, 배당락과 같은 이슈를 이용해 투자시기를 결정하는 등 직접 투자를 결정할 때, 시기를 결정하는 것도 중요한 투자 요소이다.

주식과 결혼하지 마라.

'결혼'은 남편과 아내 두 사람이 남은 일평생을 함께하겠다는 신성한 약속이다. 이 약속은 결코 변하지 않을 것을 전제로 하고 맺어진다. 그러나 '인간만사 새옹지마'라던가, 결혼 전에는 몰랐던 문제가 결혼 후에 불거지거나 아무리 노력해도 서로 맞춰나갈 수 없는 부분이 생겨나기도 한다. 아무리 애를 써도 받아들일 수 없는 상대와 '결혼'이라는 약속에 얽매여 헤어지지 못한다면, 그 사람의 인생은 과연 행복할 수 있을까?

주식에도 마찬가지 현상이 일어난다. 증시 주변에는 특정 종류의 주식이나 특정 종목에 대해서 지나친 집착을 보이는 투자자들이 적지 않다. 이른바 그 주식과 결혼한 사람들이다. 물론 특정 주식에 대한 깊은 관심과 지속적인 연구 분석은 주식 투자에 대단히 바람직한 자세이다. 그러나 그것이 단순한 관심에 그치지 않고 오직 그 주식만이 최고라는 식의 지나친 집착과 편견으로 변질되는 것은 심각한 문제이다. 특정 종목에만 마음이 팔려 다른 주식을 보지 못하는 상태로는 결코 수익을 도모할 수 없기 때문이다.

주식시장에서 주가 상승의 중요한 요인 중 하나인 시장의 인기는 그야말로 변화무쌍하기 짝이 없다. 그리고 그러한 인기의 변화는 주식 투자에서 결코 무시할 수 없는 것이다. 종합주가지수가 큰 폭으로 상승해도 자신의 보유한 종목만 하락하고 있다면, 자신이 그 종목에 대해 가지고 있는 것이 단순한 집착은 아닌지 생각해 볼 필요가 있다. 시장의 흐름을 완전히 무시한 채 특정 주식과 '결혼'해 그 주식만을 고집한다면, 경우에 따라서는 시장에서 완전히 소외되어 수익을 얻기보다는 심리적 고통과 경제적 어려움에 빠질 가능성이 높기 때문이다.

만화로 보는 **투자격언**

하아~, ○○주가 또 떨어졌네…
그 주식을 아직도 가지고 있어?

당연하지. 내 첫사랑이고, 늘 곁에 있는 아내 같은 주식이라고!

네 첫 투자주고 열심히 주식 공부한 것도 알지만, 설마 그걸 아직도 갖고 있을 줄은 몰랐다.
나 주식 샀다~!

주식투자는 수익을 내려고 하는 거잖아. 그런데 그 주식은 종합지수 올랐을 때도 움직이지도 않았고, 종합지수 떨어질 땐 같이 떨어졌잖아.
종합주가
해당주가
계속 손실만 나는 주식투자는 투자가 아니지.

하아, 팔아야만 하나?
당연하지! 갖고 있을 수록 손해고, 속도 상하잖아.

네 말이 맞는 것 같다. 하아, 잘가 내 첫사랑.
이봐 친구, 자꾸 의인화하지마!

Ⅷ. 가치투자

1. 대가들의 가치투자방법 1_피터린치의 투자법(심화)

피터 린치 (Peter Lynch, 1944~)

월스트리트 역사상 가장 성공한 펀드매니저이자 마젤란 펀드를 세계 최대의 뮤추얼펀드로 키워낸 가치투자자이다.
린치는 1990년 46세의 나이로 더 많은 시간을 가족에게 헌신하기 위해 사임했는데, 그때 1백만 명의 주주가 있었다.

주요저서 :
월가의 영웅, 이기는 투자, 피터린치의 투자이야기

1) 피터 린치의 종목선정 3단계 방법

① 1단계 : 관심 있는 종목 분류(6가지)하기

피터 린치는 저성장 기업, 대형우량 기업, 급성장 기업, 경기변동형 기업, 전환형 기업, 자산형 기업 등 총 6가지의 투자대상 종목들을 구분했다.

분류	기준 및 특징
저성장 기업	– 한때는 성장기업이었으나 성장이 정체되어 있음 – 확장보다는 현재의 방식 고수 – 연간 10% 미만 성장
대형우량 기업	– 경기후퇴나 주가침체기에 상당히 좋은 안전판 – 연간 10~19% 정도 성장
급성장 기업	– 피터 린치가 선호하는 유형 – 연간 20~25%의 성장하는 작고 진취적인 기업 – 회사 성장 모멘텀이 사라질 때 급락 리스크 존재
경기변동형 기업	일정한 형태로 매출 및 수익이 오르고 내리는 업체
전환형 기업	파산상태에서 전환한 기업들
자산형 기업	현금, 부동산 또는 현금화 가능한 권리 등의 엄청난 자산을 소유

a. 저성장주는 대형 기업이면서 한 자릿수의 이익성장률이 기대되는 기업을 말한다. 특히 배당수익률을 투자의사 결정에서 가장 중요한 것으로 보는 것이 특징이다.

b. 대형우량주는 연 매출이 수백억 달러이고, 수익성장률이 10 ~ 19%에 달하는 기업과 경기의 움직임에 실적이 큰 영향을 받지 않는 기업을 말한다.

c. 급성장주는 매년 수익이 20 ~ 25% 이상 늘어나는 기업, 재무구조가 양호하여 상대적으로 투자위험이 낮은 기업을 말한다.

d. 경기변동주는 경기 흐름에 따라 일정한 형태로 매출과 수익이 오르고 내리는 기업으로 투자에서 타이밍이 가장 중요하지만, 관련 직종에 종사하는 경우 투자에 유리하다고 조언했다.

e. 전환형주는 구제금융 등 어려움에 처해 있지만 회생하려고 노력하는 기업을 말한다.

f. 마지막으로 자산주는 대차 대조표상에는 나타나지 않지만 자산 가치가 큰 기업을 말한다.

② 2단계 : 적정성 파악하기

a. 가장 중요한 것은 기업의 수익성 파악

주가 대비 수익률(PER)

PER = 현재 주식 가격 / 주당 순이익

– 주가의 적정성 평가 기준으로 많이 사용
– 처음 투자한 돈을 회수하는데 걸리는 기간
– 높은 PER를 가진 종목은 높은 주가 수준을 정당화

b. 피터 린치의 PER 해석
피터 린치는 PER은 그 회사의 수익률과 같아야 한다고 판단하였다. 즉 PER이 15라면 그 업체가 연 15% 정도의 성장을 해야 한다고 해석하였다. 예를 들어, A기업의 PER은 10인데 A기업이 연평균 20%씩 성장하고 있다면 A기업은 저평가 되었다고 할 수 있고, 가치투자의 매수대상에 해당하는 것이다.
앞에서 피터린치가 분류한 6가지의 기업의 분류에 따라 매력적인 PER이 다르다. 따라서 6가지 분류군과 3단계 성장분석을 통해서 적절한 PER과 성장성을 확인해야 한다.

c. 투자대상기업의 수익성 노력 파악
미래 수익을 예측할 수 없다면, 적어도 기업이 자체수익을 증대하려는 계획과 그 계획이 제대로 추진되는지 주기적으로 점검해야 한다.
(수익증대 방법 : 원가절감, 가격인상, 신규시장 개척, 기존 시장에서 판매증대 등)

③ 3단계 : 성장성 분석하기

기업분류	분석 및 파악 내용
공통항목	– PER가 너무 높지 않은지 – 기관보유비중은 높지 않은지 – 수익성장기록이 안정적인지 – 현금보유가 많은 지
저성장 기업	– 배당지표의 세심한 확인
대형우량 기업	– PER의 과대 평가 여부 – 성장을 지속시킬만한 호재가 발생할 가능성 판단 – 과거 불경기 시 회사가 어떻게 대처했는지 분석
급성장 기업	– 최근 연 수익 성장률을 파악(20% 정도가 적정, 30% 이상은 위험) – 그 회사가 지속적으로 성장하는 분야 파악과 방법을 분석 – 그 주식을 가진 기관의 비중 파악 – 새로운 사업의 성공 입증과 확장속도 파악 – 그 기업의 제품 중 매출상승이 높은 상품이 주력 사업 품목인지 파악
경기변동형 기업	– 사업환경이나 재고 및 가격 중심으로 분석 – 분석 기업이 현재 불황인지, 호황인지 판단 – 불황과 호황의 변동성 파악
전환형 기업	– 현금 및 부채비율 파악 – 기업이 적자 시 얼마나 버틸 수 있는지 분석 – 만일 도산 시 주주들에게 무엇이 남는지 파악 – 다시 그 사업의 붐이 일어날 소지가 있는지 파악 – 비용절감노력 파악
자산형 기업	– 보유자산을 파악하고, 얼마만한 가치가 있는지 파악 – 자산에서 제외되어야 할 부채는 얼마나 되는지 파악

2) 추가 고려사항

① 분석 시 주목해야 할 수치들

a. 현금보유상황
현금보유가 많은 회사는 기업에 새로운 투자의 기회가 발생할 때 신규 채권이나 주식을 발행하지 않고 투자할 수 있거나 경기가 안 좋을 때 안전판 역할을 할 수 있다.

b. 부채상황
기업의 부채비율이 높다면 내외부적으로 예상치 못한 충격이 발생할 경우 크게 타격을 입을 수 있다. 즉, 안정성이 떨어진다.

c. 배당
배당을 많이 주는 기업은 성장의 기회를 낮출 수 있으므로 6가지 분류군의 특징별로 분석해야한다.

d. 퇴직급여
퇴직급여는 회사의 부채라고 할 수 있으므로 마찬가지로 살펴볼 만한 수치이다.

② 완벽한 주식의 요건

a. 어떤 바보라도 경영할 수 있는 기업
b. 따분한 기업명과 혐오감을 일으키는 사업을 하는 기업
c. 분리된 자회사
d. 안좋은 소문이 무성한 회사
e. 무성장 업종이면서 경쟁이 없는 회사

③ 생활 속의 아이디어

피터 린치가 레그스라는 팬티스타킹을 만드는 헤인스에 투자한 사례는 대표적인 생활 속의 투자 아이디어 사례이다. 당시 헤인스는 고급 팬티스타킹을 생산해 백화점에 공급했지만, 싸구려 제품을 주로 팔던 슈퍼마켓에도 비교적 저렴한 가격에 고급 제품을 공급하게 되었다. 여성들의 출입이 빈번한 슈퍼마켓에서 스타킹을 우연히 접한 아내 캐롤린의 말을 피터 린치는 놓치지 않고 제조회사를 알아본 후 곧바로 회사의 주식을 매수했고 6배의 수익률을 남기게 되었다.

3) 매도시점

기업분류	분석 및 파악 내용
저성장 기업	– 기업의 시장 점유율이 2년 연속 하락 시 – 추가로 광고대행사 고용 시 – R&D 비용이 감소했을 시
대형우량 기업	– 지난 2년간 신제품의 반응이 신통치 않을 시 – P/E가 15 수준이나 질적으로 유사업체 비해 1.5배 이상 높을 때 – 성장률 하락 시
급성장 기업	– 매출액이 분기 중 3% 이상 하락 시 – P/E가 30인데 가장 낙관적인 수익성장률 전망이 15~20% 밖에 안될 시 – 기관의 낙관적인 평가와 보유물량이 많을 시
경기변동형 기업	– 재고 과다 축적 및 처분이 안 될 시 – 임직원의 급여인상 요구 시 – 경쟁 기업 출현 시 – 상품 가격 인하 시 – 소비자의 상품 수요 감소 시
전환형 기업	– 업체가 회생한 후 – 재고가 매출증가율의 2배 속도로 증가할 시
자산형 기업	– M&A의 대상이 되어 주가가 많이 올랐을 시 – 주가가 실제가치보다 낮게 형성되어 있는데 유상증자를 시도할 시 – 사업부분에 매각에서 기대보다 이익이 적게 나올 시

2. 대가들의 가치투자방법 2_존 네프의 투자법(심화)

존 네프(John Neff, 1931~)

- 워렌 버핏, 피터 린치와 어깨를 나란히 하는 투자업계의 '살아있는 전설'
- 자신만의 원칙과 방법으로 30년 동안 펀드 규모를 57배로 성장시킨 운용자
- 시가총액을 순이익으로 나눈 주가수익비율(PER)을 주식시장에 처음 소개

주요저서 :
가치투자 존 네프처럼 하라(2001)

1) 가치 있는 주식 발견하기

① 가치가 있다고 영감을 주는 주식 목록

a. 저가를 기록하는 새로운 주식 목록
저가를 기록하고 있다는 것은 그 기업에 대해 일반투자자의 관심이 없고, 미래의 전망도 나쁘게 발표될 가능성이 높다. 따라서 기업의 실제 가치에 비해 시장가치가 낮을 가능성이 있다.

b. 전날에 주가 움직임이 가장 좋지 않았던 주식 목록
시장에서 기업의 가치보다 과도하게 반응하여 주가가 움직일 가능성이 있다. 따라서 실제 가치보다 낮은 기업이 존재할 가능성이 있다. 존 네프는 위의 목록에 있는 기업을 철저히 분석하여 정교한 저 PER 투자를 한다.

② 존 네프가 관심을 갖는 기업의 특징

특징	내용
힘든 시기에 하락한 기업	– 나쁜 소식이 주가에 지나치게 반영 – 일시적인 손실인지 판단 – 강한 우위와 좋은 평판이 있다면 수익은 개선 가능
구조조정 중인 기업	– 불확실성으로 인하여 기업 가치 폄하 – 저 PER를 보이고 합리적 성장(구조조정 후)을 판단 – 군중과 반대로 투자해야 하므로 용기가 필요
소기업과 틈바구니 기업	– 시장 참여자와 분석자의 관심이 저조 – 분류하기 어려운 기업은 비능률적으로 평가 가능

2) 존 네프의 공식

존 네프 상수 = (시가 배당률 + 이익성장률) / PER
cf) 시가 배당률 = 배당금 / 주가, 이익성장률 : 향후 5년간의 ROE

→ 존 네프 상수값의 기준 = 2, 값이 2보다 크다면 매수고려

① Case 1

〈예시〉 M기업의 주가가 현재 1,000원, 예상 배당금이 30원, 5년 평균 ROE가 10%, EPS가 100원인 경우의 존 네프 공식은?

〈풀이〉 (시가배당률 + 이익성장률) / PER = 존 네프 상수
(30 / 1,000 + 10%) / (1,000 / 100) = 1.3
존 네프 상수가 2보다 작으므로 존 네프 기준에 부적합

② Case 2

〈예시〉 A기업의 주가가 현재 500원, 예상 배당금이 50원, 5년 평균 ROE가 5%, EPS가 100원인 경우의 존 네프 공식은?

〈풀이〉 (시가배당률 + 이익성장률) / PER = 존 네프 상수
(50 / 500 + 5%) / (500 / 100) = 3
존 네프 상수가 2보다 크므로 존 네프 기준에 적합

③ 5년 평균 예상 ROE 어떻게 분석할까?

현재의 ROE를 5년 예상 ROE로 사용한다면 예상의 오류가 생길 수 있다. 미래의 ROE를 구할 때는 보다 구체적이고 철저한 분석이 중요하다. 잘못된 예측값은 기업 가치평가에 큰 오류가 발생한다.

▶ 듀퐁 분석

- 기존의 ROE를 확장, 보다 세부적으로 기업을 분석
- 듀퐁 분석의 ROE(기존의 ROE를 확장해서 분석)
  = 당기순이익 / 자기자본
  = (당기순이익 / 매출액) × (매출액 / 총 자산) × (총 자산 / 자기자본)
  = 수익성 + 활동성 + 안정성
- 수익성 : 경쟁기업이나 제품 소비자의 수요증가 등 향후 기업의 수익성을 예측한다.
- 활동성 : 얼마나 물건을 많이 만들어서 내는지 현재 공장 가동률을 통해서 판단 가능하다.
- 안정성 : 부채비율이 늘어난다면 ROE는 증가할 수 있지만, 향후 경기가 안 좋다고 판단했을 때 오히려 이 수치가 높다면 독이 될 수 있다.

3) 존 네프의 투자방식

① 1단계 : 저 PER주 찾기

기존의 PER보다 적어도 40% 낮은 수준

② 2단계 : 해당 기업의 이익 성장과 배당을 검토

a. 적절한 이익 성장
- 재무적 지표가 안정적이고 분기 이익이 증가 추세
- 좋은 기업전망과 지속 가능한 미래 성장(7~20%가 일반적인 범위)

b. 배당 수익 보호
- 평균 이상의 배당 수익

③ 3단계 : PER 대비 총 수익의 관계 파악

존 네프의 공식의 값이 시장 평균의 2배

3. 대가들의 가치투자방법 3_벤자민 그레이엄의 투자법(심화)

벤자민 그레이엄(Benjamin Graham, 1894~1976)

증권분석의 창시자이자 가치투자의 아버지로 불리우며 가치투자 이론을 만든 인물이다. 그의 제자로는 가치투자로 유명한 워렌 버핏이 있다.

주요저서 :
현명한 투자자, 증권분석

벤자민 그레이엄은 3가지 주식 접근법으로 투자 종목을 선정하였다.

1) 기업의 자산가치에 중점을 둔 접근법

① 주가와 순유동자산[1]의 가치를 비교

  a. 장기부채도 순유동자산에서 공제 후 그 아래로 거래되는 주식을 찾았다
  b. 비유동자산은 일부의 비율만 인정 : 그레이엄은 기업이 위기를 맞게 된다면 비유동자산의 가치는 거의 없어지게 될 수 있다며 비유동자산의 가치를 상당히 낮게 인정하였다.

② 벤자민 그레이엄의 자산항목 조정 비율

회계항목	조정 비율(%)
현금자산	100
매출채권	80
재고	66.7
유형 및 무형자산	15

※ 조정 비율만큼 재무제표의 수치를 낮게 조정하였고 비유동자산은 장부가치에 15%로 상당히 낮게 조정했다.
※ 재무제표상의 100만 원의 매출채권을 그레이엄은 80%로 조정하여 80만 원으로 인식하였다.

---

1 순유동자산 = 유동자산 – 유동부채, 운전자본이라고도 한다.

③ 실전 적용해보기

● 삼성전자(총자산 247조 / 부채 66조), 발행주식수 = 1억 4천 7백 3만 주

회계항목	조정 비율(%)	액수	조정 후
현금자산	100	69.7조	69.7조
매출채권	80	36조	28.8조
재고	66.7	22.8조	15.2조
유형 및 무형자산	15	117조	17.6조

조정 후 총자산　　 ＝　131.3조 원
조정 후 자기자본　＝　조정 후 총자산 − 부채
　　　　　　　　　＝　131.3조 원 − 66조 원 = 65.3조 원
적정주가　　　　　＝　총 자본 / 발행주식수
　　　　　　　　　＝　65.3조 원 / 1억 4천 7백 3만 주
　　　　　　　　　＝　443,313원

④ 왜 이런 염가 주식이 나타나는가?

주식이 청산가치보다 낮게 거래되는 것은 비논리적이지만 다음과 같은 잘못에 의해 발생 가능성이 있다.

● 기업의 생존 및 수익성 전망을 판단하는 주식시장의 잘못
● 자산을 낭비하는 가치 파괴 활동을 추구하는 경영진의 잘못
● 자산에 대한 태도에서 주주의 잘못

⑤ 자산가치 판단 시 고려사항

무조건 순유동자산 아래에서 거래되는 주식을 매수하는 것은 현명하지 못하다. 추가적으로 다음을 살펴봐야 한다.

a. 재무구조
　– 수익력 분석이 가장 중요하다(자의적인 이익수치 조정 여부 파악).
　– 당좌자산의 빠른 손실이 발생하는지 파악해야 한다.

b. 질적요소
　– 경영진의 능력, 해당 산업에서의 경쟁적 지위, 기업 운영상의 특징을 살펴봐야 한다.

    c. 인내심
       시장이 기본가치를 인정하는 데는 몇 년이 걸릴 수 있다.

2) 기업의 양적 접근법

① 이 접근법은 적절한 포트폴리오 종목을 늘릴 것(15~20개)을 권했다.

② 재무제표를 철저히 분석하는 접근법이다.

③ 종목선정 기준

    a. 선정 기업은 대기업이어야 한다.
    b. 매우 건실한 재무구조를 가지고 있어야 한다.
       부채비율이 안정적인 구조여야 한다(부채보다 자기자본이 커야 함).
    c. 이익과 배당의 안정성 및 성장성을 가지고 있어야 한다.
       – 이익 : 지난 10년 동안 계속 창출
       – 배당 : 지난 20년 동안 계속 지불
       – EPS : 지난 10년 동안 적어도 3분의 1만큼은 성장
    d. PER이 적절해야 한다.
       상한선을 설정(과거 3년 평균 15배, 과거 1년 평균 20배)
    e. 주가가 순자산가치보다 크게 높지 않아야 한다.

3) 기업의 미래 수익력 평가에 중점

① 다른 방법에 비해 적극적인 접근법이다.

② 기업의 미래에 대해서 잘 안다고 생각하는 기업 3~4개만 분석한다.

③ 그 기업에 대한 예측이나 고객의 이해관계를 집중한다.

④ 비교적 인기 없는 대기업이 효과적인 탐구 분야이다.

    – 역경을 견뎌내고 이익추세에 진입한 기업
    – 이익 개선의 실질적인 조짐이 보이면 시장은 신속하게 반응

4) 언제 매도할 것인가?

① 보유가치

충분한 이익과 가치 상승에 대한 합리적인 기대가 있으면 상당한 기간 동안 주식을 보유할 가치가 있다.
진정한 투자자는 자신의 주식을 강제로 매도하는 상황까지 가지 않는다.

② 매도하는 시점

- 주식의 질이 악화되었을 경우
- 가격이 가치에 의해 정당화되지 않는 수준까지 상승한 경우

5) 벤자민 그레이엄 투자접근법의 어려움과 결점

① 지나친 단순화

그레이엄의 공식이나 투자수치를 단순하게 생각하고 단순하게 투자하려는 것은 피해야 한다. 그레이엄의 3가지 투자 방법 모두를 고려하여 투자 판단을 해야 한다.

② 자료를 고문하기

내가 원하는 결과값을 먼저 선정한 다음 그 결과값을 뒷받침하는 데이터를 구하기 위해 자료를 여러 가지 방법(ex. 시간을 늘리거나 줄이는 방법 등)으로 시험해보는 오류를 말한다.

③ 성격적 기질

강한 의지는 시장이 폭락하거나 공황 상태에 빠질 때 군중과 함께 가려는 유혹을 이겨내기 위해 필요하다.

④ 적정가치가 될 때까지 기다리기

현재 시장의 가격이 진정한 가치에 수렴하기 위해서는 상당히 오랜 시간이 필요할 수도 있다. 조급하게 판단해 매도한다면 성공할 수 없다.

4. 가치투자 종목발굴 방법

1) 대가들의 종목발굴 방법

- **벤자민 그레이엄**

  "주당 가치보다 낮은 저평가주에 주목하라"

- **존 템플턴**

  "소외된 주식 중에 저평가된 주식이 있다"

- **워렌 버핏**

  "사업독점성을 가지면서 안정적인 수익을 내는 기업이 좋다"

- **필립 피셔**

  "장기적으로 평균 이상의 성장전략을 구사하는 주식을 보유하라"

- **피터 린치**

  "경쟁이 없고, 기본사업이 단순한 기업을 선호하라"

- **티 로우 프라이스**

  "시장개척능력이 우수한 성장기업을 성장주가 아니라고 할 때까지 매수하라"

2) 가치투자의 전략 개념도

가치투자의 전략적 개념은 저평가된 주식을 매수하여 본래의 가치로 주가가 돌아오면 매도한다. 가치투자의 전략에서 저평가된 주식을 발굴하는 것이 중요하다.

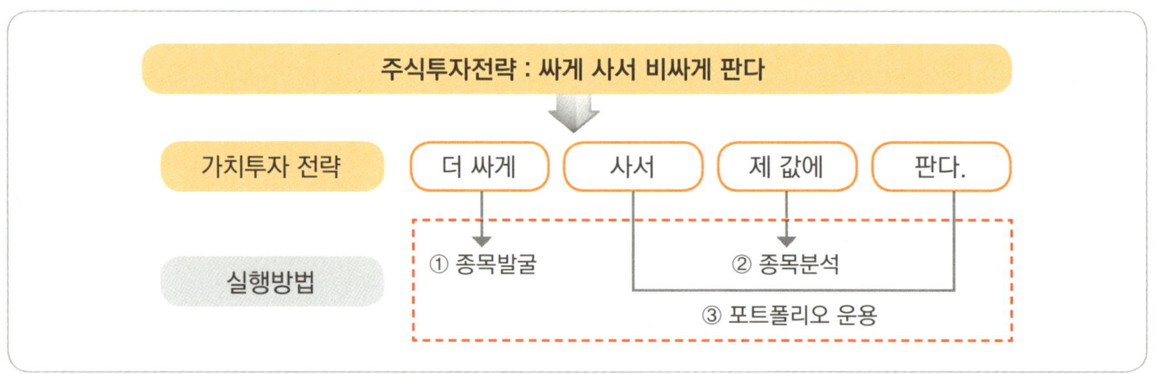

3) 가치투자 종목 발굴하기

① 안전마진 정리하기

a. 안전마진은 일정한 범위의 가치를 가진 종목을 실제 가치보다 낮은 가격에 매수할 때 발생하며, 적정한 가치 범위 내로 주가가 상승한 후 매도했을 때 그 만큼의 수익률이 발생하게 된다.

> 〈예시〉 청개구리 씨는 A회사의 적정한 시가총액 가치가 약 5천억 원이라고 생각한다. A회사 주식을 3천억 원 수준에서 매입한 후 4천억 원 수준까지 시가총액이 상승했을 때 매도한다면 매수 당시 확보한 안전마진만큼 수익률을 얻은 것이다.

b. 대부분의 개인투자자들은 욕심과 두려움에 휩쓸려 고평가된 주식을 추가 매수하여 거품을 만들고, 저평가된 주식을 추가매도하여 저평가 정도를 심화시키는 경우가 많다.

c. 안전마진 구축은 주식을 싸게 샀으므로 하방경직성[1]이 크고, 적정주가로 회복할 것이므로 주가상승의 가능성도 크다. 자신에 맞는 투자스타일이 사람마다 다르지만 안전마진 구축은 모든 투자자에게 매우 중요한 요소이다.

d. 수익성장주, 고속성장주, 저성장 가치주 등 다양한 특성을 가진 기업들은 PEG비율[2], PER, PSR, PBR등 다양한 지표들을 기준으로 한 충분한 안전마진이 필요하다.

② 재무손익 항목

재무분석은 활동성, 수익성, 성장성, 안정성 4가지로 나누어 볼 수 있다.

> • 활동성 : 총자산회전율, 유형자산, 회전율, 매출채권회전율 등
> • 수익성 : 매출총이익률, 영업이익률 순이익률, ROE, ROA 등
> • 성장성 : 매출액증가율, 영업이익증가율, 순이익증가율, 총자산증가율 등
> • 안정성 : 부채비율, 당좌비율, 유동비율, 이자보상배율 등

a. 부채비율은 일반적으로 100% 이하의 경우 좋은 편이며, 200% 이상이면 많은 편이다.
b. 유동비율은 200% 이상이면 좋은 편이다.
c. 영업이익률은 같은 업종 내에서 비교하는 것이 효과적이다.
d. ROE는 15% 이상이면 좋은 편이고 10%면 보통 수준이다.
e. 총자산회전율은 매출이 총자산의 몇 배인지 나타내므로 하락하지 않는 것이 좋다.

---

1 하방경직성 : 수요공급법칙에 따라 본래 내려야 할 가격이 내리지 않는 경우가 발생하는데 이를 하방경직성이라 한다.
2 PEG 비율 : PEG = PER / (1 + 성장율), 첨단기술주의 수익관련 가치를 평가하기 위한 새로운 평가지표로 첨단기업의 주식은 성장률을 감안해야 한다는 발상으로 고안되었다.

③ 사업구조분석

a. 비즈니스분석 : 과거부터 현재까지 업계의 경쟁환경 변화 분석, 지배구조 및 임직원 분석, 기업의 사업현황, 기업의 실적, 매출액 추이, 사업투자내역 등

b. 지배구조분석 : 최대주주 및 대주주 집단의 주식소유 구조 파악, 사업을 영위하기 충분한 숙련도의 두터운 임직원 층이 있는지 파악, 경쟁사대비 기업의 문화를 대변해주는 근속연수 파악

4) 연산추론의 활용

탐정 셜록 홈즈와 형사 콜롬보가 주식투자를 한다면 어떻게 될까. 이들은 과연 어떤 방식으로 투자대상 기업을 선택할까?

- 기업은 소비자와 함께한다. 소비자들이 많이 찾는 아이템과 관련된 기업은 어떤 곳일까?
- 소비자 기호의 변화가 일어나고 있는가?

〈 연산추론 활용하기 〉
- 내가 사용하는 상품 중에 생활에 꼭 필요한 상품
- 기존에 없었던 새로운 산업, 기존 사업의 시너지로 새로운 사업의 확장
- 뉴스의 기사를 통해서 추론

① 한류열풍으로 보는 소비자 기호변화 추론

[한류열풍] 엔터테인먼트 테마부상 가능성

한국일보 기사입력 2001-08-29 17:45 최종수정 2001-08-29 17:45

'한류(韓流)'열풍에 힘입어 엔터테인먼트주에 투자자들의 관심이 쏠리고있다.

정보기술(IT) 경기의 침체로 코스닥지수가 약세를 이어가고 있지만 중국및 동남아의 한류열풍으로 엔터테인먼트주의 경영실적이 호전되면서 테마를 형성할 가능성이 높기 때문이다.

특히 엔터테인먼트 업체들은 한류열풍을 이용해 중국 및 동남아는 물론선진국 시장에도 국산 영화와 가수 등 문화 상품을 본격적으로 판매한다는전략을 마련하고 있다.

증권업계 애널리스트들은 이와 관련, SM엔터테인먼트와 로커스홀딩스,가오닉스 등의 종목에 관심을 둘 만하다고 평가하고 있다.

최근 주가가 상승추세에 있는 SM엔터테인먼트는 SM엔터테인먼트재팬을통해 다음주중으로 'Fly To The Sky'의 앨범을 내고 다음달에는 '신화' 의음반을 제작, 판매에 들어갈 계획이다. SM엔터테인먼트는 특히 중국 및 타이완시장을 공략하기 위해 홍콩과 타이완에 합작법인 설립을 추진중이다.

〈SM엔터테인먼트〉

2000년대 이후 아시아권에서 춤추며 노래하는 한국 가수의 인기가 높아지고, 다른 국가들보다 우수한 드라마, 예능·컨텐츠의 관심도 증가로 인한 한류열풍이 시작되었다.

한류가 잠깐 동안 스쳐 지나가는 인기가 아니라 K-POP의 장르로서 지속적인 수익창출과 드라마·예능의 폭발적인 인기가 계속되며 관련 상품의 수익성이 지속적으로 증가하게 되었다. 더불어 한국 연예인의 해외시장 진출이 많아지고 많은 엔터테인먼트사 매출비중에서 해외수익 비중이 지속적으로 증가하는 추세다. 한국형 엔터테인먼트사의 경쟁력이 강화됨으로써 브랜드가치 역시 증가하고 있다.

② 내가 사용하는 상품 중에 생활에 꼭 필요한 상품

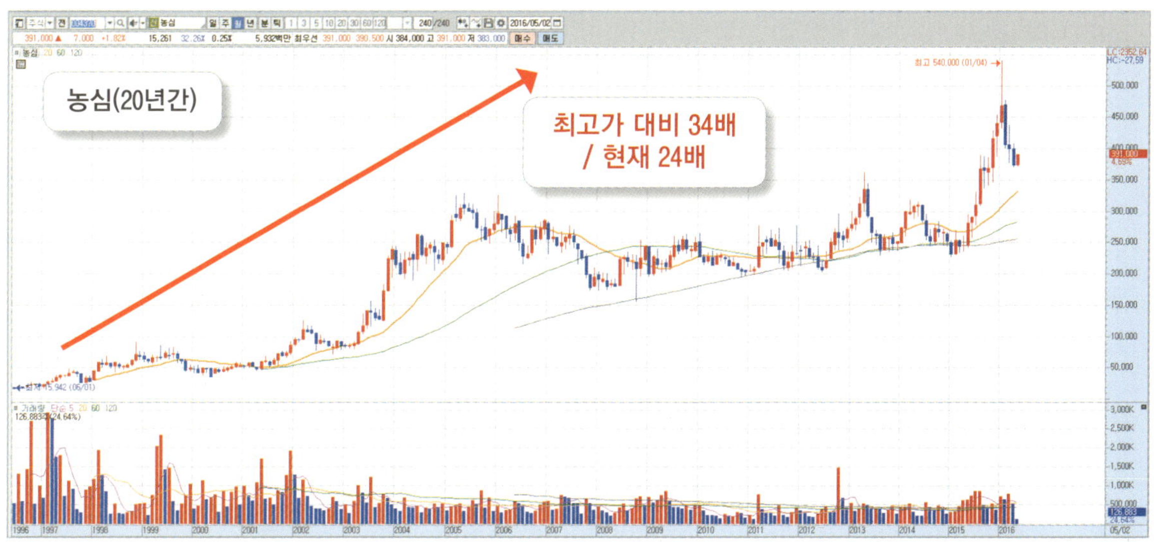

오랫동안 라면 사업에서 과반 이상의 점유율을 보이며 가장 사랑받는 라면을 제조하는 회사며, 기타 스낵시장에서도 꾸준한 매출을 기록하는 회사다. 라면시장에서 꾸준한 신제품 등장으로 경쟁이 갈수록 심화됨에 따라 주력상품의 매출이 잠시 주춤할 때도 있으나 '구관이 명관'이란 비유가 쓰이며 항상 매출을 다시 이어나가고 있다.
신제품의 성공, 해외시장 진출의 영향으로 실적의 호조세가 이어지고 있다.

③ 기존에 없었던 새로운 산업, 기존 사업의 시너지로 새로운 사업의 확장

황산 및 분말유황 등 기초화학회사에서 출발하여, 현재 계면활성제, 자외선안정제, 산화방지제, 고무첨가재, 전자재료 등 첨단 화학제품을 생산하며 신사업의 실적성장이 지속적으로 매출에 기여하면서 기업의 성장가능성을 보여주고 있다.

5) 숫자의 활용

이론은 현실과 다르다! 현실에 맞는 자신만의 지표를 만드는 것이 중요하다.

① 자산대비 현재주가 상태로 발굴

시가총액이 순유동자산 중 2/3 이하면 매수한다(벤자민 그레이엄).
인플레이션이 심한 국가는 피하라(존 템플턴).

② 수익성으로 발굴

자기자본비율이 높아야 한다(워렌 버핏).

6) 독점적 사업분야로 가격 선도자 입장인 기업

- 자본주의 사회에서는 독점적 지위를 가진 기업이 이익이 높다.
- 꾸준한 이익으로 안정적인 수익이 예상된다.
- 가격결정에 소비자의 영향력이 낮아야 한다.
- 새로운 경쟁기업은 높은 진입장벽이 있어야 한다.
- 소비자가 다른 경쟁기업의 상품으로 변경 시 불편을 느껴야 한다.

① 독점적 사업분야

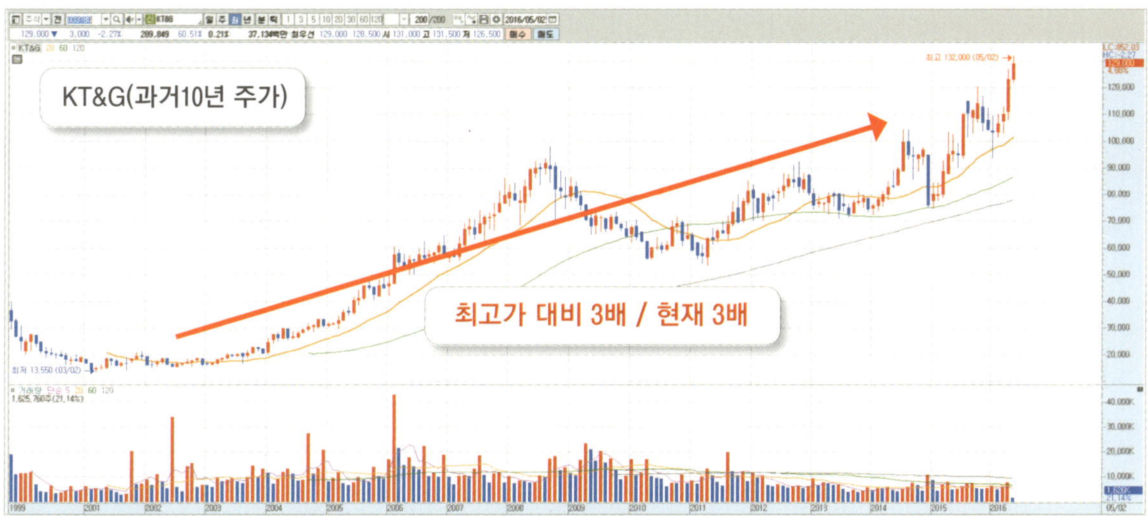

국내 담배로는 독점적 지위를 누리고 있으며, 공기업의 민영화 방침 이후 외국담배가 들어왔지만 여전히 과반 이상의 국내 시장점유율을 보이고 있다. 매출 비중은 담배 약 70%, 인삼 약 20%로 구성되어 있다.

국내 검색포탈시장을 주도하는 회사로 네크워크산업 관련 컨텐츠(라인, 해피빈, 밴드 등)의 성공과 이를 기반으로 검색광고, 디스플레이광고 등의 온라인 광고사업을 통해 꾸준한 매출증가가 발생하고 있다. 이용자의 지속적인 증가로 사업 영위성을 강화하고 있다.

> **▶ 주의해야 할 점**
>
> • **일시적인 유행 업종이나 인기주는 피하라!**
> 투자자들에게 관심이 많다는 것은 주가가 과대평가되어 있다고 판단할 수 있다.
>
> • **이미 알려진 성장주에는 투자하지 말라!**
> 지금의 고성장을 지속적으로 유지하기는 힘들다.
>
> • **중공업 관련 종목은 피하라!**
> 설비투자가 많고 자산이 상대적으로 과대계상 된 경우가 있다.

주가란 어디로 튈지 모르는 공이 아니다, 니콜라스 다비스

니콜라스 다비스
- 1만불을 250만불로 만든 개인투자자의 모범
- 박스이론을 만든 기술적 분석가
- 손절매의 대가

묻지마 투자자에서 박스이론의 창시자로

니콜라스 다비스는 헝가리 출신 무용수로 공연료 대신 받은 캐나다 광산회사 주식이 그의 주식인생의 시작점이었다. 주식에 문외한이었던 그는 짧은 시간에 '대박'이 난 후 감으로 투자하다가 낭패를 보게 된다. 그러나 시행착오 끝에 '박스이론'이라는 투자방법을 개발하여 1957~1958년 사이 18개월 동안 1만 불을 250만 불로 만드는 경이로운 기록을 세운다. 이 사실이 타임지에 소개되면서 니콜라스 다비스의 이름이 알려졌고, 그의 성공담은 지금까지 주식 투자가들의 모범 사례가 되어 오고 있다. 특히 그가 정립한 '박스이론'은 전문가 및 초보자들이 명심해야 할 투자 전략 중 하나로 손꼽히고 있다.

"독자적인 매매기법을 정립하라"

다비스는 자신만의 투자방식을 개발할 수 없다면 주식시장에 참여하지 말라고 하였다.
그는 자신의 경험을 토대로 '박스이론'을 정립하였는데, 이는 주가의 등락은 일정한 가격 폭에 따라 반복적으로 움직이는 습성이 있고 그 폭은 상자 모양을 형성한다는 것이다. 따라서 상자의 아랫부분에서 주식을 사들이고 윗부분에서 팔면 차익을 남길 수 있으며, 또 주가가 박스 상단을 통과하면 또 다른 기회로 보고 적극 매수에 나서는 투자방법이다.

그는 관심을 갖고 있는 주식의 움직임에서 어떤 박스가 형성되고 그 주식이 현재 가장 높은 위치의 박스 속에서 움직이고 있을 때 그 주식을 주의 깊게 관찰했다. 회사의 영업 실적이나 재무 상태가 호전되고 있다면 그런 고급 정보를 입수한 거대 세력이 주식을 살 것이므로 초기 단계에 매집 징후를 포착할 수 있다면 상당한 투자 수익을 얻을 수 있으리라고 전망한 것이다. 그는 이러한 현상을 두고 그는 '정숙한 처녀가 격렬한 춤을 추는 데는 다 이유가 있다'고 표현했다.

주식투자로
수익내는
155가지 방법

왕초보탈출 2편

지은이 | 양순모
펴낸이 | 정영우
편 집 | 김대호, 김종민
디자인 | 이한빛, 곽소영, 박은숙
펴낸곳 | 청개구리인베스트먼트(주)
발행일 | 2016년 7월 7일
정 가 | 11,000원